온전한
성화

Called to Be Saints

온전한
성화

영적 성숙의 길

고든 스미스 지음

박세혁 옮김

국제제자훈련원

조엘라를 위해

오늘날 한국 교회의 화두는 성화론이다. 구원 이후의 성도상이 도마 위에 올랐다. 법적 칭의가 우리를 저절로 성화의 길로 안내하지 못함을 치열하게 깨달은 것이다. 그러나 성화의 담론은 교파적 혹은 신학적 전통의 벽 안에 갇힌 채 그 논의의 지평을 확대하지 못했다. 그런데 고든 스미스의 담론은 모든 복음주의권 신학자와 목회자, 지도자와 평신도가 함께 공감할 수 있을 만큼 그 지평을 확대하고 우리를 초대한다. 만일 우리가 이 책을 읽고 진지하게 성화의 숙제를 토론하며 기도하기 시작한다면, 한국 교회가 기다려온 성화의 새 지평이 열리고 모두 함께 그리스도와의 연합을 통한 성화의 부흥에 참여하리라는 예감이 든다. 성화의 영성에 관심을 가진 이들에게, 개인적으로 혹은 소그룹 단위로 이 책을 정독하고 나눌 것을 권한다. 이제 성화의 과제는 더 이상 늦출 수 없는, 한국 교회의 최우선 기도 제목이 되었다. 너무 늦기 전에 우리는 함께 영적 성숙의 길을 걸어야 한다.

이동원 지구촌교회 원로목사

성화는 기독교 신앙인이 실존적 책임으로 감당하도록 주어진 현실 속에서 세상의 위협과 시험을 마주할 때 일어나는 것이다. 믿음은 문제 해결을 위한 방법이나 수단이 아니다. 믿음으로 사는 우리는 거룩과 사랑을 우리에게 허락된 위대한 정체성의 본질로 알고 기뻐한다. 이

책을 통해 신자의 위대한 정체성과 온전한 성화에 대해 깊이 생각해볼
수 있기를 바란다.

박영선 남포교회 원로목사

회심과 성화는 서로 분리될 수 없는 유기체와 같은 성경의 가르침이
다. 회심이 전제되지 않은 성화, 성화의 명령이 무시되는 회심은 모두
'동그란 네모'와 같은 모순이라 할 수 있다. 이 책은 회심이 반드시 성
숙의 명령을 수반하며, 성도의 삶의 목적은 이 명령에 순종할 때만 온
전한 의미가 있다고 말한다. 고든 스미스는 성화의 교리를 말하면서도
'시장의 언어'를 사용하여 평신도가 친근하게 읽을 수 있도록 배려했
다. 또한 성숙을 위한 실천적인 제안은 한국 교회의 제자도를 향한 묵
직한 조언으로 손색이 없다. 본서가 성숙을 위해 제자의 길을 걷는 모
든 성도들에게 위로와 도전이 되길 기대하는 바람으로 일독을 권한다.

송태근 삼일교회 담임목사

《온전한 회심》으로 '그리스도인이 된다는 것'에 대해 건전한 신학을
정립하도록 이끌어준 고든 스미스가, 이번에는 《온전한 성화》를 통해
'그리스도인으로 산다는 것'을 이야기한다. "회심은 영적 성숙으로 이
어질 때 의미가 있다"라고 저자는 역설한다. 그의 말처럼 하나님의 자
녀가 된 우리는 말과 행동으로 주님을 온전히 드러내며, 성령의 열매
를 삶으로 나타내야 한다. 믿음 안에서 성숙해져간다는 것이 무엇인지
분명하면서도 알기 쉽게 서술한 이 책은, 삶의 목적을 새롭게 하고 변
화를 향해 한 걸음 더 나아가도록 우리를 격려해줄 것이다.

이찬수 분당우리교회 담임목사

구원 이후 성화는 오늘날 교회가 풀어야 할 시급한 문제이다. 값없이 주어지는 구원의 선물에 바로 이어 부과되는 성화의 요구 앞에서 교인들은 당혹스러워한다. 한없이 느리게 진행되는 영적 성장의 지난한 여정에서 구원의 기쁨과 감격을 잃고 성화의 무거운 짐과 고민에 눌려 신음하는 교인들이 많다. 그런가 하면 성화의 부담을 내려놓고 편하게 구원받은 것에 안주하는 교인들도 적잖다. 이 책은 이런 이들에게 성화가 고역스러운 메시지가 아니라 영광스러운 부르심이며 은혜로의 초청임을 새롭게 깨우쳐준다. 구원뿐 아니라 성화의 전 과정도, 그리스도와의 연합에서 흘러나오는 성령의 생수를 들이마심으로 진행되는 은혜로운 여정임을 밝혀준다. 그와 함께 영적인 성숙을 위한 구체적인 가이드를 섬세하고 친절하게 제시해준다. 이 책은 그리스도 안에서 온전한 성화에 이르기를 염원하는 모든 이에게 귀한 선물이 될 것이다.

박영돈 고려신학대학원 교의학 교수

여러 권의 저서로 국내에 잘 알려진 고든 스미스가, 《온전한 회심》에 이어 회심에 뒤따르는 '성화'를 주제로 삼아 우리에게 또 한 권의 책을 선물했다. 저자와 역자 그리고 출판사에 감사한 마음이 든다. 진정한 그리스도인은 중생한 사람이고, 그들은 자신이 '성도', 즉 '거룩한 무리'라고 불린다는 것을 항상 의식한다. 따라서 그들은 성화의 과정 가운데 있으며, 의식적으로 성화의 길로 갈 수밖에 없다. 저자 역시 성화가 그리스도와의 연합 가운데서, 즉 '그리스도 안에서' 일어나는 것임을 강조했다. 특히 그리스도인은 거룩한 지혜로, 거룩한 소명으로, 거룩한 사귐과 거룩한 감정으로 초대받은 존재이고 성령 안에서 기꺼이 그 초대에 응하는 사람이라는 것을 잘 밝혀주었다. 이 좋은 논의가 라너와 바르트 등 특정인의 언급으로 흐려지는 면이 있어 아쉽기는 하지만, 지혜롭게 선별해서 읽는다면 칭의와 성화를 명확하게 이해하는 데 큰 도움이 될 것이다. 이 책이 계기가 되어, 많은 독자들이 하나님이 요구하시는 진정한 거룩의 길로 나아가기를 바란다.

이승구 합동신학대학원대학교 조직신학 교수

오늘날 칭의/연합과 성화의 교리는 교회 안팎에서 엄청난 도전을 받고 있다. 칭의/연합과 성화가 혼돈되고 있고, 심지어 칭의와 성화가 병행되는 동시적 과정이라는 오류를 설파하는 이들도 등장했다. 이런 영적 대혼란의 시대에 이 책이 칭의와 성화의 관계를 바르게 확립해줄 것이라 믿는다. 또한 이 책은 그리스도인의 성화가 얼마나 존귀한 소명이며, 특권이며, 책임인지를 깊은 통찰력과 유려한 필치로 그려냈다. 특별히 성화를 지혜와 선행과 사랑과 정서적 거룩함의 영역에서 온전히 성숙해가는 과정으로 묘사한 점은 고든 스미스의 탁월한 공헌이다. 이 시대 온전한 성화를 갈구하는 모든 그리스도인의 필독서로 적극 추천한다.

정성욱 덴버 신학대학원 조직신학 교수

차례

성숙한 그리스도인이 된다는 것

이 책은 그리스도인의 삶을 신학적으로 생각해보고, 그리스도인이 된다는 것은 무엇을 뜻하는지 질문해보라는 초대장이다. 더 구체적으로, **성숙한** 그리스도인이 된다는 것은 무엇을 뜻하는가? 그리스도인의 삶에 대한 완전한 신학을 갖기 위해서, 그리스도인의 삶과 기독교 영성의 문제를 효과적으로 다루기 위해서, 우리는 세 가지 물음에 대한 분명한 답을 찾아야 한다.

첫째, 그리스도인의 삶은 어떻게 **시작**되는가? 회심과 기독교 신앙의 시작이란 무엇을 의미하는가? 그리스도를 믿기 시작한다는 것은 어떤 모습, 어떤 느낌인가? 둘째, 그리스도인의 **성숙**이란 무엇인가? 회심을 유아기에 비유하여 시작 단계라고 한다면, 성숙해지는 것, 믿음 안에서 자란다는 것은 어떤 모습인가? 이것을 그리스도 안에서 떠나는 여정의 목표나 목적, 곧 텔로스(*telos*)라고 생각할 수도 있다. 셋째, 우리를 구원 안에서 자랄 수 있게 하는 **형성**의 수단은 무엇인가? 그리스도 안에서 새로 태어난 사람은 어떻게 믿음 안에서 자라고 성숙해지는가? 그리스도인의 삶(성경적 관점에서 바라본 종교 경험)에 대한 포괄적인 신학에서는 이 세 가지 물음, 즉 시작과 끝 혹은 목적과 성숙을 향해 나아가는 수단을 모두 다룬다.

회심과 기독교 신앙 입문을 다룬 출판물이 점점 더 많아지고 있다. 사실 나 역시 이 문제를 다룬 책과 글을 썼다.[1] 영성 형성과 실천에 관한 세 번째 물음 역시 많은 관심을 받고 있다. 하지만 두 번째 물음에 관해서는 여전히 공백이 존재하는 것 같다. 믿음 안에서 성숙해져간다는 것은 무엇을 뜻하는가? 이 책에서는 이 물음에 초점을 맞춰서 그리스도인의 삶이 가진 목적이나 전망에 관하여 논의하고자 한다.

이 물음에 초점을 맞추는 것은 회심을 이해하는 관점과 전도에 접근하는 방식에도 영향을 미친다. 회심이 삶의 시작이라면, 당연히 생기는 질문은 '그렇다면 무엇이 그리스도인의 삶인가?'이다. 두 번째 물음은 영성 훈련 및 실천과도 연관이 있다. 우리가 바라는 은총에 비추어 실천을 논해야만 하기 때문이다.

따라서 이 책에서는 그리스도인으로 성숙해가는 것이 무엇을 뜻하는지에 초점을 맞춘다. 그리스도인의 삶이 여정이자 순례라면, 우리는 어떤 목표나 목적을 향해 걸어가고 있는가? 우리는 어떤 목적을 위해 회심했는가? 어떤 목적을 위해 영성을 훈련하고 실천하는가?

1장에서는 그리스도인의 삶에 신학이 필요한 이유를 제시한다. 이 책의 성격을 규정하는 2장에서는, 성숙에 관한 기독교적 전망이 '그리스도 안에서의' 성숙이라고 주장한다. 3장부터 6장까지

---

1   Gordon T. Smith, *Beginning Well: Christian Conversion & Authentic Transformation* (Downers Grove, IL: InterVarsity Press, 2001). 《온전한 회심》(CUP); *Transforming Conversion: Rethinking the Language and Contours of Christian Initiation* (Grand Rapids, MI: Baker, 2010); "Conversion and Redemption," *The Oxford Handbook of Evangelical Theology*, ed. Gerald R. McDermott (New York: Oxford University Press, 2010).

는 성숙한 그리스도인의 네 가지 특징을 설명한다. 각 장들은 독특한 방식으로 좋은 삶, 인간의 소명—창조된 목적이나 정체성을 성취한다는 것이 무엇을 뜻하는지—을 다룬다. 이 삶은 그리스도 안에서 우리에게 주어진 선물이다. 또한 이것은 소명이기도 하다. 이 책은 우리가 받은 부르심에 합당한 삶을 사는 법(엡 4:1)에 대한 지침서이다.

이 책은 기독교 공동체(청년층, 중년층, 노년층) 전체를 위한 책이다. 이 책은 젊은이들에게 그들이 살게 될 삶을 일찍부터 확립하라고 촉구한다. 추구할 만한 가치가 있는 목적은 무엇이며, 부지런히 노력해서 이룰 만한 성취는 무엇인가? 어떤 모습의 삶, 일, 인간관계, 예배를 통해서 그들이 원하는 삶을 살 수 있을까? 또한 이 책은 중년기에 이른 사람이 생의 중반부에서 가장 중요한 것에 관심을 집중하면서 그들의 우선순위와 삶 자체를 조정하는 데 도움이 되는 지침을 제공한다. 마지막으로 이 책은 중요한 선택을 해야 할 시점에 접어든 노년층을 격려하고자 한다. 많은 사람들에게 이 시기는 가장 보람되고 의미 있는 시간이며 어떤 종류의 유산을 남기기 원하는지 자문하는 시간이다. 각각의 시기는 청지기직과 관계가 있다. 우리에게 맡겨진 청년기와 중년기, 노년기를 잘 활용하는 좋은 청지기가 된다는 것은 무엇을 뜻하는가?

이 책은 보다 성숙해지고 예수님의 제자들 안에서 영적 변화를 불러일으키라는 소명을 진지하게 받아들이는 교회를 위한 책이기도 하다. 성숙하다는 것은 과연 어떤 모습인가? 그것은 회중의 우선순위와 헌신을 통해 어떻게 표현되는가?

구체적으로 이 책은 '그리스도 안에서' 살라는, 더 정확히는 그리스도의 삶에 역동적으로 참여하여 살라는 부르심이자 초청이다. 이 삶은 적어도 네 가지 독특한 특징을 지닌다. 각각이 하나의 초대로 제시된다.

- 지혜로운 사람이 되고 열정적으로 끈질기게 지혜를 추구하라.
- 그리스도의 부르심, 즉 소명적 거룩함에 응답하여 선한 일을 하라.
- 다른 이들을 사랑하고 사랑 안에서 사는 법을 배우라.
- 하나님의 기쁨(복된 삶의 깊은 원천)을 알라.

지혜, 선한 일, 사랑, 기쁨, 이 각각은 그리스도 안에서 우리에게 주어진다. 따라서 이것은 선물이라고 말할 수밖에 없으며, 그리스도와 연합하여 사는 삶, 그분의 삶에 참여하는 삶의 의미에 비춰 이 선물을 이해해야 한다. 그러므로 나는 2장이 이 책을 규정하는 핵심적인 장이라고 말했다.

마지막으로 이 책에는 부록 두 가지가 첨부되어 있다. 첫 번째 부록은 목회자들을 향한 초대장이다. 이 모든 논의가 회중의 삶에 어떤 의미가 있는지 생각해보라. 다시 말해, '그리스도 안에서의 성숙'에 대한 전망을 갖고 회중의 삶에 접근한다면 그것은 어떤 모습일까? 두 번째는 고등교육 기관, 특히 기독교 대학과 신학교의 지도자와 교수들에게 보내는 초대장이다. 내가 염두에 둔 것은 이런 물음이다. 대학과 신학교가 그리스도 안의 변화에 대한 전망을 중심으로 공동체의 삶과 교과과정을 설계해볼 수 있을까?

1장

회심만으로는 부족하다

복 있는 사람은
악인들의 꾀를 따르지 아니하며
죄인들의 길에 서지 아니하며
오만한 자들의 자리에 앉지 아니하고
오직 여호와의 율법을 즐거워하여
그의 율법을 주야로 묵상하는도다
그는 시냇가에 심은 나무가
철을 따라 열매를 맺으며
그 잎사귀가 마르지 아니함 같으니
그가 하는 모든 일이 다 형통하리로다.
시편 1편 1-3절

예수님은 자신을 따르는 이들에게, 그분 안에서 풍성한 삶을 찾게 될 것이라고 약속하셨다. 그들이 시냇가에 심은 나무처럼 될 것이라는 시편 1편의 놀라운 말씀을 염두에 두고 하신 약속이었다. 이 풍성한 삶은 어떤 모습이며 그 특징은 무엇인가? 우리는 어떤 좋은 삶을 위해 창조되었고 어떤 좋은 삶을 살도록 부르심을 받았는가? 좋은 삶을 살고 있음을 말해주는 지표는 무엇인가? 우리는 어떤 목적을 위해 창조되었는가? 우리는 어떤 목적을 위해 구원받았는가?

신약성경 전체에서 그리스도인이란 영적 성숙을 향해 자라가는 사람이라고 전제한다. 그러나 그리스도 안에서 성숙하다는 것은 정확히 어떤 모습이며 어떤 느낌인가? 여러 상황을 종합적으로 고려해볼 때 이런 물음에 더 많은 주의를 기울일 필요가 있음을 깨닫게 된다.

성화의 공백

첫째, 리처드 러블레이스(Richard Lovelace)의 책 《영성 생활의 역동성》(Dynamics of Spiritual Life)에 담겨 있는 놀라운 통찰력이 떠오른다.

이 책에서 그는 1970년대 말 복음주의 신학과 영성의 특징을 "성화의 공백"이라고 지적했다.[1] 그는 성결이나 영적 성숙의 중요성에 대한 믿음이 부족하기 때문에 이런 공백이 존재하는 게 아니라고 주장했다. 오히려 복음주의의 부흥운동 유산이 부지중에 이러한 역동적인 교회의 교리를 약화시켰다고 논증했다. 그동안 이 주제에 관하여 탁월하고 유익한 글이 발표되었지만, 많은 점에서 복음주의 신학과 회중의 삶에는 여전히 이 공백이 두드러지게 나타난다. 성화나 성결 신학은 흔히 부차적인 주제로 취급되며, 그것이 마땅히 신학과 교회의 목표가 되어야 한다는 생각을 거의 찾아보기 어렵다.

복음주의 신학교에서 사용하는 조직신학 교과서에서는 이 주제를 피상적으로 다룰 뿐이다. 내 서가에 꽂혀 있는 책을 보면 이 점이 두드러진다. 1,200쪽의 두꺼운 이 책은 여러 복음주의 신학교에서 교과서로 사용되지만, 그리스도인의 삶이 어떤 모습이며 그 특징은 무엇인지에 관해서는 열 쪽도 채 안 되는 분량만 할애할 뿐이다.

물론 웨슬리 감리교 전통에 속한 이들은 성화에 더 많은 시간과 공간을 할애하는 경향이 있다. 하지만 이것이 웨슬리주의만의 관심인가? 장 칼뱅(John Calvin)의 후예들은 그리스도인 삶의 본질이 칼뱅의《기독교 강요》(Institutes)의 주요 주제임을 잘 알고 있다. 우리가 속한 신학적, 영적 전통의 선배들이 그 중요성을 인식했음

---

1   Richard F. Lovelace, *Dynamics of Spiritual Life: An Evangelical Theology of Renewal* (Downers Grove, IL: InterVarsity Press, 1979), 229-238.

에도 우리는 이 주제를 무시해온 것이 아닐까?

현재 학계에서 성화나 성결을 다룰 때조차도 성화가 이루어 졌을 **때** 그것이 어떤 모습인지에 초점을 맞추기보다는 수단, 곧 **어떻게** 성화가 이루어지는지에 초점을 맞추는 경우가 많다. 몇 년 전에 출간된 "성화에 관한 다섯 가지 견해"를 다룬 책에서는 성화 자체는 거의 논하지 않고 성화의 과정에만 초점을 맞춰 성화를 이루시는 성령의 사역에 관한 다양한 견해만 제시했다. 그러나 '성령 께서 하시는 사역의 목적은 무엇인가'라는 핵심 질문에 대해서는 다루지 않았다.

훨씬 더 근본적인 문제는 복음주의 그리스도인들 대부분이 '세상 떠날 준비가 되었다'라는 식으로 회심을 이해한다는 것이다. 그들은 미래의 삶에 '확신'을 주는 기도를 하며, 주일에는 영적 성 숙을 촉구하지도 않고 영적 성숙의 신학에 기초하지도 않은 설교 를 듣는다. 한마디로, 무언가가 참이라고 믿고 간단히 기도하고 예 수님이 '다시 오실' 때까지 최선을 다해 살면 구원을 경험할 수 있 다는 것이다.

그로 인해 교회는 이른바 '심리요법적 이신론'(therapeutic deism) 에 물들어버렸으며 삼위일체의 기독교 신앙이 아니라 세속 종교 에 불과하다는 의심을 받기에 이르렀다.[2] 교회의 목적은 사람들이 '구원'을 받아 내세에 '천국'을 갈 수 있다는 확신 속에서, 행복하고 생산적인 삶을 사는 시민으로서 덕을 갖추고 살아갈 수 있게 하는

---

2   예를 들어, Christian Smith, *Souls in Transition: The Religious and Spiritual Lives of Emerging Adults* (New York: Oxford University Press, 2009)를 보라.

것이 되어버렸다. 복음주의 교회에서 주일 설교 시간에 하는 대부분의 말은 영적 성숙이 복음의 핵심이라는 전제에서 출발하지 않는다.

바나 그룹(Barna Group)에서는 2009년에 실시한 조사를 근거로 놀라운 결론을 내렸다.

올해 목회자들을 대상으로 실시한 연구에서 개신교 담임목회자 열 명 중 아홉 명은 영적 미성숙이 교회가 직면한 가장 심각한 문제 중 하나라고 말했다. 그러나 이들 목회자 중에서 자기 교회에 이런 미성숙이 나타난다고 보는 사람은 상대적으로 적었다. 영적 성숙을 어떻게 정의하고 평가할 수 있는지, 성숙을 이루기 위한 전략은 무엇인지, 성숙을 설명하고 촉진하는 데 가장 유익한 성경구절이 무엇인지 구체적으로 기록한 문서를 교인들에게 제공하는 목회자는 거의 없었다. 성숙을 가늠해보려고 한 목회자들의 경우에도 사람들의 영적 이해나 그들 삶에 나타난 변화의 열매를 평가하기보다는 프로그램 참여도에 기초하여 성숙의 깊이를 가늠하려는 경향이 더 많았다.

따라서 교회 다니는 성인들 다수가 자기네 교회에서 '건강하며 영적으로 성숙한 그리스도의 제자'를 어떻게 정의하는지 잘 모르고 있으며, 개인적으로 그런 삶에 관하여 분명한 개념을 정립해가는 경우도 드물다는 이번 연구 결과는 전혀 놀랍지 않다.[3]

---

3   "Barna Studies the Research, Offers a Year-in-Review Perspective," Barna Group, 2009, www.barna.org/barna-update/faith-spirituality/325-barna-studies-the-research-offers-a-year-in-review-perspective.

이 연구는 목회자와 회중이 영적 성숙을 더 명확히 정의할 수 있도록 도울 수 있는 자료가 필요함을, 아니 절실히 필요함을 암시한다.

하지만 이 공백에 대응하고자 한다면, 우리의 대응은 반드시 신학적이어야 한다. 그리고 복음주의 그리스도인들에게 이것은 어려운 문제이다. 우리는 그리스도인의 삶에 관해 비판적으로 생각하고, 그런 전망에 의해 정의된 회중이 어떤 모습인지 물을 준비가 되었는가? 복음주의 그리스도인들은 비판적인 신학적 성찰을 요청하지 않는 관점을 쉽게 받아들이는 경향이 있는 것처럼 보인다. 마크 놀(Mark Noll)은 이런 성향을 "간단히 말하자면, 복음주의의 정신은 행동주의적이고 대중주의적(populist：이 말은 19세기 말 미국에서 광범위한 경제·정치 개혁 입법을 주장한 중서부 및 남부 농업개혁가연합의 정치운동이던 인민주의운동과 밀접한 관련이 있다. 그러나 인민주의라는 말이 과도하게 정치적 의미를 담고 있기 때문에 이 책에서는 정치적 맥락에서 사용된 경우를 제외하고 대중주의로 번역한다─옮긴이)이며, 실용주의적이고 공리주의적이어서 당장의 시급한 책무를 지나치게 강조한다"[4]라고 말했다. 그러나 우리에게는 인간 소명에 대한 신학적 전망─신약성경이 촉구하는 그리스도에 대한 믿음과 조화를 이루는, 그리스도인의 삶에 관한 정교하고도 밀도 있는 설명─이 필요하다.

영성 형성과 영적 실천 그리고 훈련에 관하여 폭발적인 관심이 일어났음을 잘 알고 있다. 복음주의 출판사들은 영적 훈련과 실

---

4   Mark A. Noll, *The Scandal of the Evangelical Mind* (Grand Rapids, MI: Eerdmans, 1994), 12.《복음주의 지성의 스캔들》(IVP).

천의 중요성을 다룬 책을 해마다 여러 권씩 출간하고 있다. 이런 책들은 모두 어떤 식으로든 리처드 포스터(Richard Foster)가 쓴《영적 훈련과 성장》(Celebration of Discipline, 생명의말씀사 역간)이라는 중요한 책과 연관이 있다.[5] 그러나 이런 책들에 관해 다음과 같은 질문을 던질 수 있다. 그리스도인의 삶이 가진 의미와 목적은 무엇인가? 이런 영적 실천에 임할 때 우리에게 지침이 되는 신학적 전망은 무엇인가?

영적 훈련이나 실천은 목적에 이르는 수단으로서만 의미를 지닌다. 목적을 분명히 알지 못한다면 사실상 의미가 없다. 어떤 영적 실천에 참여하든지, 우리는 이 훈련을 통해 구하고자 하는 '은혜'에 대해 말할 수 있어야 한다. 그리고 구체적인 은혜에 관해 말하고자 한다면—신학적으로 말하자면—하나님이 우리 안에서 하시기 원하는 바를 분명히 이해할 필요가 있다. 우리가 성화에 관한 명확하고 실질적인 교리를 가지고 있을 때에만, 그리스도인의 삶의 목적, 즉 텔로스를 명확히 알고 있을 때에만 영적 훈련이 유의미할 수 있다.

마지막으로, 성화의 격차에 관해 현재 복음주의 교회 안에서 두 가지 광범위한 논의가 이루어지고 있다. 첫째, 인격 계발과 도덕 형성의 필요성을 이야기하는 이들이 있다. 전혀 다른 집단처럼 보이는 쪽에서는 기도와 그리스도를 바라보는 삶에 초점을 맞춘다. 어떤 이들은 그리스도의 형상으로 변화되는 것을 강조하며 인

---

5   Richard Foster, *Celebration of Discipline: The Path to Spiritual Growth* (San Francisco: Harper & Row, 1978).《영적 훈련과 성장》(생명의말씀사).

격 계발이란 그리스도를 닮는 것(그리스도인의 삶의 본보기이신 그리스도)이라고 말한다. 다른 이들은 기도와 명상이라는 내적 삶에 초점을 맞춘다. 양쪽 모두 제자의 성숙한 삶을 이야기하지만, 다른 관점에서 접근한다. 성숙한 그리스도인이 된다는 것이 무엇을 뜻하는지 명확히 정의한다면 아마도 이 두 흐름을 효과적으로 결합할 수 있을 것이다.

회심은 성숙으로 이어질 때 의미가 있다

논의를 계속하기 전에, 하나님의 백성은 그리스도 안에서 영적으로 성숙해지도록 부르심 받았다는 근본적인 주장, 즉 교회와 개별 그리스도인들이 성도로서 살아가도록 부르심 받았다는 것을 분명히 해둘 필요가 있다.

모든 신학 전통에서는 그리스도 안에서의 성숙, 즉 성화의 필요성을 인정하지만 우리는 그것이 본디 복음과 그리스도의 부르심의 필수 요소라고 성경적으로, 신학적으로 주장할 필요가 있다. 사실 영적으로 성숙해지라는 부르심을 설명하는 것은 교회의 삶과 사역의 모든 차원에서 본질적인 요소가 될 수 있으며, 이상적으로는 그렇게 되어야 한다. 예를 들어, 모든 설교에서 명시적이지는 않더라도 암시적으로는 인간의 소명을 성취하도록 촉구해야만 한다. 성경을 펼쳐서 읽고 설교로 그 말씀을 선포할 때마다 인간으로 살아가는 것이 무엇을 뜻하는지에 관한 하나의 전망이 표현되어야 한다.

구약성경은 거룩한 백성으로 부르심 받은 이들을 직접 그렇게 만들어가시는 하나님에 관한 이야기이다. 하나님이 이스라엘 백성을 애굽에서 이끌어내심으로써, 그들은 하나님의 백성이 되었다. 그것이 그들의 정체성이다. 하나님의 백성이라는 이 정체성에 근거해서 그들은 하나님의 거룩한 성품을 그들의 삶과 일과 인간관계에 반영하도록 부르심을 받았다. 그리고 이 여정은 단순히 약속의 땅을 향한 지리적인 여정이 아니라 하나님을 믿는 성숙한 믿음의 여정이다. 하나님은 단지 그들을 애굽에서 해방시키고자 하셨을 뿐 아니라 하나님의 목적을 반영하는 백성으로 만들고자 하셨다. 하나님은 그분의 거룩하심을 반영하고 '공의'라는 특징을 드러내며 하나님의 정의와 샬롬 안에서 살아가는 백성을, 그분을 위해 만들고자 하신다.

신약성경으로 오면 그리스도의 사역 안에서, 그 사역을 통해, 교회가 말씀과 성령의 능력으로 그리스도에 의해 변화된 거룩한 공동체가 될 것이라는 기대를 거듭 확인할 수 있다. 예수님이 하나님 나라가 임했다고 선언하실 때, 그분은 그분의 삶과 사역을 통해 새로운 삶의 질서가 시작되었다고 선언하신다. 새롭게 변화된 이 삶의 방식은 실존의 모든 차원에 영향을 미칠 것이다. 예수님은 단지 내세의 '천국'을 기대하는 이들을 위해 개인 구원의 복음만 선포하지 않으신다. 오히려 그분은 제자들에게 "뜻이 하늘에서 이루어진 것같이 땅에서도 이루어지이다"라고 기도하라고 가르치신다. 그분은 그들에게 나라와 의를 구하라고 촉구하시며, 이를 본보기로 삼아 제자들은 그분을 따르기 위해 모든 것을 버리는 급진적인 행동을 취했다. 그분이 그들에게 주겠다고 약속하신 바는 변화된 삶, 즉 '풍성한 삶'(요 10:10)이었다.

예수님은 일부 독자들을 불편하게 하는 표현을 사용하시며 완전에 관해 말씀하신다. 산상수훈에서 그분은 제자들에게 "그러므로 하늘에 계신 너희 아버지의 온전하심과 같이 너희도 온전하라"라고 명하신다(마 5:48). 그리고 부자 청년 관원에게 대답하실 때, "네가 온전하고자 할진대" —분명 이 젊은이의 욕망과 의도에 대한 반응으로서—모든 것을 버리고 예수를 따라야 한다고 말씀하신다(마 19:21).

흔히 이 말씀을 일종의 흠 없는 도덕성을 옹호하는 것으로 해석해왔으며, 인류 안에 퍼져 있는 죄의 깊이와 힘을 아는 이들은 그런 완전이 가능하다는 것을 받아들이지 않는 경향이 있다. 웨슬리 전통을 따르는 이들 중 일부는 이것이 흠 없는 행동이라기보다는 사랑의 완전, 의도의 완전임을 강조하는 경향이 있다.

그러나 완전에 관해 다른 식으로, 특히 창조의 관점에서 생각해볼 수도 있으며, 그것이 신약성경의 의도에 더 가까운 접근방식일 것이다. 인간의 소명과 성화를 창조의 관점에서 바라볼 때, 우리는 인간의 소명을 창조의 성취로 이해할 수 있다. 그리스도 안에서 온전하다는 것, '완전'하다는 것은 단순히 하나님이 창조하실 때 의도하신 존재가 되는 것이다. 하지만 '단순히'라고 말하면 완전의 힘과 아름다움을 놓칠 수밖에 없다. 엔진이 정교하게 작동될 때, 펜이 힘들이지 않고도 잘 써질 때, 아름다움과 구조적 완벽함이 흠 없이 결합된 다리가 강 위에 놓여 있을 때, 모양과 색상도 잘 어울리고 그날 날씨에도 딱 맞는 코트가 내 몸에도 편안하게 맞을 때, 우리는 완벽하다는 말을 바르게 사용할 수 있다. 무언가가 잘 작동한다. 무언가가 어울린다. 무언가가 그 의도에 부합한다.

같은 개념을 인간에게도 적용할 수 있다. 성도를 만날 때 우리는 아름다움과 온전함, 조화를 발견한다. 완전하라는 부르심은 우리가 창조된 목적에 부합하는 존재가 되라는 권고이다.

이는 사도 바울의 메시지이기도 하다. 데살로니가 신자들에게 보내는 그의 축복은 직접적이면서도 포괄적이다. 그는 "하나님이 친히 너희를 온전히 거룩하게 하시[길]··· 원하노라"라고 쓴다 (살전 5:23). 로마서 12장 2절에서 바울은 독자들에게 마음을 새롭게 함으로 변화를 받으라고 촉구한다. 골로새서는 처음부터 끝까지 그리스도 안에서의 영적 성숙을 촉구하는 내용이다. 먼저 바울은 그들이 그리스도를 믿게 되었다고, 그리스도를 주로 받았다고 (골 2:6) 분명히 말한다. 하지만 그리스도를 믿게 되었으므로 이제는 믿음 안에서 자라나 그리스도 안에 뿌리를 내리고 그 터 위에 굳게 서야 한다고 촉구한다. 몇 절 앞에서 바울은 자신의 사역이 바로 이 목적을 위해, 즉 그들이 그리스도 안에서 온전하고 완전하고 성숙해지도록 설교하고 애쓰고 고통당하는 것이라고 묘사한다 (골 1:28).

여기에 사용된 완전이라는 말에서는 엘리트주의가 느껴지지 않는다. 오히려 우리 모두가 바라는 바이며 우리 모두가 이루도록 부르심 받은 바에 대해 말한다. 신약성경에서는 이러한 변화의 촉구를 설명하기 위해 질병-치유, 유아기-성숙이라는 두 가지 강력한 이미지 혹은 은유를 사용한다.

질병과 건강—치유로서의 변화—이라는 이미지는 예수님이 치유자라는 근원적인 통찰에서 나온다. 궁극적으로 그분은 단지 신체적 질병의 치유자이실 뿐 아니라 우리의 영혼, 실상 우리 존재 전체의 치유자이시다. 메시아의 오심과 더불어 치유의 약속이 이루어질 것이라는 기대가 있었다(사 58:8). 따라서 복음서에서는 예수님을 신적 치유자로 계시한다. 그리고 계시록에서는 만국을 치료하시는 분을 찬양한다(계 22:2).

두 번째 이미지인 유아기와 성숙 역시 자주 등장하며, 특히 신약성경의 서신서에서 이를 확인할 수 있다. 예를 들어, 베드로전서 기자는 이제 막 믿음을 갖게 된 신자들에게 편지를 쓰면서 그들의 신생은 그들에게 선포된 말씀의 열매라고 강조한다. 계속해서 그는 그리스도 안에서 갓난아기와 같은 그들에게 순전하고 신령한 젖을 사모함으로써 구원에 이르도록 자랄 것을 촉구한다(벧전 1:22-2:2을 보라). 에베소서 4장에서는 온전히 제 기능을 하는 신자의 공동체에 관해 말한다. 이런 공동체 안에서는 신자들 각자가 하나님의 백성을 온전하게 하는 일에 힘써서 그리스도인들이 바다 위 배처럼 온갖 교훈의 풍조에 밀려 요동하지 않고 그리스도에게까지 자라며 회중은 믿음 안에서 든든히 세워진다. 마찬가지로 히브리서에서도 기초적인 가르침을 넘어서 성숙으로 나아가라고 독자들을 권면한다(히 6:1).

성숙을 향한 영적 성장의 이미지는 믿음 안에서의 진보를 암시한다. 영적 성숙은 빨리 이루어지지 않으며, 오랜 시간에 걸쳐 한 사람이 은총의 수단에 반응함으로써 '자라갈' 때 이루어진다. 이것이 분명 베드로후서의 기자가 독자들이 이해하기를 바랐던 바였다. 그는 믿음과 덕, 지식, 절제, 마지막으로 사랑에 관해 이야기한다. 그리고 이런 덕목을 점점 더 많이 지녀야 한다고 말한다

(벧후 1:8).

또한 베드로후서는 신생이 목적이 아니라 시작임을 상기시킨다. 우리는 그리스도 안에서의 성숙이라는 특별한 목적을 위해 그분께 택함을 받고 부르심을 받았다. 더 단도직입적으로 말하면, 우리의 회심은 그것이 회심의 목적, 즉 영적 성숙으로 이어질 때에만 의미가 있다(벧후 1:10-11).

신약성경에는 다른 은유도 있다. 예를 들어, 바울은 옷을 바꿔 입는다는 표현을 사용하여 마치 옷을 벗듯이 옛 사람을 벗고 새사람을 입는 것에 관해 말한다(엡 4:22-24). 그리스도 안에서 우리는 새로운 정체성, 새로운 존재 방식, 급진적으로 재설정된 지향성을 갖는다. 하지만 영적 성숙에 관해 가장 빈번히 사용되는 이미지는 병-건강, 유아기-성숙이다. 이어지는 여러 장에서 나는 이 이미지를 자주 활용할 것이다.

하지만 논의를 계속하기 전에 이단에 관해 언급할 필요가 있다.

영적 성숙에 대한 이단들의 주장

모든 신학적인 성찰은 이단에 관해 생각해보도록 이끈다. 무엇이 부분적인 진리인지, 즉 온전한 진리가 아닌 가르침이나 신학인지 살펴보아야 한다. 부분적 혹은 반쪽 진리는 사실 거짓이며, 여러 면에서 노골적으로 거짓인 무언가보다 더 위험하다.

성화나 영적 성숙의 신학과 연관된 두 이단을 먼저 지적할 필요가 있다. 첫째, **완전주의**의 위험에 대해 생각해보자. 그리스도 안에서 변화되라는, 생명과 능력을 불어넣는 부르심은 믿음, 소망, 사랑 안에서 성숙해지라는—그리스도 안에서 '완전'해지라는— 부르심이다. 그러나 많은 이들이 이런 이야기에 거부 반응을 보이는 이유는 대개 그들이 완전주의의 부정적인 면을 보았기 때문이다. 완전주의에 대한 두려움 때문에 신약성경 번역자 중 일부는 텔로스라는 용어를 번역하면서 **완전**이라는 단어의 사용을 꺼렸다(예를 들어, 골로새서 1장 28절에 대한 NIV와 NRSV의 번역을 보라. 개역개정과 새번역에서는 각각 '완전'과 '온전'으로 번역했다—옮긴이).

이런 기피는 지나친 반응일 수도 있지만, 여전히 우리는 **완전**이라는 단어를 쓸 때 뜻하는 바와 뜻하지 않는 바를 분명히 해둘 필요가 있다. 완전주의는 치명적인 반면, 그리스도 안에서 온전히 성숙해지라는 부르심은 생명을 준다(우리를 살린다). 차이는 위치와 연결 관계의 문제이다.

완전주의는 하나님의 율법, 하나님의 거룩하심 그 자체를 하나의 기준으로 삼는다. 완전주의는 그리스도인들에게 이 율법에 따라 살기를 촉구한다. 하지만 율법이 성품과 덕에 관한 지침임에도, 그것이 그 원천으로부터 분리될 때 그 결과는 치명적이다. 성경과 16세기 개혁자들은 율법주의가 저주이며 그리스도 안에서의 자유라기보다는 무거운 짐이라고 가르친다. 율법은 선하며, 분명히 바울은 그것이 하나님의 언약 백성 안에서 성취될 것이라고 기대한다(롬 13:8-10). 그러나 그리스도에 대한 믿음과 밀접하게 연결되지 않을 때 율법은 도저히 감당할 수 없는 짐, 짓누르는 부담, 결코 만족할 줄 모르는 작업 감독이 된다.

완전주의와 짝을 이루는 이단은 도덕주의이다. 주일 설교의 상당수는 사실상 사람들에게 제대로 살라는 촉구에 불과하다. 어떻게 선하고 도덕적으로 올바른 사람이 될 수 있는지에 관한 훌륭한 조언─(물론 어버이날에) 어떻게 좋은 부모가 되어야 하는지에 관한 설교든, 균형 잡힌 재정 생활을 하라는 설교든─에 불과하다. 어떤 식이든 좋은 충고일 뿐이며, 많은 사람들을 짓누르는 부담이다. 이것이 복음 없는 율법의 무게이다. 이런 촉구와 이상에 대해 들으면서 사람들은 자신의 실패를 다시 한 번 떠올릴 뿐이다.

따라서 이 책에서 거듭 강조하는 주제 중 하나는 도덕 형성을 영성 형성과 동일시해서는 안 된다는 주장이다. 이 주장의 의미에 대해서는 앞으로 더 자세히 설명할 것이다. 하지만 여기서는 적어도 씨앗을 심어둘 필요가 있다. 즉, 영성 형성이 덕이나 인격 계발과 동의어가 아님을 지적해야 한다. 이런 것들이 포함되기는 하지만 문제의 핵심은 아니다. 그리스도와의 연합에서 파생되지 않는다면 도덕성 함양은 도저히 견딜 수 없는 부담일 뿐이다.

둘째, 우리는 4세기 말 5세기 초에 아우구스티누스가 맞서 싸운 고대의 이단 **펠라기우스주의**에 관해 이야기해야 한다. 기본 주장은 간단하다. 인간은 계속된 훈련과 부지런한 노력, 의지력을 통해 성숙해지거나 거룩해질 능력을 타고났다는 것이다. 인간이 영적 성숙을 향해 자라가야 할 책임과 그럴 수 있는 능력을 강조하는 모든 영성 전통을 묘사할 때 **펠라기우스주의적**이라는 딱지를 사용하기도 한다. 그러나 이는 잘못된 명칭이며 잘못된 성격 규정이다. 문제는 더 복잡하다. 성경에서는 인간의 책임과 노력을 분명히 말한다. 바울도 골로새 교인들을 위해(골 1:29), 자신의 영혼을 위해(빌 3:12-14) 애쓰고 수고했다고 분명히 말한다.

거룩함에 대한 성경적 전망에서는 영적 성숙을 궁극적으로 객관적 기준(아마도 거룩한 율법)을 향한 인간의 노력이 아니라 하나님의 부르심과 능력 주심에 인간이 반응한 결과로 이해한다. 물론 그리스도인의 삶에 관한 신학에는 행위자에 대한—하나님의 행위와 인간의 행위 의미—성찰이 포함되어야 한다. 흔히들 하나님은 하나님의 역할을 하시고 우리는 우리 역할을 해야 한다고 말한다. 그러나 결국 이런 말은 이 문제를 논의하기에 유익한 틀이 되지 못한다. 우리가 행동하는 방식과 하나님이 행동하시는 방식이 전혀 다른데 이를 뒤섞어서 문제를 혼란스럽게 만들기 때문이다. 이 차이는 미묘하지만 동시에 근원적이다.

　하나님 안에서 우리가 지닌 생명을 생각해보면, 모든 것을 주도하는 분은 하나님이시다. 모든 것이 하나님의 것이다. 우리가 가진 것은 전적으로 선물이다. 하지만 그렇다고 해서 인간이 수동적이라거나 행위자가 아니라는 뜻은 아니다. 우리는 인간의 행위를 진지하게 받아들일 수 있으며 받아들여야 한다. 핵심은, 그것이 하나님의 행위에 응답하고 참여하는 행위라는 것이다.

　여기서 질병-치유, 유아기-성장이라는 이미지가 도움이 된다. 의사는 자신이 치유자가 아님을 안다. 의사는 다만 피조물 안에서 하나님의 사역 중 일부인 치유 과정에 참여하고 이를 더욱 발전시켜나갈 뿐이다.

　마찬가지로 농부는 자신이 그 어떤 것도 자라게 할 수 없음을 알고 있다. 그는 옥수수나 채소, 밀을 자라게 할 수 없다. 그저 심고 물 주고 잡초를 뽑고 과일나무의 가지를 쳐줄 뿐이다. 농부의 노력과 참여가 중요하지만 결국 사과나무의 열매는 그가 '일'한 결

과가 아니다. 그들의 모든 노력에도 불구하고 이 열매—의사에게
치유—는 순전히 선물이다.

완전주의, 펠라기우스주의, 도덕주의, 율법주의 그리고 참된
기독교 영성을 약화시키는 다른 모든 '주의'들은 실로 중대한 위협
이지만, 그 때문에 그리스도 안에서 성숙해지라는 이 부르심을 외
면해서는 안 된다. 장 칼뱅은 여기서 유익한 관점을 제공한다. 그
는 우리 모두가 죄인이며, 그리스도를 믿는 성숙한 믿음을 향해 나
아가는 길 위의 죄인임을 인정하지 않은 채 완전의 소명에 대해
말해서는 안 된다고 주장한다. 어떤 사람도 완전하지 않았지만 기
준과 부르심은 그대로 남아 있다. 그것은 우리가 갈망하는 바이며
구하는 바이다. 완전주의가 위험하다고 해서 우리의 목표를 말하
지 말아야 한다는 뜻은 아니라고 칼뱅은 주장한다. 오히려 바로 그
것, 우리가 달려가는 목표에 관해 이야기해야 한다고 주장한다.[6]
그는 "푯대를 향하여 그리스도 예수 안에서 하나님이 위에서 부르
신 부름의 상을 위하여 달려가노라"라는 바울의 빌립보서 말씀으
로 반향을 불러일으킨다(빌 3:14). 목표에 아직 도달하지 못했지만
그럼에도 그 목표를 향해 계속 달린다.

이런 관점에서 우리의 목표를 억압적인 것이 아니라 동기를
부여하고 영감을 주는 것으로 이해할 수 있다. 우리는 결코 완전한
건강 상태를 누릴 수 없을지도 모르지만, 그렇다고 해서 병을 내버
려둬도 된다는 말은 아니다. 의사는 환자가 절대로 '완벽히' 건강
해질 수 없음을 알고 있을 테지만, 그렇다고 질병을 용인하고 방치

---

6   John Calvin, *The Institutes of the Christian Religion*, 3.6.5.

한다면 이는 터무니없는 일일 것이다. 우리는 결코 우리가 원하는 대로 지혜롭고 성숙하고 거룩해질 수 없을 것이다. 하지만 그렇다고 해서 절망에 빠져 그리스도인의 성숙이라는 우리의 소명을 포기해서는 안 된다.

우리는 완전과 온전이라는 말을 사용할 수 있으며, 이를 탁월함에 대한 부르심으로 이해할 수 있다. 우리는 자주 이 논의에 타격을 주었던 완전주의의 위험을 인식해야 하지만, 완전주의에 대한 두려움 때문에 그리스도인의 거룩함에 관한 생생하며 강력한 전망을 표현하지 않아서는 안 된다.

교회의 가르침과 설교의 핵심 차원은 영적 성숙이 참으로 우리의 소명임을 규칙적으로 일깨워주는 것이다. 이는 우리를 향하신 하나님의 뜻이며 그리스도 안에 있는 인간의 소명이다. 목회 사역에서는 왜 영적 성장이 필수적이고 가능하며 이룰 수 있는지 계속해서 가르쳐야 한다. 이는 회중의 삶의 핵심 차원이다.

그리스도 안에서의 역동적 성숙을 열정적으로 활기차게 추구하지 않는 회중은 치유와 건강을 열정적으로 활기차게 추구하지 않는 병원처럼 기만적이다. 이어서 그리스도인에게 접근하기 쉽고 강력하며 합당한 목표가 될 만한 전망을 살펴보자.

영적 성숙을 규정하는 기준

그렇다면 어떻게 영적 성숙, 더 나아가 완전의 소명을 수용하면서 이 치명적인 이단들을 피할 수 있을까? 어떻게 우리는 하나님의 백성을 위한 목회 전망, 곧 환자를 치유하려는 의사의 전망이나 과일을 수확하려는 농부의 전망에 비견할 만한 전망을 촉진하는 방식으로 그리스도 안에서 성숙해지라는 부르심을 이야기할 수 있을까? 최소한 다섯 가지 독특한 관점에서 신학적 전망에 접근할 필요가 있다. 이 관점은 영적 성숙에 관한 우리의 신학을 규정하는 기준이다.

- 삼위일체적, 그리스도 중심적
- 하나님의 창조 성취로서의 구원
- 죄와 믿음의 관계
- 개인적, 공동체적 성결
- 평범함과 일상성, 특히 고통의 현실

삼위일체적, 그리스도 중심적. 첫째, 반드시 인간 소명에 대한 우리의 전망이 하나님의 삼위일체 본성(성부, 성자, 성령)에 뿌리내리게 해야 한다.

성부에 대해 말할 때 선택이라는 말을 사용하는 것이 마땅하다. 그분은 우리를 만드신 분, 우리가 창조된 목적에 부합하는 정체성을 깨닫기를 갈망하시는 분이라고 이해해야 한다. 인간의 운명이나 목적을 말할 때, 우리는 하늘에 계신 우리 아버지께서 우리에게 이루라고 말씀하시는 그 목적에 대해 말하는 셈이다.

둘째, 그리스도인의 성숙이나 성결에 대한 삼위일체의 전망에서는 성숙을 그리스도 예수의 삶과 사역에 참여하는 것이라고 일관되게 주장한다. 이 점은 나중에 더 자세히 논할 것이다. 기독교 영성은 '그리스도 안에' 있음으로 규정된다. 사실 우리는 십자가의 자비 안에 계시된 그리스도의 신적 사랑이라는 관점에서만 거룩함을 이야기할 수 있다. 주 예수 그리스도의 복음에 근거해서 모든 것이 우리 안에 형성된다. 우리를 변화시키는 것이 바로 이 복음일 뿐만 아니라, 우리가 그리스도의 생명 안으로 이끌려 들어가는 것 역시 복음을 통해서만 가능하다.

셋째, 이 삼위일체의 전망에서는 성령의 은혜로운 사역을 통해 우리의 삶 속에 영적 성숙이 이루어진다는 근본적인 복음의 진리를 부각시킨다. 리처드 러블레이스는 이렇게 말한다. "참된 영성은 초인간적 영성이 아니다. 그것은 성령의 능력으로 죄의 속박에서 해방되고 새로워진 참된 인간을 가리킬 뿐이다."[7]

기독교 영성은 성령께 철저히 의존하는 삶이다. 우리는 나 자신이 만들거나 계획한 삶을 살지 않고 하나님의 은총에 능동적으로 응답하는 삶을 산다. 그리스도인의 삶을 다룬 책 중에 다수는 스티븐 코비(Stephen Covey)의 《성공하는 사람들의 7가지 습관》(Seven Habits of Highly Effective People, 김영사 역간)을 기독교화한 것에 불과해 보인다. 미국 공민종교의 고전인 이 책에서는 우리가 성공했다면 이는 올바르게 살아왔기 때문이라고 암시적, 명시적으로 전제한다. 성공하지 못했다면 게으르거나 의지가 부족했기 때문이다. 성경적 전망은 하나님께 철저히 의존하고 다른 이들과 서로에게 깊이 의존하는 관계 속에서 사는 삶이다. 그러나 코비는 개인이 특정한 습관에 몰두하면 자신의 운명을 통제할 수 있다고 주장한다.

---

7   Lovelace, *Dynamics*, 19.

주일에 선포되는 설교 중 다수는 이런 습관을 바로잡아야 한다는 데에 초점을 맞춘다. 당신도 바른 습관을 들이고 유지한다면 좋은 아버지와 남편, 직원 등 무엇이든 될 수 있다. 하지만 종교적인 자기 계발 프로그램은 기독교라는 명칭으로 포장된 숙명론적 정적주의에 대한 해답이 될 수 없다.

오히려 우리는 철저히 삼위일체적이어야 하며 성령의 은총으로 받게 되는 선물인 거룩함에 대해 이야기해야 한다. 우리를 거룩한 삶으로 부르실 때, 성부께서는 성령의 은총에 철저히 의지하여 그리스도 예수의 삶에 참여하라고 초청하신다. 이러한 삼위일체적 전망의 세 측면은 모두 우리의 거룩함이 은총과 자비로 하나님이 주도하시는 기적이라는 사실과 관계가 있다. 따라서 우리의 거룩함은 하나님께 영광을 돌린다. 그리고 영적 성숙에 관한 신학에서는 이렇게 묻는다. 억누르는 죄의 힘으로부터 해방되고, 니케아 신경에서 말한 바 "주님이시며 생명을 주는" 분이신 성령의 삶을 주입받을 때 참된 인간성은 어떤 모습일까?

그런 점에서 세례는 삼위일체 하나님에 의해 구별된 삶을 시작하는 입교 의식이다. 주의 만찬은 그리스도 안에서 우리를 사랑하시고, 우리를 위해 하나님 자신을 내어주셨으며, 부르심 받은 삶을 살도록 성령 안에서 우리를 초대하시는 창조주께 반응하는 신앙 공동체의 의례이다. 세례와 주의 만찬 모두 은총으로 능력을 부어주시는 의례로, 우리를 준비시키고 먹여서 하나님의 부르심에 응답해 살아갈 수 있게 해준다.

이미 지적했듯이 이렇게 성령의 사역을 강조한다고 해서 인간 행위의 중요성을 약화하거나 무시하지는 않는다. 단지 우리의 행동은 성령 사역에 대한 반응일 뿐이며 성령께서 주시는 은총을 통해 유지된다는 뜻일 뿐이다.

하나님의 창조 성취로서의 구원. 두 번째 핵심 기준은 우리의 구원이 세상을 창조하신 하나님의 목적의 성취임을 분명히 인정하는 것이다. 거룩함에 관해 묻기 위해서는 그와 밀접히 연관된 질문에도 반드시 주의를 기울여야 한다. 우리는 어떤 목적을 위해 창조되었는가? 우리가 사도신경을 따라 "전능하사 천지를 만드신 하나님 아버지를 내가 믿사오며"라고 주장한다면, 이는 하나님의 구속 목적을 우리가 이해하는 것과 관련해 어떤 의미를 갖는가? 이는 우리가 창조의 성취로서의 성숙 혹은 완전에 관해 이야기한다는 뜻이다.

엄밀히 말해서, 이것은 창조 질서와 구속 질서 사이의 근원적 연속성을 이해한다는 뜻이다. 우리가 창조된 목적, 혹은 우리를 위해 의도하신 목적으로서의 '완전'에 관해 이야기한다는 뜻이다. 왜냐하면 토마스 아퀴나스(Thomas Aquinas)가 지적했듯이 "한 사물은 그 고유의 목적, 즉 그 사물의 최종적 완전을 달성하는 한 완전하다고 말할 수 있기" 때문이다.[8] 우리가 온전하고도 완전하게 하나님이 우리를 창조하실 때 의도하신 존재가 될 때, 하나님은 영광을 받으신다.

그렇다면 이제 하나님의 형상으로 창조되었다는 것이 무엇을

---

8   Thomas Aquinas, *Summa Theologiae: A Concise Translation*, ed. Timothy McDermott (Westminster, MD: Christian Classics, 1989), 456.

뜻하는지, 이 형상이 새로워지고 회복되고 온전히 완성되거나 성숙해지는 것이 어떤 모습인지 마땅히 물어볼 수 있다. 내가 논증하고자 하는 바는, 성도란 성부이자 창조자이신 하나님께 영광과 찬송을 돌리는 삶을 사는 사람이라는 것이다. 따라서 거룩함 — 하나님의 거룩하심뿐 아니라 하나님의 형상, 초상, 반영인 인간의 거룩함과 영광 — 에는 심오한 아름다움이 있다. 이는 거룩함의 모든 차원에 대해 창조와 구속 사이의 상호작용을 생각해봐야 한다는 뜻이다. 우리는 어떻게 하나님의 은총이 온 피조물에 주입되어 하나님이 만드신 모든 것을 치유하고 회복하고 변화시키는지 생각해봐야 한다.[9]

　이 두 가지, 창조 질서와 구속 질서를 구별하는 것이 중요하다. 둘은 동일하지 않다. 이는 죄의 존재와 힘 때문이다. 우리는 악의 능력이 파괴한 창조 질서만 경험할 뿐이다. 그러나 창조와 구속 사이에 연속성이 있으므로 창조의 경이와 아름다움이라는 관점을 배제하고는 결코 하나님의 구원을 말할 수 없다. 여기서 중요한 점은, 우리 삶을 두 개의 구별된 영역(세속 영역과 성스러운 영역)으로 나눠서 생각할 수 없다는 것이다. 하나님의 은총은 현재 우리의 존재, 변화되도록 부르심 받은 존재 전체에 주입된다.

9　이에 관해 나는 특히 칼 라너(Karl Rahner)의 글에서 많은 도움을 받았다. 예를 들어, *The Christian Commitment: Essays in Pastoral Theology*, trans. Cecily Hastings (New York: Sheed and Ward, 1963), 39에서 그는 하나님의 은총이 "실제로 창조 질서 자체를 관통하여 치유하고 성화시킨다. 그것은 '그리스도의 신비' 속으로 세상을 통합한다"라고 주장한다. "이렇게 은총으로 세상을 하나님의 생명 안으로 이끄시는" 목적은 인간의 부르심이나 소명을 가르쳐주시고자 함이다.

한 가지 중요한 점은 거룩함이 종교 활동이나 교회 참여와 동일하지 않다는 것이다. 그리스도인의 삶과 교회 생활은 동일하지 않다. 물론 우리는 교회에 온전히 참여하도록 부르심 받았다. 하지만 그리스도인의 삶이 교회 활동이나 참여로 환원되지는 않는다. 우리 삶에는 그 안에서 규정되거나 포함되는 것보다 훨씬 많은 요소가 있다.

무엇보다도 이는 우리가 하나님의 피조물이 새로워지기를 갈망하고 기대함을 뜻한다. 로마서 8장에서는 온 피조물이 하나님의 자녀가 나타나기를 기대하며 신음하고 있다고 말한다(롬 8:18-20). 우리의 소망, 우리의 갈망은 내세의 실존에 대한 것이 아니다. 우리는 창조 질서 안에서의 삶을 확실히 믿는다. 우리는 하나님이 창조하실 때 의도하신 생명을 확실히 믿고 그 생명으로 기뻐한다. 따라서 우리가 "뜻이 하늘에서 이루어진 것같이 땅에서도 이루어지이다"라고 기도함으로써 그리스도의 통치를―하나님 나라의 도래를―이야기할 때, 그리스도의 자비로운 권위 아래 만물이 새로워지기를 기도하고 그 새로워짐에 참여하는 셈이다.

죄와 믿음의 관계. 죄에 대한 성경적 교리를 명확히 이해하기 전에는 변화와 그리스도인의 성숙에 대해 이야기할 수 없다. 이 교리는 성도가 되는 것이 무엇을 뜻하는지 논할 때 필수적인 준거점이 된다. 또한 고의적 위반으로서의 죄―나쁜 일을 하는 나쁜 사람들―에 관해 이야기하는 것으로는 충분하지 않다. 하나님의 피조물 전체를 감염시킨 질병으로서의 죄에 대해 이야기해야 한다. 발단이 되는 억압적인 힘, 중독적이며 치명적인 힘으로서의 죄를 이야기해야 한다.

죄의 힘에 대한 자각은 긍휼과 인내가 필요함을 상기시키며, 따라서 우리는 삶 속에서 하나님의 은총에 주의를 기울이며 그 은총에 응답한다. 물론 우리는 죄에 대한 그리스도의 승리를 말해야 하며, 삶 속에 나타날 은총의 가능성을 말해야 한다. 그러나 성숙해지는 것, 그리스도 안에서 완전해지는 것이 무엇을 뜻하는지 설명하고자 할 때 우리 삶 속에, 공동체 안에, 교회 안에, 세상 속에 퍼져 있는 죄의 간교한 능력을 충분히 고려해야 한다.

죄의 권세에 순진한 태도를 보이거나 마치 죄가 우리 삶에서 더 이상 실질적인 통제력이 없는 것처럼 말할 때, 우리는 자신도 모르는 사이에 그 파괴적인 힘에 더 취약해질 것이다. 하나님의 때와 목적 안에서 죄는 아직 방정식에서 제거되지 않았다. 죄가 궁극적으로 패배했다고 확신하지만 여전히 우리는 죄의 영향 아래서 살아간다. 따라서 그리스도 안에서 성숙하는 것이 무엇을 뜻하는지 논할 때 우리가 평생 죄의 파괴적인 영향력—다른 이들의 악행, 정신 건강상의 문제, 우리 모두를 괴롭히는 크고 작은 결점—과 씨름하며 살 것임을 인식해야만 한다.

그렇다고 우리가 죄를 용인한다는 뜻은 아니다. 의사가 질병을 용인하지 않는 것과 마찬가지이다. 다만 죄의 힘을 인정하고, 우리를 변화시키시는 하나님의 사역이 더디고 점진적으로 이루어지는 것처럼 보일 수 있음을 인식한다는 뜻일 뿐이다. 또한 긍휼과 너그러움, 인내의 마음으로 우리 자신과 다른 이들을 대하며 사랑으로 서로 용납하는 법을 배워야 한다는 뜻이다(골 3:13).

우리 삶 속에 남아 있는 죄의 세력과 별개로 우리는 믿음의 우선성을 말해야 한다. 우리는 성숙함으로 자라가고 하나님을 신뢰하는 법을 배우는 피조물로서 그분께 철저히 의존하도록 부르심 받았다. 그리고 삶과 세상 속에 남아 있는 죄라는 요소 때문에 우리는 그리스도를 더 깊이 인식할 필요성과 자비 아래에서 그분의 은총을 철저히 의지하며 살아야 할 필요성을 절감한다.

믿음으로 우리는 "있는 모습 그대로, 아무 변명도 할 수 없지만 나를 위해 주 보혈 흘리셨으니"라고 노래할 수 있다(찬송가 〈큰 죄에 빠진 날 위해〉의 원곡 가사—옮긴이). 매일 매 순간 우리는 이런 마음과 생각으로 하나님께 나아간다. 우리는 늘상 부르심 받은 영광에 미치지 못하여, 그리스도 안에서 이루신 하나님의 은혜로운 사역을 의지하며 다시 그리스도께 돌아간다. 다름 아닌 바로 우리의 죄와 실패, 약함 때문에 자기중심적인 삶의 어리석음에서 돌이켜 믿음으로, 조용하고 어린아이 같은 신뢰 속에서 살아갈 수밖에 없다. 따라서 우리는 그리스도 안의 이 삶을 선물이라고, 겸손히 받는 선물이라고 말한다.

개인적, 공동체적 성결. 그리스도인의 성숙에 대한 전망에는 그리스도 안에서 성숙하도록 부르심 받은 개인과 마찬가지로 그리스도 안에서 자라도록 부르심 받은 교회 사이의 상호작용을 설명하는 성결의 교리가 포함되어야 한다. 개인은 교회의 관점에서 이해해야 하며, 교회는 개인의 관점에서 이해해야 한다. 그리스도 안에서 개인적 성숙은 언제나 신앙 공동체와의 역동적인 교제 속에서 이루어질 것이다. 그리고 문제는 단순히 공동체 안에 있어야 한다는 것이 아니다. 우리는 교회라는 공동체 안에 있어야 한다(따라서 교회의 정의가 중요하다). 신앙의 이해와 경험은 풍성한 신학적, 영적 전통 안에 닻을 내리고 있다. 우리는 사도적 토대를 지닌 신앙 공동체의 일원이다.

그리스도 안에서 완전해진다는 것은 삼위일체 존재이신 그분과의 사귐으로 우리를 부르시는 하나님의 거룩하심을 알게 된다는 것이다. 삼위일체 안에서 이루어지는 사랑과 사귐을 제쳐놓고서는 하나님의 거룩하심을 이해할 수 없다. 마찬가지로 그리스도인의 거룩함은 교회의 사랑과 사귐 안에서만 표현될 수 있다. 개인의 성화는 교회를 향한 하나님의 전체 계획 중 일부이다. 결국, 하나님의 백성이 함께 하나의 거룩하고 보편적이며 사도적인 교회가 되어야 한다는 부르심을 제쳐놓고서는 거룩해지라는 부르심에 대해 이야기할 수 없다.

따라서 앞으로 예전(liturgy)과 예배가 지닌 형성적 힘에 대해 논할 것이다. 신앙 공동체의 핵심적인 실천에 대해 이야기하고, 어떻게 우리가 하나님의 백성으로서 함께 은혜 안에서 자랄 수 있는지 이야기할 것이다. 예배와 성경의 선포, 성만찬, 말과 행동으로 그리스도의 통치를 함께 증언하는 사역에 관하여 논할 것이다. 교회는 하나님 나라의 도구일 뿐 아니라 그 나라의 구현체이자 선취(先取)이기도 하다. 따라서 교회는 세상에 임한 하나님 나라의 열매이다.

그러나 개인은 여전히 개인의 정체성을 지니며, 우리는 개인의 중요성과 능력을 부인하지 않으면서 공동체의 성결에 대해 말한다. 개인은 교회 공동체의 정체성 안에서 상실되지 않으며 오히려 하나님의 사랑을 주고받는 사람으로서 이 공동체 안에서 풍성한 삶을 누린다. 하지만 신앙 공동체가 공유하는 실천을 제쳐두고서는 개인의 영적 성숙에 대해 성찰할 수 없음을 강조해야 한다. 더 나아가 우리가 길 위의 동반자일 뿐 아니라 그리스도에 이르기까지 자라가는, 서로 의지하는 자매와 형제로서 이 여정을 함께하고 있음을 분명히 말해두는 것이 중요하다(엡 4:13-16).

이 모든 것은 적어도 두 가지를 의미한다. 첫째, 교회가 거룩한 하나님의 거룩한 백성이 되어야 한다는 부르심이 인간 소명에 대한 모든 논의의 배경을 이루어야 한다. 둘째, 그리스도 안에서의 영적 성숙에 대한 전망은 회중 안에서 이루어지는 실천으로 전환될 수 있어야 한다. 그렇게 함으로써 회중은 이 여정에 함께하고 있음을 분명히 인식할 수 있고, 개인 모두가 그리스도께 의존하고 있으면서도 서로에게 기대고 있는 이 역동적 상호 의존을 보고 느낄 수 있다.

평범함과 일상성, 특히 고통의 현실. 우리의 소명인 거룩함, 그리스도 안에서의 영적 성숙이라는 은혜에 관해 말할 때, 그것이 일상적이고 틀에 박힌 매일의 평범한 삶 속에서 이루어지는 것임을 명심해야 한다. 물론 우리는 특별한 것을 인정할 수 있고 인정할 것이다. 하지만 여기서 중요한 점은 인간 영혼의 형성이 특별한 것이 아닌 기독교 신자의 일상적인 삶 속에서 일어난다는 것이다.

그렇다면—어쩌면 가장 중요한 점일 것이다—우리는 어려움에 대해, 실패와 실망, 고통에 대해 말해야 한다. 그리스도 안에서의 성숙에 관한 모든 논의를 관통하는 핵심 주제는 고통이 갖고 있는 힘이다. 삶과 일에서 우리는 그리스도와 더불어 그분과 함께 고통을 상속받는 사람들로서 고통당한다(롬 8:17). 그리고 인간관계와 일 속에서 필연적으로 고통을 경험할 것이다. 그것이 우리가 살아가는 삶의 정황이다.

글렌 틴더(Glenn Tinder)는 대부분의 문화가 고통에 심한 반감을 드러낸다고 지적한다.[10] 어떤 문화 속 어떤 사람도 고통당하기를 원하지 않지만, 우리 시대와 상황에서만 독특하게 나타나는 점은 우리가 고통을 도덕적, 육신적 불완전함으로 인해 인간이 처한 곤경의 일부로 이해하지 못한다는 것이다. 고통은 삶의 유한성 중 일부이다. 기술이 결국 모든 고통을 덜어줄 것이라고 가정하면서 인간 실존의 고통스러운 현실로부터 분리되어 안락한 교회에서 살아가기를 바라는 것은 거짓된 희망일 뿐이다.

그리스도인의 삶에 대한 우리의 신학에서는 고통이 하나님의 창조 안에서 일탈이며 하나님이 만드신 바의 일부는 아니지만 지금으로서는―그리스도께서 나타나시고 모든 것이 나아지기 전에는―하나님이 우리를 빚으시고 정화시키시는 수단임을 고려해야 한다. 고통은 지나갈 것이다. 하지만 그러는 사이에 겪는 고통은 불가피하다. 따라서 우리는 그리스도인의 거룩함의 모든 차원과 관련하여 고통과 어려움에 관해 말해야 한다. 물론 할 수 있는 단 하나의 방식으로, 오직 그리스도의 십자가 때문에 품을 수 있게 된 소망으로 고통과 어려움에 대해 말할 것이다.

이것이 우리의 연구를 뒷받침하는 다섯 가지 관점이다. 즉 삼위일체적이고 그리스도 중심의 관점, 창조 질서 안에서의 구원, 죄

---

10   Glenn Tinder, *The Fabric of Hope: An Essay* (Grand Rapids, MI: Eerdmans, 1999), 134-140.

와 믿음의 삶, 공동체 안에서의 개인, 마지막으로 일상성의 중요성 특히 삶 속에서 고통의 위치이다.

연구를 위한 접근방식

이 연구에 본격적으로 착수하기 전에 그리스도인의 성숙과 성결을 성찰하기 위해서 우리가 취할 접근방식 몇 가지를 언급하고자 한다.

성경적, 신학적. 앞으로 소개되는 전망은 의도적이면서도 명시적으로 '성경적'일 것이다. 예를 들어, 그리스도와의 연합을 논할 때는 요한복음 15장을 집중적으로 검토할 것이다. 지혜로의 부르심에서는 잠언 1장과 골로새서 1장을 비교, 대조할 것이다. 사랑으로의 부르심은 여러 면에서 로마서 12장 9절부터 15장 7절에 대한 고찰이 될 것이다. 이 책 전체를 통해 영적 성숙의 각 양상이 성경에 계시된 인간의 소명을 반영하고 있음이 명백해질 것이다.

우리의 접근방식이 성경적이라면, 분명히 구약성경에 기록된 공의에 대한 전망이 토대를 이루게 될 것이다. 우리는 어떻게 이 전망이 그리스도 안에서 폐기되지 않고 성취되었는지 논증해야 한다. 예를 들어, 기독교 예배의 성격을 생각해보라. 제사 제도를 비롯해 옛 언약 아래서 예배의 형식은 그리스도가 오심으로써 폐기되지 않고 오히려 그분 안에서 성취되었다. '폐기'와 '성취'의 차이는 사소한 문제가 아니다. 그리고 예배 형식이 유지되었듯이 공의, 거룩함, 정의도 그리스도 안에서 성취되었다. 구약성경의 전망은 폐기되지 않고 성취되었다.

이 전망은 성경적인 동시에 신학적이기도 할 것이다. 어떤 이들은 성경적이라면 반드시 신학적이어야 하고 우리가 원하는 유일한 신학은 성경적인 신학이라고 항의할지도 모른다. 하지만 성경적 차원과 신학적 차원 사이의 구별은 두 가지 이유 때문에 중요하다. 첫째, 우리의 접근방식은 성경 본문과 관점의 종합을 추구한다는 점에서 신학적이다. 예를 들어, 우리는 일의 의미가 무엇인지 물을 것이다. 그 대답은 단순히 개별 성경 본문을 검토하는 것보다 훨씬 더 포괄적이다.

둘째, '신학적' 차원은 교회의 유산―오랜 시간 신앙 여정에서 이루어진 성령의 증언, 교회 정체성과 사역의 핵심을 이루는 경험과 지속적인 신학적 성찰―에 대해서도 다룬다. 우리는 우리보다 앞서간 이들에게서 배울 것이다.

복음주의적, 교회 일치적. 또한 이 책의 저자로서 내가 복음주의적이면서도 동시에 교회 일치의 입장을 견지하려고 노력한다는 것이 분명해질 것이다. 사실 복음주의자가 되는 것은 나에게 선택사항이 아니다. 우리 모두 특정한 신학의 틀 안에서 생각하고 글을 쓴다. 나의 유산은 18세기 말 대각성 운동과 그 운동을 이끈 존 웨슬리(John Wesley)와 조나단 에드워즈(Jonathan Edwards)와 같은 인물의 후예인 복음주의 전통이다.

복음주의자가 아닌 그리스도인 독자는 벌써 이 점을 알아차렸을 것이다. 이 점은 질문을 어떻게 구성하는지, 어떤 문제를 다루는지, 어떤 예를 드는지를 통해 분명해질 것이다. 무엇보다도 그리스도인의 삶을 이루는 여러 차원의 미묘한 차이를 구별하고 인정하는 방식을 통해 명확해질 것이다.

이 책을 쓰면서 나는 내가 속한 신학 전통에서 하나님의 거룩하심을 이해하고 추구하는 방식에 특별한 관심을 보일 것이다. 그리고 복음주의 전통 안의 다양한 분파―개혁파, 재세례파, 웨슬리언, 루터파, 오순절파, 성결파 등―에게 이 책이 설득력 있게 다가가기를 바란다. 몇몇 장의 초기 원고는 루마니아의 침례교와 오순절 교단 신학교들이 공동 주최한 연속 강연에서 발표하기도 했다. 강연은 좋은 반응을 얻었으며, 나는 중대한 신학적 차이가 존재하기는 하지만 침례교 신자와 오순절 교회 신자들 사이에도 본질적인 공통 기반을 찾을 수 있음을 다시 한 번 깨달았다!

동시에 나는 이 책의 내용이 교회 일치적이기를 바란다. 분명히 복음주의 전통 안에서 썼지만 다른 신학적, 영적 전통의 성과를 자유롭게 활용한 책이기를 바란다. 이 책의 주된 독자는 복음주의 그리스도인이겠지만, 로마 가톨릭 교인과 정교회 교인, 다른 그리스도인들, 더 나아가 아직 그리스도인의 정체성을 전적으로 받아들이지는 않았지만 기독교 신앙을 알아보고 있는 이들도 이 책의 논의를 쉽게 이해할 수 있기를 바란다.

따라서 나는 복음주의자로서 이 책을 쓰며, 이 프리즘을 통해 그리스도 안에서의 성숙이라는 주제를 논할 것이다. 하지만 다른 신학 전통들과 의도적으로 대화하며 이 작업을 해나갈 것이다.

신학적, 실천적. 영적 성숙과 그리스도 안에서의 완전함에 대해 연구할 때, 우리는 그리스도인이 된다는 것이 무엇을 뜻하는지 물어야 한다. 인간의 소명을 세속적으로 이해하는 관점에다 종교적인 허울만 덧씌우는 방식으로, 영적 성숙을 일종의 심리적 평정이나 균형으로 설명하기가 쉽다. 그럼에도 경영학과 현대 심리학 분야 연구자들이 실시한, 좋은 일의 본질에 관한 깊이 있는 성찰을 비롯해 다른 학문 분야의 연구 성과를 활용하는 것은 타당하다.

하지만 궁극적으로 그리스도인의 삶에 대한 전망을 정의하는 것은 철저히 신앙고백적이며 성경적인 신학이다. 우리는 그리스도인이 된다는 것의 의미를 설명하고자 할 때 개인과 신앙 공동체를 위한 하나님의 온전한 목적을 반영하는 관점을 만들어가야 한다. 신학적 사고는 우리 삶에 의미와 본질적인 내용, 목적을 부여한다. 또한 우리는 축복과 고통을 동시에 경험하면서 복잡함과 어려움 속에서 살아가고 있기 때문에 이런 복잡함을 온전히 아우를 수 있는 그리스도인의 삶에 대한 전망이 필요하다.

신학적 전망은 분별, 즉 우리 문화를 읽어내고 문화에서 제공하는 최선의 것을 수용하는 동시에 성경적 신앙과 양립할 수 없는 경향에 도전할 수 있는 능력을 길러준다. 근본적으로 이 전망은 이생에서 불가피하게 경험하는 아픔과 고통과 조화를 이루면서도 근원적 소망을 담게 될 것이다.

흔히들 무언가에 신학적 태도를 취하면 실천적인 태도를 취하지 못한다고 말한다. 그러나 오히려 그 반대로 신학은 대단히 실천적이다. 좋은 신학은 지혜를, 잘 살 수 있는 능력을 길러준다. 우리에게는 일상생활의 기본 구조에 적용되고 실천으로 전환될 수 있는 신학적 전망이 필요하다. 영성 형성에 대한 접근법으로 전환할 수 있는 신학적 전망이 필요하다. 하지만 순서가 중요하다. 우리의 실천은 신학적 전망에 따라 규정되어야 한다.

보편적, 개별적. 마지막으로 우리는 보편적이면서도 개별적인 접근방식을 추구할 것이다 스티븐 닐(Stephen Neill)은 고전적인 연구서인 《그리스도인의 거룩함》(Christian Holiness)에서 흥미로운 지적을 한다. "죄인들은 지루할 정도로 비슷하다… 성도들은 영광스러운 다양함을 드러낸다… 어떤 일반적인 용어로도 그들 모두를 아우를 수 없다."[11] 우리는 언제나 우리 시대와 세대 속에서 거룩함으로 부르심을 받고, 분명히 문화는 영적 성숙을 이해하고 실천하는 데 영향을 미치는 한 요인이다. 그러나 닐이 지적하듯이, 그리스도 예수 안에서 성숙을 추구한 모든 사람에게서 '어떤 특징'을 일관되게 발견할 수 있다. 노르웨이에서 태국까지 그리스도 안의 성도들은 하나님의 거룩하심 안에서 살아감을 나타내는, 공통된 특징을 지닌다.

칼 바르트(Karl Barth)는 회심과 성화의 성격에 대해 탁월한 통찰을 제시하면서 어떤 두 명의 그리스도인도 비슷하지 않지만 그리스도인을 그리스도인으로 만드는 특정한 경계와 윤곽선이 존재한다는 설득력 있는 주장을 펼친다. 우리는 한 주님께 부름 받는다. 우리는 한 성령에 의해 변화된다. 혹은 바르트의 표현을 사용하면 "각성"된다.[12] 우리는 같은 말씀에 반응해 살아가며, 같은 말

---

11   Stephen Neill, *Christian Holiness* (New York: Harper & Brothers, 1960), 126.

12   Karl Barth, *Church Dogmatics IV/2*, trans. G. W. Bromiley (Edinburgh: T & T Clark, 1958),

씀이 우리 안에 스며든다. 따라서 우리는 삶의 특수성을 부인하는 보편성이 아닌, 이 길 위에서 우리가 공유하는 공동의 모티프와 전망, 소망을 설명하기 위한 수단으로서의 보편성에 대해 이야기할 수 있다.

우리는 그리스도 안에서의 성숙에 관한 공통된 전망을 견지하면서도 그런 전망이 놀라울 정도로 다양하게 표현될 수 있음을 인정한다. 성격의 다양성이 있으며 문화의 다양성이 있다. 그리스도인의 삶에는 어떤 보편적 요소가 있지만, 거룩함은 언제나 독특한 맥락 속에서, 특정한 지리적, 인구 통계적 배경에서, 특수한 사회와 공동체 안에서 구현된다. 그러므로 그리스도 안에서의 성숙은 지역 문화와의 연속성과 단절성을 반영할 것이다.

때로는 독자들이 북유럽 문화의 후예인 사람에게만 해당되는 것처럼 보이는 요소에 부정적으로 반응하거나 심지어는 거부할 수도 있을 것이다. 아시아인과 아프리카인, 히스패닉 그리스도인, 다른 그리스도인들은 내가 제시하는 내용이 그들 상황에 적용되지 않는다고 결론 내릴 수도 있다. 그 역시 정당하다. 그러나 문화적 경계를 가로질러 소통할 때 서로를 항구적으로 거부하지는 말자. 우리의 관점은 다른 문화와 사회 맥락에 속한 사람들과 대화를 통해 꾸준히 강화될 수 있다. 우리는 서로에게서 배워야 한다. 또한 우리가 가장 소중히 여기는 이상—우리의 문화적 정체성에서 핵심이 되는 요소들—일부가 다른 그리스도인들이 성경을 읽는 방식에 따라 도전받도록 허용해야 한다.

499-612.《교회 교의학 IV/2: 화해에 관한 교의》(대한기독교서회).

결론: 그리스도인의 성숙에 대한 전망의 개관

교회가 믿음, 소망, 사랑 안에서 자랄 수 있는 능력, 도덕적 지도력과 성품, 온전함, 간단히 말해 거룩함—하나님의 성품 반영—을 통해 드러날 능력을 길러야 할 이 특별한 책무를 완수할 수 있도록, 교회를 뒷받침하고 교회에 방향을 제시하는 성화의 신학이 절실히 필요함을 우리는 알고 있다. "내가 거룩하니 너희도 거룩할지어다"라는 말씀을 듣고(벧전 1:16) 우리는 '이 거룩함이란 어떤 모습인가?'라고 묻는다.

이 책에서 독자들은 그리스도인의 성숙을 바라보는 방식에 관해 이중적 제안을 발견할 것이다. 첫째, 문제의 핵심이자 포괄적이면서도 규정적인 전망으로서 그리스도인의 영적 성숙—우리가 받은 '완전'의 소명—은 그리스도와의 연합으로 묘사될 것이다. 하나님의 삼위일체 성격을 전적으로 받아들이면서 어떻게 그리스도인의 삶 전체를 '그리스도 안에서' 발견할 수 있는지 설명할 것이다. 이 전망은 승천하신 그리스도 예수의 삶에 실시간으로, 역동적으로 참여하는 것을 전제하며, 또한 이를 강조한다. 그리고 그리스도인의 삶이란 그리스도의 죽음과 부활 속에 그분과 연합되는 근원적 경험에서 비롯되며, 이것이 기독교 세례의 본질적 의미라고 강조할 것이다(롬 6장).

둘째, 구별되면서도 심층적 차원에서 서로 연결되어 있는 그리스도인의 성숙을 네 가지 차원으로 말할 것이다. 본질적으로 이것은 네 가지 초청이다.

- 거룩한 사람은 지혜로운 사람이다.
- 거룩한 사람은 선한 일을 한다.
- 거룩한 사람은 하나님이 우리를 사랑하셨듯이 다른 이들을 사랑한다.
- 거룩한 사람은 행복한 사람이다.

이 네 가지 초청은 각각 그리스도와 연합하는 것의 한 양상으로 정의된다. 모두가 동일하지는 않다. 지혜는 근원적이며 선한 삶의 다른 양상에 대한 기초이다. 일과 인간관계는 인간의 삶에서 두 본질적 양상을 이룬다. 그리고 우리는 선을 행하고 다른 이들을 사랑하며 사는 것이 무엇을 뜻하는지 알 때에만 그리스도 안에서 성숙하다고 말할 수 있다. 그렇게 할 때 이 모든 것에 기쁨이 넘친다. 일과 인간관계에 기쁨이 있고, 지혜를 알고 지혜롭게 삶으로써 기쁨을 누린다.

이 네 가지 특징의 순서가 중요하며 의도적으로 이런 순서로 배치했지만, 이들 사이에 상호작용이 존재한다. 예를 들어, 우리의 지혜가 자라고, 선을 행하는 능력이 자라고, 우리가 사랑받아왔듯이 다른 이들을 사랑하는 능력이 자랄 때, 우리의 기쁨도 자란다.

2장

회심, 그 이후

그리스도와 하나 되라

하나님이여 주의 보좌는 영원하며
주의 나라의 규는 공평한 규이니이다
왕은 정의를 사랑하고 악을 미워하시니
그러므로 하나님 곧 왕의 하나님이 즐거움의 기름을 왕에게 부어
왕의 동료보다 뛰어나게 하셨나이다.

시편 45편 6-7절

그리스도인을 그리스도인으로 만드는 것은 무엇일까? 복음주의자들에게 대답은 간단한다. 그리스도인은 어떤 기도를 한 사람이거나 어떤 것이 참되다고 믿거나 '그리스도를 구주로 영접'한 사람이다. 나는 그리스도께서 이루신 바를 믿고 한 사람의 삶을 규정하는 요소로서 이를 받아들이는 것의 중요성을 부인하지 않는다. 하지만 약간 초점을 달리하고자 한다. 그리스도인을 그리스도인으로 만드는 것은 예수 그리스도의 삶에 참여하는 것, 즉 그리스도와의 연합이라고 나는 주장한다. 에베소서 1장에서 반복되는 구절을 사용하자면, 그리스도인은 '그리스도 안에' 있기 때문에 그리스도인이다.

이렇게 주장한다고 해서 삼위일체 신앙과 하나님의 은총을 경험하는 것에 대한 우리의 의탁이 흔들리는 것은 아니다. 그리스도와의 연합은 삼위일체의 두 번째 위격과 연합함을 가리킨다. 삼위일체라는 실재가 렌즈가 되어 그리스도인 삶의 텔로스를 이해하기 위한 틀을 제공할 것이다. 고린도후서 13장 13-14절의 축복 기도가 시금석이 된다. "주 예수 그리스도의 은혜와 하나님의 사랑과 성령의 교통하심이 너희 무리와 함께 있을지어다." 그러나 그

리스도인의 경험에는 기독론적 초점이 존재한다.[1]

그리스도 안에: 그리스도인의 경험이 갖는 본질적 성격

그리스도 예수를 알고 사랑하고 섬김. 마태, 마가, 누가 세 복음서에서는 그리스도인의 정체성을 제자로, 예수님을 따르며 그리스도의 통치 아래에서, 하나님 나라에서 살아가는 사람의 정체성으로 묘사한다. 이것이 그리스도인의 길잡이이다. 이것이 그리스도인의 삶에서 근원적인 방향을 잡아준다.

그리스도인의 삶에 대한 중세의 전망에서 이 점을 탁월하게 포착해냈다. 그리스도인이 된다는 것은 그리스도 예수를 알고 사랑하고 따르는 것이다. 《영신 수련》(Spiritual Exercises)에서 이그나티우스 로욜라(Ignatius Loyola)는 기도할 때 "나를 위해 인간이 되신 우리 주님을 친밀히 알아서 그분을 더 사랑하고 그분을 더 가까이 따를 수 있기를" 구해야 한다고 주장한다.[2] 때로 이 셋 중 세 번째 부분인 따르기는 섬김, 순종, 혹은 둘 다로 표현된다. 사실 따른다는 것은 곧 섬기고 순종하는 것이다. 따라서 그리스도인이 된다는 것은 예수님의 제자가 되는 것이며, 성숙한 제자는 다음과 같은 특징을

---

1   나는 주의 만찬의 의미에 대한 미하엘 벨커(Michael Welker)의 연구서 *What Happens in Holy Communion*, trans. John F. Hoffmeyer (Grand Rapids, MI: Eerdmans, 2000)에서 이 구절을 빌려왔다. 《성찬식에서 무엇이 일어나는가?》(한들출판사).

2   Louis J. Puhl, *The Spiritual Exercises of St. Ignatius* (Allahabad, India: St. Paul Publications, 1975), no. 104.

가지고 있다.

- 배움, 구체적으로는 친밀한 앎에 이르는 배움의 열매를 통해 예수님을 안다.
- 그리스도께서 그에게 첫사랑과 가장 깊은 사랑, 가장 큰 즐거움과 기쁨의 근원이 되도록 예수님을 사랑한다.
- 그가 하는 모든 일이 그리스도의 부르심에 대한 응답이자 그분에 대한 충성의 표현이 되도록 예수님을 섬긴다.

물론, 우리가 따르는 그분은 십자가에 달려 죽으시고 부활하여 승천하신 주님이시다. 따라서 제자도는 십자가의 길이며, 자신에게 모든 권위와 능력이 주어졌다는 그리스도의 자기 인식에 대한 우리의 반응으로부터 나온다. 성숙한 그리스도인의 열정과 깊은 갈망 그리고 지향점은 그리스도의 자비로운 권위 아래서 사랑하며 살겠다는 결단이다.

교회 역시 마찬가지이다. 교회가 된다는 것은 예수님을 알고, 예수님을 향한 사랑 안에서 함께 자라며 우리의 삶과 사명 그리고 세상 속에서 존재하는 방식을, 이미 도래한 그리스도의 통치와 일치시키기를 추구하는 배움의 공동체가 된다는 뜻이다. 한 사람과 많은 사람들이 그리스도의 통치 아래로 들어오고 이 통치에 참여할 때 하나님의 구원이 이루어진다. 따라서 예수님을 '구원자'로 아는 것과 그분을 '주'로 아는 것은 결코 분리될 수 없다. 하나님의 구원은 곧 그리스도의 주 되심이다.

그러므로 가르치고 배우는 과정(즉, 교리문답)을 포함해 교회의 삶은 이 축, 즉 그분을 참되고 친밀하게 알고, 가진 것 중에 가장 귀하신 분으로 그분을 사랑하고 부지런히 그분을 섬기는 일을 중심으로 삼아야 한다. 교회는 예배를 통해 바로 지금 승천하신 주님과 만나며, 예배를 통해 그분을 알고 사랑한다. 그리고 그분은 예배를 통해 우리의 삶과 우주에 대한 그분의 자비로운 권위에 응답하며 살아가라고 우리를 새롭게 부르신다. 우리는 예배를 통해 그리스도를 만난 다음, 참사람의 본보기가 되신 예수님을 따라 그리스도의 길을 살겠다고 결단한 사람들로서 세상 속으로 들어간다.

'그리스도 안에' 있음. '알고 사랑하고 섬긴다'는 구절은 대단히 유익한 기준을 제공하며 마태, 마가, 누가복음에 표현된 부르심을 적절하게 포착해낸다. 그러나 신약성경, 특히 요한복음과 바울서신, 히브리서를 더 깊이 살펴보면 그리스도인의 이상은 그리스도와 함께하는 삶, 혹은 그리스도를 위한 삶이라기보다는 그리스도 안에서의 삶이라는 것을 깨닫게 된다. 그리스도인의 삶 전체가 이 정체성, 이 존재 방식에서 비롯되었으며, 그에 비춰 이해되어야 한다.

우리는 그리스도의 다스리심 안에서, 그 아래에서 살도록 부르심 받는다. 하나님 나라의 모티프가 그리스도인의 삶에 강력하고 포괄적인 전망을 제공한다는 점은 의심할 여지가 없다. 하지만 그리스도인은 단지 그리스도의 왕국으로 초대받았을 뿐 아니라 구체적으로 다스리시는 그분, 그리스도 예수와의 역동적인 연합으로 초대받았음을 잊지 말아야 한다.

요한복음에서. 요한복음에서는 상호 내주에 대해 말한다. 특히 요한복음 15장에서 예수님은 제자들에게 "내 안에 거하라 나도 너희 안에 거하리라"라고 말씀하신다. 그보다 먼저 이 복음서에서는 제자들이 풍성한 삶을 살게 될 것이라는 예수님의 약속에 대해 말했으므로(요 10장), 요한복음 15장에서는 풍성한 삶이 곧 그리스도께서 우리 안에 거하시고 우리가 그리스도 안에 거하는 삶이라고 말하는 셈이다. 이 상호 내주는 제자들이 열매를 맺을 것이라는 그분의 약속에 대한 근거이기도 하다.

우리는 이 놀라운 초대를 어떻게 받아들여야 할까? 어떻게 그리스도께서 우리 안에 사시듯 우리가 그리스도 안에서 사는 것이 가능할까? 예수님의 말씀을 이해하기 위해 먼저 그분이 제시하시는 두 가지를 지적해둘 필요가 있다. 첫째, 예수님은 은유를 사용하고 계시며, 둘째, 그분은 풍성한 삼위일체 신학이라는 맥락 안에서 우리를 상호 내주로 부르신다.

여기에 사용된 이미지 혹은 은유에서는 줄기와 가지를 돌보는 농부를 묘사한다. 이 은유에서 성부는 농부이시며 따라서 모든 생명이 그분에게서 나온다. 성부는 생명의 관리자, 창조의 목적을 조정하고 성취하는 분이시다. 성자이신 예수님은 줄기, 모든 피조물을 위한 생명의 담지자(擔持者)이시다. 예수님의 제자인 우리는 줄기에 접붙여진 가지들이다. 이 가지는 줄기 '안'에 있어야만 살 수 있다. 그래야만 열매를 맺는다. 그래야만 성부께서 부르신 그 삶을 살 수 있다.

이 줄기와 가지의 이미지가 그리스도인의 삶과 삼위일체 하나님의 삶에 대한 일련의 성찰과 결합되어 있다. 여기에 제시된 말씀은 숨이 멎을 정도로 놀랍다. 예수님은 먼저 그분과 성부의 관계를 묘사하시는데, 이는 그분과 성부가 하나임을 강조하신 14장의 말씀을 반향하며 뒤에서 성부께서 그분 안에 거하시듯 그분이 성부 안에 거하신다는 말씀과도 맥이 닿는다. 그런 다음 예수님은 어떻게 그분과 우리의 관계가 성령의 사역을 통해 가능해졌는지 설명하신다.

15장 1절에서 예수님 자신은 줄기이며 성부는 농부라고 말씀하셔서 뒤에 이어질 내용을 짐작할 수 있게 하신다. 즉, 예수님이 우리를 통해 맺으시는 열매는 성부의 영광을 위한 것이다(요 15:8). 하지만 이 말씀에 주목하라. 예수님은 성부와 그분의 관계를 말씀하신다. "아버지께서 나를 사랑하신 것같이 나도 너희를 사랑하였으니"(요 15:9). 또한 그분이 성부의 명령을 지킨다고 강조하신다. 하지만 바로 이어서 제자들과 그분의 관계에 대해 말씀하신다. 그리고 예수님이 성부 안에 거하시는 것과 마찬가지로 우리도 예수님 안에 거해야 한다는, 놀라운 말씀을 하신다. 다시 말해서, 삼위일체 하나님 안에서의 삶이 그리스도 예수 안에서 우리가 누릴 수 있는 바로 그 삶이다.

"내 안에 거하라 나도 너희 안에 거하리라"라는 부르심은 바로 이런 뜻이다. 그리스도께서 몸소 우리의 참된 집이 되셨으므로 몸을 입은 우리의 자아가 그리스도의 집이 될 수 있다. 우리는 물론 예수님의 뜻을 행하는 사람으로 살지만 단지 그분께 순종하기만 하는 게 아니다. 물론 그분의 본보기를 따르기는 하지만 단지 그분을 닮으려고만 노력하는 게 아니다. 우리는 그분의 삶에ㅡ비유가 아닌 말 그대로ㅡ참여한다. 이는 성화를 하나님의 삶, 신적 본성에 참여하는 것으로 설명하는 베드로후서 1장 4절의 말씀이기도 하다.

그리스도와 우리의 관계가 신성 안에서 그리스도가 성부와 성령과 맺으시는 관계와는 범주상 다르다는 점을 강조해두어야 한다. 하지만 예수님은 분명히 이 둘을 비교하시며, 다르기는 하지만—하나님의 존재가 인간의 존재와 다르기 때문에 반드시 달라야 한다—그리스도와 우리의 사귐이 성부와 그리스도의 사귐을 반영한다고 말씀하신다. 그리스도와의 사귐을 통해 우리는 만물의 창조자이며 구속자이신 삼위일체 하나님과의 사귐을 누린다.

어떻게 하나님의 삶에 참여하는 것이 가능할까? 이중적인 대답이 가능하다. 첫째, 이는 우리를 그리스도의 삶으로 이끄시는 성령의 사역을 통해 일어난다. 둘째, 은총의 수단인 말씀—구체적으로 성경을 가르치고 선포함—과 세례와 주의 만찬이라는 성례전의 행위를 통해 가능하다. 이렇게 요한복음을 읽으면 성령의 우선성과 성례전의 힘을 이해할 수 있다. 그리고 이 둘 모두 성령의 사역을 통해 그리스도인과 교회에 주어지는 은총의 수단이다. 이는 대단히 중요하다. 성령의 은혜를 통하지 않고는 절대로 그리스도를 경험하거나 그분의 삶에 참여할 수 없다. 그분이 우리 안에 거하시고 우리가 그분 안에 거할 수 없다.

하지만 근본 주장은 동일하다. 그리스도인으로서 우리의 목표는 그저 그리스도의 형상으로 빚어지는 것이 아니다. 우리가 그리스도 예수를 닮기 원하는 것이 아니다. 우리가 부르심을 받은 특별한 전망은 오히려 우리가 그리스도의 삶, 하나님의 삶 속으로 이끌려 들어가게 되리라는 것이다. 우리의 전망과 열정은 그리스도와의 연합이며, 그리스도의 삶에 참여할 때 우리는 성부와 성자, 성령의 페리코레시스(*perichoresis*: 삼위일체론에서 세 위격 사이의 친밀한 사귐을 가리키는 말로서 흔히 상호 내주나 상호 관통으로 번역된다—옮긴이) 안으로 이끌려 들어간다.

바울 서신에서. 사도 바울이 사용한 '그리스도 안에'라는 말에 대해서 생각해보라. '안'이라는 이 작은 단어는 참으로 많은 의미를 아우른다. 에베소서 1장에서 거듭 반복되는 이 구절을 통해 바울은 '그리스도 안에' 있는 우리의 정체성을 강조한다. 골로새서에서 그는 "너희 안에 계신 그리스도시니 곧 영광의 소망이니라"라고 말한다(골 1:27). 이 부분의 결론부에서 독자들의 영적 성숙에 대한 그의 열망을 이렇게 설명한다.

그러므로 너희가 그리스도 예수를 주로 받았으니 그 안에서 행하되 그 안에 뿌리를 박으며 세움을 받아 교훈을 받은 대로 믿음에 굳게 서서 감사함을 넘치게 하라(골 2:6-7).

또한 자전적 성찰을 담은 빌립보서 3장에서 바울은 십자가의 신비 속으로 들어간 경험에서 얻은, 그리스도 안에 있는 자신의 정체성을 말한다.

또한 모든 것을 해로 여김은 내 주 그리스도 예수를 아는 지식이 가장 고상하기 때문이라 내가 그를 위하여 모든 것을 잃어버리고 배설물로 여김은 그리스도를 얻고 그 안에서 발견되려 함이니 내가 가진 의는 율법에서 난 것이 아니요 오직 그리스도를 믿음으로 말미암은 것이니 곧 믿음으로 하나님께로부터 난 의라 내가 그리스도와 그 부활의 권능과 그 고난에 참여함을 알고자 하여 그의 죽으심을 본받아 어떻게 해서든지 죽은 자 가운데서 부활에 이르려 하노니 내가 이미 얻었다 함도 아니요 온전히 이루었다 함도 아니라 오직 내가 그리스도 예수께 잡힌 바 된 그것을 잡으려고 달려가노라(빌 3:8-12).

그리스도인의 삶을 그리스도를 알거나 얻는 것으로 정의하고 있으며, 여기서 '앎'이란 지적 이해가 아니라 그리스도와의 경험적 만남을 뜻한다는 점에 주목하라. 바울은 '알다'라는 단어를 부부 간의 친밀함을 가리키는 데 사용하는 것과 동일한 방식으로 사용한다. 우리는 그리스도를 친밀히 안다.

바울이 인간의 다른 잠재적 소망과 모든 것을 규정하는 단 하나의 소망, 즉 그리스도를 알고자 하는 소망을 극명하게 대조한다는 점에도 주목하라. 바울은 자신의 모든 개인적인 장점이 아무것도 아니라고 말한다. 그리스도를 아는 것과 비교하면 그것은 쓰레기일 뿐이다. 명예, 지위, 성공, 부, 권력, 영향력을 다 배설물처럼 버린다. 이런 것은 중요한 단 하나, "내 주 그리스도 예수를 아는 지식"에 오히려 잠재적인 장애물일 뿐이다. 그는 "그리스도를 얻기" 위해 모든 것을 버린다.

또한 우리는 무엇보다도 그리스도의 죽음 그리고 그분의 부활 안에서 그분과 자신을 동일시함으로써 이 지식을 얻을 수 있음을 깨닫는다. 우리는 그분의 부활 능력 안에서 그분을 알 때에만 그리스도를 알 수 있으며, 십자가에 달리신 그분과 자신을 철저히 동일시함으로써 이 앎에 이를 수 있다. 따라서 참여에 대한 바울의 말은 그리스도와 함께 그분의 고난에 동참하는 것을 의미했다. 예수님의 삶과 죽음, 부활이 우리의 특징을 규정한다. 그것은 우리 몸에 표시되어 있으며, 우리의 가장 내밀한 존재에 새겨져 있다. 이를 어떻게 묘사할 수 있을까? 사실 바울은 새로운 단어를 만들어낸다. 여기서 "[그의 죽으심을] 본받아"라고 번역된 단어는 그분의 죽으심과 자신을 일치하거나 자신을 그분처럼 만든다는 뜻으로 신약성경의 다른 어떤 곳에서도 사용되지 않았다.[3] 이 말은 모방이라는 뜻도 포함하지만 훨씬 더 많은 의미를 담고 있다. 우리는 그분의 삶에 참여하는 사람들이다. 우리는 그분의 삶과 죽음, 부활 속에서 그분과 연합되어 있다.

이 모든 것의 중심축은 십자가이다. 사도 바울에게 그리스도인의 삶은 그리스도의 십자가에 능동적이고 역동적으로 참여하는 삶이다. 세례는 그분의 죽음 안에서 그분과 더불어 묻히고 그분의 부활 안에서 그분과 더불어 새 생명을 얻는 것이다. 십자가를 제쳐놓고서는 그리스도와의 연합을 말할 수 없다.

히브리서에서. 히브리서를 읽어보면 '그리스도 안에' 있다는 것과 우리가 그분 안에 거하고 그분이 우리 안에 거하신다는 의미에 관해 다른 시각을 발견할 수 있다. 바울이나 요한과 마찬가지로 히브리서 기자 역시 의심할 나위 없이 삼위일체설을 신봉한다. 그러나 이 책은 심오한 그리스도 중심주의에 대해서도 말한다. 히브리서는 대제사장이 되셨으며 그분의 사역이 모든 것을 규정하는

---

3   제럴드 호손(Gerald F. Hawthorne)은 빌립보서 주석에서 바울이 매우 특별한 무언가를 설명하기 위해 단어를 만들어낸다고 지적한다. 사도 바울은 "자신과 모든 신자들이 그리스도 안에 사로잡혀 결코 끊어지지 않도록 그분과 연결되었다는 놀라운 생각에 매료되었다". *Word Biblical Commentary: Philippians* (Grand Rapids, MI: Eerdmans, 1983), 145. 《빌립보서》(솔로몬).

예수님에 관한 책이다. 예수님은 복음과 하나님의 이야기이다. 곧 그리스도인의 삶에서 핵심적이며 결정적인 요소이다. 따라서 히브리서 저자는 이 책 전체에서 강조한 바를 요약하며 우리가 어떻게 해야 하는지 설명한다.

> 믿음의 주요 또 온전하게 하시는 이인 예수를 바라보자 그는 그 앞에 있는 기쁨을 위하여 십자가를 참으사 부끄러움을 개의치 아니하시더니 하나님 보좌 우편에 앉으셨느니라(히 12:2).

이 구절은 두 가지를 말한다. 첫째, 그리스도인의 제자도는 그리스도께 초점을 맞춘다. 예수님은 우리의 목적을 성취하시며 우리의 의식을 지배하신다. 우리는 예수님을 바라본다. 둘째, 이 구절에서는 십자가와 승천을 특별히 강조하는 히브리서의 특징을 단적으로 보여준다. 물론 두 사건은 성육신과 부활을 전제로 한다. 그러나 어떤 의미에서 성육신이 이루어진 것은 십자가 사건을 가능하게 하기 위해서였으며, 부활은 승천의 첫 단계일 뿐이다. 우리가 관심을 집중하는 그분은 십자가에 달려 죽으시고 승천하신 주님이시다.

우리가 바라보는 이 예수님은 믿음의 창시자이며 완성자이시다. 우리보다 앞서가며 우리를 이끄시고 길을 만들며 본보기를 제공하기에 창시자이시다. 우리는 예수님을 따른다. 또한 그분의 사역을 통해 우리가 따를 수 있도록 만드시기에 그분은 완성자이시기도 하다.

다시 말해서 히브리서는 우리가 여행, 즉 순례를 하는 중이라고 전제한다. 우리는 노력하고 있고 그야말로 경주를 하고 있다. 우리는 예수님을 따르고, 창시자이자 완성자이신 예수님의 삶에 참여―이것이 핵심이다―하기 위해 인내하며 노력한다(히 12:1). 우리는 목표―성숙한 제자도와 하나님의 아들로의 변화를 향해 나아가는 그리스도인 여정의 텔로스―를 향해 열심히 달려간다.

이 변화가 가능한 것은 그리스도 예수 안에서 성취된 사역 때문이다. 그분은 우리보다 앞서가는 대제사장이시다. 그분이 십자가에서 행하신 사역과 승천하셔서 지금 행하시는 사역은 고통과 순종으로 완전해지신 분만이 하실 수 있는 사역이다. 그분은 언제나 우리 앞에 계시며, 역동적으로 세상에 나타나시고, 교회에게, 그분을 따르는 모든 사람에게, 모든 제자에게 나타나신다. 예수님은 멜기세덱의 반차를 따르는 제사장이자 왕이시며, 우리의 변화라는 대단히 구체적인 목표를 이루고자 하신다.

하지만 이 변화의 내용이나 의미는 구체적으로 무엇인가? 루크 티모시 존슨(Luke Timothy Johnson)이 히브리서 주석에서 말했듯이―이 점이 핵심이다. 너무나도 많은 것이 이것을 기초로 삼기 때문이다―히브리서 기자는 십자가를 통해, 그리스도의 희생으로 사람들이 '완전해졌다'고 전제하지만, 이 완전, 곧 텔레이오시스(teleiosis)는 외적 거래(신자의 외부에서 일어난 거래―옮긴이)의 결과물이라기보다는 그리스도를 따르는 이들이 하나님의 삶 속으로 이끌려 들어가는 행동을 뜻한다. 물론 죄의 길을 떠나게 되며 깨끗한 양심을 얻게 된다(히 9:9). 하지만 존슨이 강조하듯이, 우리는 성취된 바를 부정적으로 말할 뿐 아니라 긍정적으로도 말해야 한다. 우리는 죄로부터 자유로워졌다. 하지만 어떤 목적을 위해서인가? 그

것은 하나님의 능력과 임재 안으로 들어가기 위해서이다.[4]

어떻게 우리는 하나님의 삶 속으로 이끌려 들어가는가? 히브리서에서는 "사도이시며 대제사장이신 예수를 깊이 생각하라"(히 3:1)라는 구절처럼 대개 '생각하다'로 번역되는 카타노에인(*katanoein*)이라는 단어를 사용한다. 하지만 **생각하다**라는 말은 예수님이 단순히 따라야 할 본보기이기만 한 것은 아니라는 점을 제대로 표현해내지 못한다. 카타노에인은 '그분께 참여하고 그분으로 인해 기뻐하고 그분 안에 거하기까지 그분을 응시함'을 뜻한다. 우리는 예수님을 '생각함'으로써 그분을 바라보고, 그분을 응시함으로써 하나님의 삶 속으로 들어간다. 바울은 고린도후서 3장 18절에서 "우리가 다 수건을 벗은 얼굴로 거울을 보는 것같이 주의 영광을 보매 그와 같은 형상으로 변화하여 영광에서 영광에 이르니"라고 말했다.

다시 말해서, 우리의 변화는 그리스도께서 우리를 위해 행하신 외적 거래인 동시에 우리 믿음의 창시자이자 완성자이신 그분을 통해 그리스도 예수의 삶에 참여하는 것이다. 그분으로 말미암아 우리는 지성소로, 하나님의 임재와 삶 속으로 들어간다. 그리스도께서 흘리신 피를 통해 우리는 "성소"에 들어간다(히 10:19).

이것이 우리가 갈망하는 바이다. 이것이 우리의 운명, 우리의 소명, 우리의 텔로스이다. 이것이 우리가 창조된 목적이며, 우리가 구속된 목적이다. 이것이 기초이다. 그리스도인의 삶이 지닌 본질

---

4   Luke Timothy Johnson, *Hebrews: A Commentary* (Louisville, KY: Westminster John Knox, 2006), 187-188.

과 성격에 관한 모든 논의에서는 다시 이 출발점으로 되돌아가야 한다. 히브리서에서는 우리 외부에서 거래가 일어났고 그것이 우리에게 전가되었다는 생각을 거의 찾아볼 수 없다. 오히려 인격 형성 그리고 도덕 형성은 십자가에 달리시고 승천하신 그리스도의 삶에 능동적이고 역동적이며 직관적으로 참여한 결과물이다. 물론 이는 십자가에 의해, 제사장이며 왕이신 그리스도의 계속되는 통치에 의해 가능해졌다.

그리스도는 우리의 대제사장이시다. 그분은 우리를 위해 희생하시고 우리를 위해 지성소, 즉 하나님의 임재 속으로 들어가신다. 히브리서를 읽을 때 우리가 예수님의 삶 속으로 이끌려 들어가고, 다시 그분은 우리를 하나님의 삶 속으로 이끄신다는 전제가 깊이 자리 잡고 있음을 깨닫는다. 우리는 우리의 고통을 통해 십자가에 참여하며, 그분과 더불어 영광 속으로 들어감으로—미래에서뿐 아니라 지금 여기에서도—승천하신 그분의 삶에, 하나님의 임재에 참여한다. 그리스도께서는 '성소'에서 하나님의 임재와 능력 안에 계시며, 우리는 이생에서 지금 이 시간 그리스도 안에 있다.

그리스도께서 우리의 인간성을 그리고 철저한 동일시와 친밀함으로 우리의 죄를 취하시며, 그 결과 우리는 그와 똑같은 철저한 동일시와 친밀함으로 그분의 삶을 취한다. 공간을 뜻하는 용어를 사용하지만 은유적이라는 점에 주목하라. 즉 성소는 하나님의 능력이자 임재이다. 히브리서 3장 1절에서 말하듯이, 우리는 그리스도 예수께 하늘의 부르심을 받은 "형제들"이 된다.

이것이 바로 하나님이 그분의 백성과 세우신 새 언약, 히브리서가 강조하듯이 예레미야가 기대한 마음에 새겨진 언약 안에서 산다는 말이 뜻하는 바이다. 이 새 언약은 옛 언약과 단절되어 있지 않다. 하지만 옛 언약의 목적이 이제 우리 마음속에서, 우리의 내적 존재 안에서 성취되었고 따라서 그리스도 안에서 우리가 누리는 하나님과의 관계는 직접적이고 내면적이며 즉각적이고 친밀하다(히 8:10-13을 보라).

히브리서에서는 이렇게 하나님의 삶에 참여하는 것을 묘사하기 위해 대단히 흥미로운 단어, 즉 안식(sabbath)을 사용한다. 하나님은 만물을 창조하신 다음 안식하셨다. 그리고 그분의 백성 역시 이 안식에 들어갈 것이라고 약속하셨다. 또한 히브리서 4장 11절에서는 이 안식에 들어가기를 힘쓰라고 명하신다. "안식에 들어가기를 힘쓰라"라는 말이 반어적으로 보일 수도 있지만, 여기에는 중요한 의미를 포착해내려는 의도가 있다. 즉, 인간의 성취가 아니라 능동적 참여를 통해 이 안식에 이를 수 있다. 물론 노력하고 추구해야 한다. 우리는 달려야 할 길을 달리고 인내하라고 부르심 받았다. 하지만 우리 안에 성취된 것은 궁극적으로 우리 노력의 결실이 아니라 그리스도와의 철저한 동일시를 통해 얻은 것이다. 그리고 그 안에서 우리는 안식한다. 그러므로 우리는 언제나 감사와 안식이 풍성히 넘치는 삶, 그리스도와의 연합을 통해 그분의 삶에 참여함으로써, 하나님의 삶에 참여함으로써 얻은 삶을 산다.

그렇다면 당연히 '어떻게 우리는 그리스도의 삶에 참여하는가?'라는 질문을 하게 된다. '그리스도 예수를 생각하고' 그분의 삶 속으로 들어가는 것의 핵심 내용은 무엇인가? 이에 대한 답으로 히브리서는 놀랍게도 그리스도께서 우리를 위해 행하신 일과 우리가 승천하신 그분의 삶에 참여하는 방식—즉, 신실한 순종과 그에 따르는 고통을 통해—사이에 유사성이 존재한다고 말한다. 그리스도께서 신실한 순종으로 완전을 배우셨다는 점은 히브리서에서 거듭 강조하는 주제이다. 그분의 순종은 우리의 구원을 성취하는 수단이었고, 이는 구체적으로 몸—그분의 몸, 그분이 입으신 인간의 육신, 그 안에서 고통당하신 그 몸—으로 실천한 순종이었다. 그분이 완전해진 것은 이 고통을 통해서였다. 따라서 그분의 몸(즉, 성육신)은 우리가 하나님의 삶에 참여하는 수단이다. 그렇다면 마찬가지로 우리도 동일한 부르심, 특히 고통 속에서 분명히 드러날 신실한 순종의 부르심을 받았다.

요한복음 15장에서 요한이 사용한 용어와 빌립보서 3장에서 바울이 사용하는 '그리스도 안에'라는 표현과 그의 성찰, 그리고 히브리서의 증언을 함께 생각해보면, 모두가 그리스도인의 삶이 지닌 본질적 특징에 관해 무언가를 강조한다. 그것은 그리스도 예수의 삶에 참여한다는 것이다. 그리스도는 언제나 타자(他子, the other)이자 구별된 분으로 남아 계신다. 그리스도의 존재는 범주적으로 다르다. 이런 참여를 통해 우리가 '신들'이 되는 게 아니다. 하지만 그리스도와 우리의 연합은 너무나도 친밀하고 유기적이어서 하나님의 삶이 우리 삶 속에 주입되고 그분의 삶이 우리의 삶에 생기를 불어넣는다. 우리는 이 신적 생명에 참여하는 사람들, 그 생명을 함께 나누는 사람들이 된다.

우리는 그저 따르는 사람들이 아니다. 단지 그리스도와 함께 일하는 사람들이 아니다. 단순히 그리스도를 닮으려고 노력하는 사람들이 아니다. 우리는 그리스도와 하나이며 그분의 몸을 이루는 지체이다(엡 5:29-30). 우리는 칭의와 성화와 중생에 대해 말할 수 있고 말해야 한다. 그러나 하나님의 구원을 정의하고 거기에 포괄적인 의미를 부여하는 기초를 가장 잘 포착해내는 용어는 '그리스도와의 연합'이다.

이것이 그리스도인이 된다는 것과 성숙한 그리스도인이 된다는 것의 핵심이다. 그렇다면 영성 형성이란 그리스도와의 연합 안에서 자라는 것이다. '그리스도를 닮도록' 촉진하는 말만으로는 충분하지 않다. 그리스도를 닮는 것은 이 연합의 결과이기 때문이다. 그리스도와의 연합을 강조하지 않으면 영성 형성은 그리스도처럼 되려고 했으나 결국 좌절한 노력이 될 것이다. 결국에는 자기 계발에 그치고 말 것이다. 우리가 구하는 은총은 그리스도처럼 되려는 것이 아니라 그리스도와의 역동적 연합 속에서 사는 것, 즉 우리가 그분 안에 거하고 그분이 우리 안에 거하시는 것이다(요 15:4).

앞서 그리스도인의 기초라고 설명한 것으로 돌아가보자. 그리스도인은 '와서 나를 따르라' 하신 그리스도의 부르심에 응답해 그리스도를 알고 사랑하고 섬기고자 하는 사람이다. 많은 사람들이 회심이란 이 부르심에 응답하고 그 부르심에 따라 살기로 결단하는 것이라고 생각한다. 그리고 이런 생각은 좋다. 매우 좋다. 하지만 변화에 대한 우리의 유일한 소망은, 우리가 그리스도의 삶 속으로 이끌려 들어가 그분 안에서, 개인적으로 그리스도와 연합하여, 우리 머리가 되시는 그분 안에서 자라가고 있는 다른 이들과 더불어 사는 것이다. 이렇게 말하자마자 우리는 문제를 다르게 바라보게 된다. 이를테면, 우리는 다른 존재의 질서 안으로 들어간다. 그리고 나는 우리가 받은 변화의 소명이란 바로 이를 받아들이는 것이라고 주장한다. 이것이 우리가 구하는 은총이다.

새로 회심한 사람은 자신의 삶을 일차적으로 그리스도와 그리스도 사건에 비추어 재정향되고 재설정된 삶으로 이해할 수 있으며, 이는 좋은 일, 아니 대단히 좋은 일이다. 하지만 우리는 이 새 신자가 그리스도와 연합된 삶 속으로 훨씬 더 의식적으로, 의도적으로 나아갈 수 있는 능력을 길러주어야 한다. '그리스도 안에'와 '내 안에 거하라 나도 너희 안에 거하리라'라는 표현은 이 삶을 너무나도 적절히 포착해낸다.

이것이 바로 세례가 설명하고 가리키는 바이다. 즉, 그리스도의 삶과 철저한 동일시이다. 세례의 물속에서 그 물을 통해 우리는 십자가에 달려 죽으신 그리스도 그리고 부활하신 그리스도와의 역동적인 연합 속으로 이끌려 들어간다(로마서 6장에서 이를 어떻게 설명하고 있는지 살펴보라).

칭의와 성화, 그리스도에 대한 믿음

따라서 그리스도인이 된다는 것의 핵심 의미와 정수는 그리스도와의 역동적 연합 가운데 사는 것이다. 이것이 그리스도인의 삶에서 중심되는 전망이다. 여기서부터 두 가지 중요한 신학 범주에 대해 말할 수 있다. 즉, 의롭다 하심을 입는다는 것은 무엇을 뜻하며, 나아가서 성화된다는 것은 무엇을 뜻하는가?

개신교 복음주의 신학 전통에서는 칭의가 하나님의 구원의 형식적 차원, 흔히 말하듯이 법정적 차원임을 강조하는 경향이 있다. 이와 짝을 이루는 생각은, 그리스도인이 자신의 힘으로 의로워지는 것이 아니라 '그리스도 안에서' 의롭다 하심을 입는다는 것이다. 그런 의미에서 의롭다 하심을 입은 상태 혹은 올바른 신분이 그리스도의 구속 사역을 근거로 그분을 믿는 신자에게 '전가'된다. 흔히들 우리의 의가 '외래적' 의라고 주장한다.

하지만 실제로는 많은 사람들이 하나님의 구원의 본질을 칭의로, 더 구체적으로는 칭의에 대한 법정적 이해로 환원한다. 대부분의 복음주의 그리스도인들은 바깥에서 일어난 사건을 믿고 신뢰하기만 하면 그 사건 안에서, 그 사건을 통해 마치 거래하듯이 구원을 얻을 수 있다는 전제 아래에서 살아가는 것처럼 보인다.

만약 이것을 복음과 동일시한다면, '이것'이 전부라면 문제가 된다. 물론 그리스도와 우리의 관계에는 법정적 차원이 존재한다. 그리스도 안에서 우리는 의롭다는 선언을 받았다. 우리는 용납되고 용서받았다. 그리고 그리스도가 십자가 위에서 행하신 구속 사역의 유익을 우리가 누릴 수 있게 되었다는 이 상태에서 우리의 의가 유래한다. 어떤 면에서 이런 생각은 받아들일 수 있다. 하지만 우리의 구원관이 지나치게 협소한 칭의 이해로 환원된다면 그것은 문제가 된다. 구원은 칭의 이상을 의미하며, 칭의는 하나님과의 바른 관계 이상을 의미한다.

그리스도의 복음에는 우리의 변화가 포함된다. 사실 칭의는 위에서 설명한 그리스도인의 삶에서 중심적이고 규정적인 전망, 곧 그리스도와의 연합에 비추어 이해해야 한다. 그리스도 안의 구원이 칭의로 환원될 때, 칭의를 지나치게 강조할 때, 아이러니하게도 칭의의 목적인 변화로의 부르심을 약화시킬 수밖에 없다.

칭의는 우리가 그리스도의 은총을 받아들이기 시작하는 단계에 대해 설명한다. 회심은 그리스도 안에서 죄인을 의롭다 하시는 하나님의 칭의 안으로 들어가는 행위이다. 우리는 칭의의 법정적 의미—하나님과의 올바른 관계—를 받아들여야 한다. 그리스도를 믿는 믿음을 통해 우리는 의롭다고 인정받고 그리스도와 사귐을 누리며 용서를 받는다. 성화를 위한, 그리스도 안에서의 변화를 위한 우리의 유일한 소망은 바로 이 칭의이다. 하지만 의롭다 하심을 입는다는 것은 그보다 훨씬 많은 것을 의미한다. 칭의는 용서이지만, 죄의 권세로부터의 해방이고 하나님과의 교제—물론 그리스도 안에서—안으로 받아들여지는 것을 뜻하기도 한다. 더 나아가 칭의와 성화는 밀접하게 연결되어 있다. 둘은 구별되지만 분리될 수 없다. 칭의는 법정적 선언일 뿐만 아니라 유효한 변화를 만들어낸다. 칭의에서 선언된 바가 성화에서 경험된다. 따라서 논리적으로는 둘이 구별되며 순차적이지만 경험적으로는 그렇지 않다. 하나님이 하시는 하나의 행위이다.

따라서 회심은 하나님의 칭의의 은총을 받아들이는 행위로서 성육신하신 그리스도의 죽음과 부활 속에 그분과 연합해 살아가는 삶의 출발점이다. 세례는 그 어떤 것보다도 이를 강력히 증언한다. 더 나아가 우리의 칭의에는 우리가 성령의 선물을 받아들이는 행위가 반드시 포함되어야 한다(행 2:38을 보라). 왜냐하면 우리는 성령을 통해 그리스도와의 연합으로 들어가기 때문이다.

다시 말해서, 우리는 칭의와 성화 사이의 강력한 연관 관계를 인정해야 한다. 그렇지 않으면 하나님을 거짓말하는 분으로 만들고 만다. 어떻게 그분이 임의로 죄인을 성도라고 부르실 수 있겠는가? 우리가 하나님의 능력을 통해 그리스도 안에서 온전히 거룩해져서 진정한 성도로 변화될 때 그리고 그럴 때에만 하나님은 우리가 그리스도 안에서 성도라고 선언하신다(살전 5:23을 보라).

이것이 바로 목표이다. 즉, 그리스도와의 연합이다. 우리의 의는 스스로 만든 것이 아니라 그리스도와의 연합에서 나온다. 따라서 우리의 유일한 소망은 그리스도의 삶에 참여하는 사람, 혹은 그 삶을 함께 나누는 사람이 되는 것이다. 그분은 새로운 인류의 머리이시며, 우리가 알고 있는 유일한 의는 '그리스도 안에' 있음에서 찾을 수 있고 거기서부터 유래한 의이다. 따라서 의는 그저 '전가' 되거나 우리에게 찾아온 그리스도 외부에 있는 무언가가 아니다. 오히려 우리는 그리스도 안에 있으며, 따라서 그분이 주시는 칭의의 은총을 알고 있다. 우리는 하나님이 주시는 칭의의 은총을 통해 그리스도와 연합되며, 하나님이 주시는 성화의 은총을 통해 그리스도와의 연합 속에서 자라간다.

막간: 영성 형성과 도덕 형성

여기서 우리는 그리스도인의 성숙에 관한 신학, 달리 표현하면 그리스도인의 인격에 관한 신학을 논하고 있다. 거룩함이나 영적 성숙을 인격으로 설명하는 경우가 많다. 이것이 복음주의권에서 가장 흔히 사용되는 용어일 것이다. 이 말이 그 자체로는 적합하다. 영적으로 성숙하고 깊이가 있는 사람은 좋은 인격을 지닌 사람들이다. 그러나 우리가 우려하는 바는 인격을 도덕과 연결하는 경우가 많다는 점이다. 예를 들어, 아서 홈즈(Arthur F. Holmes)는《인격

형성: 기독교 대학의 도덕 교육》(*Shaping Character: Moral Education in the Christian College*)이라는 영향력 있는 책을 썼다.[5] 10여 년이 지나서 제임스 데이비슨 헌터(James Davison Hunter)는 "인격의 죽음"에 관해 말하면서 부제에서 이를 "도덕 교육"과 직접 연결했다.[6]

달라스 윌라드(Dallas Willard)는 복음주의 그리스도인과 교회에 대해 정곡을 찌르는 지적을 한다.

현재 복음주의권의 구원 이해는 평범함을 넘어서 도덕적으로 변화된 삶과는 본질적으로 연관이 없다. 복음주의자들은 그들이 "회심"이라고 부르는 것에는 유능하다. 하지만 그 뒤의 일에는 유능하지 못하다. **그들이 복음으로 선포하는 바가 인격 변화와 반드시 연관되는 것은 아니기 때문이다.**[7]

복음주의자들이 회심을 잘하는가? 큰따옴표를 사용한 것은 윌라드가 이에 대해 의심하고 있음을 암시한다. 물론 우리가 '회심에 유능하지' 않다면 그 뒤의 일에 유능할 것이라고는 기대도 할 수 없다. 회심은 좋은 시작일 뿐이다. 기독교 신앙으로 들어오는

---

5   Arthur F. Holmes, *Shaping Character: Moral Education in the Christian College* (Grand Rapids, MI: Eerdmans, 1990).

6   James Davison Hunter, *The Death of Character: Moral Education in an Age Without Good or Evil* (New York: Basic, 2001).

7   Dallas Willard, "The Failure of Evangelical Political Involvement," in *God and Governing: Reflections on Ethics, Virtue, and Statesmanship*, ed. Roger N. Overton (Eugene, OR: Pickwick, 2009), 75.

첫 단계일 뿐이다. 하지만 여기서 제기되는 주된 질문은, 윌라드가 "도덕적으로 변화된" 삶이라고 부른 것과 "인격 변화"라고 부른 것 사이의 상관관계이다. 세 저자 모두 이 문제를 다룬다.

인격과 도덕 교육 사이의 상관관계를 묻는 것은 적합하지만, 세 저자 모두 인식하듯이 이 둘을 일대일로 연관시킬 수는 없다. 헌터와 윌라드 모두 인격과 이해—헌터의 경우 인격과 신조, 윌라드의 경우 인격과 지식—사이에 밀접한 관계가 있음을 인정한다. 이는 인격 계발의 능력을 배양하고자 할 때 광범위하게는 영성 생활의 본질에 대해 이야기하는 것으로부터, 더 구체적으로는 그리스도인의 삶의 전 영역에 대해 검토하는 것에서부터 시작해야 함을 뜻한다.

영적 성숙을 도덕과 동일시할 때, 인격 형성을 가정에서든 교회에서든 학교에서든 본질적으로 도덕 교육으로 이해할 때, 교회는 언제나 그리스도인의 삶을 제대로 설명하는 데 실패하고 만다. 인격과 인격 형성에 대해 이야기하기 위해 먼저 이렇게 물어야 한다. 그리스도인의 삶이 가진 본질적 의미는 무엇인가? 그리스도인을 그리스도인답게 만드는 것은 무엇인가? 그런 다음 그리스도인의 삶의 전 영역 혹은 모든 특징에 대해서도 생각해봐야 한다. 이 과정에서 역시 그리스도인의 삶을 도덕으로 환원하지 말고 도덕이 그리스도인의 삶에서 더 포괄적인 전망 안에 자리 잡게 해야 한다. 따라서 영적 성숙이 틀림없이 도덕적 성숙을 포함하기는 하지만 영적 성숙을 도덕적 성숙과 동일시해서는 안 된다는 점을 강조할 필요가 있다. 오히려 영성 형성은 그리스도에 대한 역동적 믿음을 기르는 것이고, 도덕적 개혁과 갱신은 그리스도와 연합에서 나온 결과물이다.

요약하자면, 그리스도인이 된다는 것은 그리스도를 따르는 사람으로, 그분의 제자가 되는 것이다. 우리 삶에 관한 하나님의 부르심에 응답해 순종하는 믿음으로 예수님의 삶 속으로 이끌려 들어가 자율적인 삶과 그리스도로부터의 독립을 부인하는(버리는, 죽이는) 것이다. 이는 세례를 통해 상징되고 우리에게 다시 재현된다. 세례에서는 충성하는 대상을 바꾸는 것에 관해 말하며, 이는 믿음의 순종에 반영된다(롬 6장을 보라). 이제 우리는 그리스도의 통치 아래에서 살아간다.

더 나아가 우리의 운명은 하나님의 삶 속으로 들어가 그 삶을 함께 나누는 것이다. 따라서 우리는 그리스도의 삶과 근원적으로 연합되고 그 삶에 참여하도록 초대받는다. 그리고 이 연합은 성령의 사역을 통해 가능해진다. 성령을 통해, 구체적으로 우리가 성령으로 충만해지고 세례를 받아 그리스도 안에 내주하게 될 때, 우리는 삼위일체의 삶 속으로 이끌려 들어간다. 따라서 다음 부분에서 나는 성숙한 그리스도인이란 삶 속에서 성령의 임재에 의식적이고 의도적으로 응답하며 살아가는 사람임을 강조할 것이다. 성령의 사역을 가리키는 가장 기초적인 지표는 언제나 이것이다. 즉, 성령을 통해 그리스도께서 우리 안에서, 우리를 통해서 영광을 받으신다는 것이다. 우리는 부활하고 승천하신 그리스도와의 연합으로 이끌려 들어간다.

이것이 우리의 운명, 우리의 소명이다. 바로 이 목적을 위해 우리는 창조자이신 성부께 부르심을 받았다. 이것이 우리 삶의 역동적인 중심이다. 우리는 승천하신 그리스도를 의식적으로, 의도적으로 자각하며 살아간다. 그리고 우리는 성령의 은총과 능력을 통해 이런 현실 속에서 살아간다.

어떻게 우리는 부활하고 승천하신 그리스도의 삶에 참여할 수 있는가? 신약성경이 제시하는 포괄적인 대답은 물론 믿음이다. 우리는 믿음으로 의롭다 하심을 받는다. 우리는 믿음으로 성화된다. 바울에게 이는 결정적으로 중요한 대답이며, 이는 또한 히브리서의 핵심이기도 하다.

그리스도인의 삶에서 성숙은 믿음 안에서의 성숙이다. 그 어떤 것도 이보다 믿음을 더 잘 포착해내지 못한다. 우리의 오감으로 경험할 수 있는 것 너머에 삶의 또 다른 질서가 존재함을 인식하고 그런 실체 속에서 살아가는 것이다. 믿음을 갖는다는 것은, 눈으로 볼 수 없는 이 세상의 실체를 인식하고 그 현실에 비추어 살아가는 것이다. 물론 십자가에 달려 죽으시고 부활하시고 승천하신 그리스도의 실체가 가장 핵심이다. 우리는 그리스도를 철저히 신뢰하며 그분과의 역동적인 사귐 속에서, 즉 믿음 안에서 살아간다.

이것이 하나님의 구원에 대한 우리의 경험에서 가장 중요한 요소이다. 우리는 단지 믿음으로 의롭다 하심을 받는 데 그치지 않는다. 우리 삶 전체가 믿음 안에서, 하나님에 대한 더 철저한 의존 안에서 자라는 삶이다. 따라서 영성 형성이란 그리스도와의 연합을 촉진하는 것이다. 이 형성의 레버리지 포인트(leverage point: 지렛대처럼 큰 변화를 가능하게 만드는 작은 변화—옮긴이)는 믿음, 그리스도의 인격과 삶에 대해 철저히 신뢰하는 믿음, 우리를 그분의 삶 속으로 이끄는 믿음이다.

성령의 사역, 겸손 그리고 그리스도의 사랑

그리스도는 우리 경험의 초점이자 역동성의 중심이시며 오직 한 분만이 존재하신다. 하지만 이분은 거룩한 삼위일체 안에서 성부, 성령과 교제를 누리시는 그리스도 예수이시다. 우리는 하나님의 삼위일체에 비추어 이 관점을 통해서만 그리스도와의 연합과 그리스도인의 성숙을 말할 수 있다.

그리스도 예수는 하나님의 은총이 구현된 실체이자 본질적인 표현이다. 더 나아가 하나님의 사랑, 창조주이신 성부의 사랑은 우리에게 찾아오시는 사랑이며, 우리를 부르고 택하셔서 그리스도 예수 안에 있는 생명으로 이끄시는 사랑이라고 말할 수 있다. 그리고 성령에 의해 인류는 성령과의 교제 안으로, 하나님과의 교제 안으로 이끌려 들어간다.

기독교 영성은 그리스도 안에 있는 하나님의 택하시는 은총, 성령께서 인류에게 전해주시는 은총에 응답하는 영성이다. '기독론적 초점'에 맞춰 그리스도인의 삶을 바라본다는 것은, 철저히 삼위일체적인 전망 안에서 그리스도인의 삶을 이해한다는 것이다.

앞서 지적했듯이, 우리가 삼위일체 하나님의 삶 속으로 이끌려 들어가는 것은 그리스도를 통해서이다. 하지만 더 나아가 우리가 그리스도 안에 있는 것은 하나님의 뜻이고 부르심일 뿐 아니라 구체적으로 이는 성령의 임무이자 사역이다. 위대한 개혁자 장 칼뱅은 성령에 관한 글에서 이 점을 강조하며 성령이 "우리를 그리스도와 연합시키는 띠"라고 말한다.

성령이라는 선물이 없다면, 그리스도와 연합하라는 부르심은 터무니없는 소리처럼 들릴 뿐이다. 어떻게 우리가 삼위일체의 두 번째 위격이신 그리스도 예수와 연합할 수 있겠는가? 이는 성령의 은혜로운 사역을 통해서만 가능하다. 우리가 그리스도의 삶에 참여할 수 있는 것은 성령을 통해서이다.

이어지는 내용은 주의 깊고 정확하게 설명할 필요가 있다. 성령의 사역을 어떻게 이해하고 응답할지에 관한 문제보다 교회 분열을 초래한 문제는 거의 없었다. 이미 여러 문제로 분열해 있고 분열할 가능성이 있는 복음주의 그리스도인들에게, 성령을 이해하는 방식은 그 어떤 문제보다도 논란을 초래할 위험이 크다.

오직 한 분 그리스도 예수, 성령의 은총을 통해 세상과 교회, 개별 그리스도인에게 임재하시는 그리스도만 계시다. 그리고 오직 한 성령, 그리스도의 성령만 계시다. 따라서 그리스도인의 삶과 그리스도인의 거룩함에 대한 신학은 많은 점에서 성령의 신학이다.

이는 근본적이며 결정적인 질문 두 가지로 이어진다. 첫째, 우리는 어떻게 성령의 선물을 자기 것으로 삼거나 받는가? 달리 표현하자면, 성령으로 충만하다는 것은 무슨 뜻인가? 둘째, 어떻게 우리는 성령의 은총을 자기 것으로 삼는가? 성령의 은총은 '은총의 수단'이라고 부르는 것을 통해 알려진다.

이 두 질문은 서로 밀접하게 연결되어 있으나 구별된다. 성령과 성령이 알려지는 수단은 동일하지 않다. 우리 삶 속에서 행하시는 성령의 사역을 이 '수단'으로 환원해서는 안 된다. 앞으로 더 살펴보겠지만 이 수단은 대체로 교회의 일이다. 교회가 은총의 수단을 통해 성령의 사역을 최종적으로 통제하는 것은 아니다.

성숙한 그리스도인과 성숙해가는 그리스도인들은 성령 안에서 살며 그분께 깊이, 의도적으로 의존하며 살아가는 법을 배워서 알고 있다. 나는 1장에서 죄와 믿음의 상호작용을 말하면서 이 점을 강조한 바 있다. 하지만 우리는 이렇게 물어야 한다. 성령께 의지한다는 것은 무슨 뜻인가? 이는 은총의 수단을 통해 하나님의 은총이 주어졌을 때 그것을 의식적으로 활용함으로써, 성령을 통해 이 은총을 받아들이는 법을 배우는 것을 뜻한다.

이러한 은총의 '수단'을 설명하기 위해 나는 교회의 위대한 행위 두 가지를 말할 것이다. 먼저 말씀, 선포하고 가르치는 성경에 대해 말할 것이다. 두 번째로 세례와 주의 만찬의 성례전에 대해 말할 것이다. 두 가지 모두 교회에서 이루어진다는 점을 강조할 필요가 있다. 따라서 회중, 즉 신앙 공동체의 삶과 증언에 대해 말해야 한다. 우리는 교회와 역동적인 교제를 나누며 살아갈 때, 성령의 은총을 통해 그리스도와의 연합 속에서 살아간다. 그리스도와의 연합은 교회와의 유기적인 연합을 뜻한다. 둘은 분리될 수 없다. 그리스도에 대한 우리의 믿음은 공유된다. 따라서 우리는 신앙 공동체의 삶 속으로 들어가며, 교회의 믿음, 살아 계신 주를 믿는 교회의 믿음에 참여하고, 머리가 되신 분의 삶으로부터 (공동체로서) 우리의 삶을 끌어온다.

교회는 성령의 사귐이다. 성령께서 우리를 그리스도와 연합하도록 이끄신다. 그리스도와 우리의 연합이 유지되게 하는 핵심적이며 결정적인 수단은 말씀 선포와 성만찬 집례를 통해서이다. 이에 관해서는 교회의 본질과 사역을 다룬 부록 A에서 더 자세히 논할 것이다.

그러므로 하나님이 그리스도인의 삶에서 처음과 중간, 마지막이심을 언제나 분명히 해두어야 한다. 그리스도인의 삶은 자기 계발 지침서나 자아 성취 전략으로 이룰 수 있는 무언가가 아니다.

이처럼 하나님께 철저히 의지하는 삶을 설명하기 위해 신약성경에서는 믿음의 길과 겸손의 길에 대해 말한다. 이 둘을 통해 하나님께, 특히 성령께 철저히 의지함으로써 우리 안에 그리스도께 의지하는 태도가 깊이 뿌리내리게 해야 한다고 강조한다. 믿음으로 한 사람은 그리스도와 연합하며, 따라서 영적 성숙은 많은 점에서 우리 신앙의 완성이나 성숙을 뜻한다. 성숙은 자신이 이루어 가는 계획이 아니라 그리스도와 그리스도의 성령 안에 살며 그분께 철저히 의지하는 삶을 통해 이루어진다.

인간의 삶은 의존하는 삶이다. 우리는 다른 사람들과 창조주께, 생명을 만드시고 존재 자체가 생명이신 그분께 철저히 의존해야만 살 수 있다. 자립이란 존재하지 않는다. 따라서 우리는 결코 겸손을 넘어설 수 없다. 그것은 참된 그리스도인의 경건을 떠받치는 깊은 강이다.

겸손함 없이는 거룩함도 없다. 몇몇 영적 거장들은 결국 거룩함에 대한 위협은 하나밖에 없다고 확신한다. 그것은 바로 교만, 구체적으로 자율과 자립이라는 교만이다. 따라서 우리는 자립에서 믿음으로, 교만에서 약함으로 돌아선다.

그러므로 겸손은 인간 정체성의 기초이며, 영적 삶의 신학에서 모든 줄기를 관통하는 주제이다. '그리스도 안에' 있는 우리 정체성의 모든 차원이 우리가 겸손하게 살아가기 위한 수단이 될 것이다. 겸손은 그리스도 안에서 사는 삶을 성취했다는 증거가 아니다. 다만 그런 삶의 한 양상일 뿐이다. 그렇다면 겸손을 추구한다는 것은 말이 안 되는 소리인지도 모른다. 우리가 추구하는 바는 그리스도와 연합하는 것이며, 겸손은 그리스도와의 연합에서 파생된 결과이다.

이 믿음과 겸손은 특별한 지향점이 있다. 즉, 그리스도의 사랑을 지향한다. 믿음과 겸손은 '그리스도 안에서' 사는 삶의 결정적인 표지이다. 그리스도인의 삶 전체는 본질적으로 그리스도 안에 드러난 하나님의 사랑에 대한 반응이다. 그리고 이것이 우리 삶에 대한 성령의 의도이다. 성령의 사역과 은총과 하나님의 사랑에 뿌리를 내리고 굳게 서라는 부르심 사이의 상호작용은 에베소서 3장 16절 뒤로 이어지는 두 절 사이의 상호작용을 통해 분명히 드러난다. 우리가 그리스도 예수의 사랑 안에 뿌리를 내리고 그 안에 굳게 설 때, 하나님의 온전하심을 알고 성령의 능력 안에서 살아갈 수 있다.

그러므로 그리스도인의 삶에서 이보다 더 중요한 것은 없다고도 말할 수 있다. 우리 존재의 깊은 내면과 핵심에 이르기까지 우리가 사랑받고 있음을 아는 것 — 에베소서의 축도처럼 그리스도의 사랑과 우리 안에 거하시는 하나님의 충만하심의 "너비와 길이와 높이와 깊이"를 아는 것 — 이다.

성령에 대한 철저한 의존은 하나님의 사랑을 우리 것으로 삼는 태도에서 분명히 드러난다. 에베소서 본문에서 이를 확인할 수 있다. 성령과 하나님의 사랑 사이의 긴밀한 상호작용은 로마서 5장 5절에도 분명히 제시된다. 여기서는 성령께서 우리 마음속에 쏟아부으시는 하나님의 사랑에 대해 말한다.

그 결과 우리는 자기중심적인 삶이 아니라 로완 윌리엄스

(Rowan Williams)의 말처럼 "탈중심화된(de-centered)" 삶을 산다.[8] 우리는 마치 우주가 우리를 중심으로 돌아가거나 우리에게 의존하고 있는 것처럼 살지 않는다. 우리는 하나님이 사랑이시며, 이 사랑은 그리스도 안에서 드러나고 성령을 통해 우리에게 전해지는 사랑이며, 우리를 위하고 세상을 위하는 사랑임을 안다. 그리고 그 현실 속에 거하는 역동적인 자유 안에서 살아간다. 이 사랑이 우리를 자유롭게 하여 겸손히 하나님께 의존하는 삶을 살게 해준다. 그리스도 안에 있는 하나님의 사랑에 대한 역동적인 깨달음이 그리스도인이 가진 거룩함의 모든 차원을 약동하게 만든다.

전도와 영적 실천, 영성 형성

지금까지 간략히 설명한 내용은 회중의 삶과 증언에 대한 우리의 접근방식에 중요한 의미를 지닌다. 그리스도인의 정체성이 그 무엇보다도 '그리스도 안에' 있는 경험이라면, 우리가 선포하는 바도 이것이며, 우리가 전도하는 것도 이 목적을 위해서이고, 회중의 삶 역시 이 부르심에 응답하는 데 방향이 맞춰진다.

전도에 관해. 그리스도인의 삶에 대한 이러한 전망은 회심을 이해하는 데에 중요한 의미를 지닌다. 그리스도를 믿는 믿음으로

---

8   Rowan Williams, *Dostoevsky: Language, Faith, and Fiction* (Waco, TX: Baylor University Press, 2008), 183.

나아오는 과정에는 물론 교리문답 교육―그리스도의 인격에 관한 가르침과 배움―도 포함되지만, 회심 경험은 궁극적으로 그리스도에 관한 특정한 진리를 알거나 지지하는 것의 문제가 아니다. 오히려 그것은 제자가 되라고 우리를 부르시는 분과의 직접적인 만남이 낳은 결과물이다.

따라서 전도의 핵심은 한 사람이 바로 지금 그리스도 예수를 만날 기회를 만들어주는 데 있다. 결국 이 모든 것의 핵심은 예수님이시다. 중요한 것은, 그들이 특정한 진리나 법에 확신하게 하거나 예수님이 무언가를 행하셨다고―'믿으면' '구원'에 이른다고― 믿게 하는 것이 아니다. 핵심은 인격적으로, 바로 지금 그리스도 예수를 만나는 데 있다. 따라서 교회는 곧 '기독론적 초점'이 존재하는 곳이다. 교회에서 사람들은 예배와 선교를 통해 예수님에게 집중한다. 그것이 그들의 열정이자 초점, 헌신이다. 그들과 더불어 예배와 선교에 동참할 때 당신 역시 살아 계신 그리스도를 알게 될 것이다.

물론 우리는 예수님에 대해 말한다. 또한 그리스도인의 삶이 가진 특징과 하나님이 주시는 구원의 의미를 가르치고 배운다. 이스라엘의 이야기를 하고 이 이야기가 그리스도 예수 안에서 성취되었다고 말한다. 그러나 결국―마치 회심의 본질이 예수님에 관한 특정한 진술이 참이라고 믿는 것과 같다고 생각하듯―예수님에 관한 이야기만 하는 것은 아니다. 핵심은 예수님을 만나고 그분과 직접적인 교통 그리고 사귐 속으로 들어가는 것이다.

더 나아가 이는 궁극적으로 전도의 초점을 잠재적 개종자에게 맞춰서는 안 된다는 뜻이다. 아이러니하게도 구도자 친화적인 전도와 구도자를 관심의 초점으로 삼는 예배가 많다. 구도자가 다음 주에도 다시 오게끔 모든 것을 그들 마음에 들도록 계획하고 변경하고 조정한다. 이런 식으로 전도했을 때 교인들이, 자신이 관심의 초점이며 초점이어야 한다고 생각하게 되는 것은 당연한 일 아닐까? 처음부터 이 모든 것의 초점은 그들이 아니라고 분명히 말해야 하지 않을까? 전도와 예배의 초점은 우리 중 그 누구도 아니다. 예배를 위해 모일 때 우리가 열정적으로 헌신하고 숭배하는 초점은 그리스도 예수이시다. 선교에서 우리는 말과 행동으로 그리스도의 통치를 증언하는 데 헌신한다. 또한 전도의 핵심은 이 모든 것의 초점이 그리스도이심을 배우는 데 있다. 당신이 우리와 더불어 예배와 선교에 동참하는 것을 환영한다. 하지만 이 모든 것의 초점이 당신에게 맞춰지지 않는다는 것을 깨달아야만 동참할 수 있다. 당신은 이 활동의 초점이나 주된 관심사가 아니다. 당신이 우리와 함께하는 것을 환영하지만, 어떤 환상도 갖지 말아야 하며 예수님이 이 모든 것의 핵심이시라는 점을 잊지 말아야 한다.

영성 형성에 대한 접근방식. 영성 형성의 본질은 바로 이것이다. 즉, 그리스도와의 연합 속에서 살아가는 능력을 기르고 그런 삶을 지향하며 이를 위해 훈련하는 것이다. 그 핵심은 그리스도 예수에 대한 인식, 그분의 사랑에 대한 감사, 그분의 성령을 통해 우리가 알게 된 은총에 의지하는 능력을 기르는 것이다.

궁극적으로 영성 형성의 핵심은 도덕 추구가 아니다. 도덕적 순수성과 지향성은 중요하지만, 그런 것이 그리스도인을 그리스도인으로 만들지는 못한다. 누가복음 18장에서 부자 청년 관원이 이해했듯이, 결국 중요한 것은 율법을 지키는 삶이 아니라 "와서 나를 따르라" 하신 부르심에 전적으로 응답하는 삶이다.

또한 영성 형성의 핵심은, "그리스도께서 내 앞에 계시며, 그리스도께서 내 뒤에 계시고, 그리스도께서 내 오른쪽에 계시고, 그리스도께서 내 왼쪽에 계시고… 그리스도께서 내 마음속에 계시길"이라는 탁월한 켈트 기도문이 포착해낸 역동성 속에서 살아가는 능력을 기르는 데 있다. 이것이 영성 형성의 핵심이자 초점이다. 문제의 핵심은 인격 계발이나 그리스도 닮기가 아니다. 물론 우리 안에 그리스도가 만들어지지만, 이는 우리의 개인적 결단—'나는 그리스도처럼 될 것이다'—의 결과가 아니다. 이런 결단은 헛된 노력일 뿐이며 좌절감만 안길 뿐이다. 영성 형성의 핵심은 그리스도 안에 거하는 법을 배우는 것이다. 그분과 연합하여 살아갈 때 우리 안에 점진적이기는 하지만 확실히 그분이 만들어진다.

궁극적으로 기독교 영성 형성의 핵심은 교리 교육의 결과로 얻은 그리스도에 대한 지적 믿음이 아니다. 사람들에게 그리스도의 본보기를 따르는 법을 가르치는 것, 즉 '예수님이라면 어떻게 하셨을까?' 하고 묻도록 가르치는 것도 아니다. 핵심은 성부에 의해 양자가 되었고 성령에 의해 그리스도와 연합한 사람들로서 그리스도와 역동적 교제를 만들어가는 것이다.

거룩함을 도덕이나 인격, 덕으로 환원해서는 안 된다. 이런 것들의 반대가 죄인 것도 아니다. 죄의 본질은 부도덕이 아니며, 거룩함의 본질은 도덕이 아니다. 따라서 영성 형성의 핵심은 도덕 형성이 아니다. 오히려 그리스도인의 삶의 본질은 바로 지금 부활하고 승천하신 그리스도를 만남으로써 그분과 더 깊은 연합을 누리는 것이다. 영성 형성과 그리스도인의 모든 삶은 반드시 기도와 예배를 중심으로 이루어져야 하며, 이 핵심적인 실천을 통해 그리스도에 대한 우리의 인식과 응답이 더 깊어진다.

인격 계발에 관해서도—머릿속으로나 말로 '어떻게 인격이 형성되는가?'라고 물을 때—그리스도 예수에 대한 믿음을 기르는 데서 그 답을 찾을 수 있다. 영성 형성이란 믿음이 더 깊어지는 것, 그리스도를 더 깊이 신뢰하고 더 철저히 의존하는 것을 뜻한다.

많은 경우 교회의 가르침과 배움은 도덕적인 사람을 만드는 것이 목표이다. 우리는 인격과 도덕을 혼동하고 좋은 아버지, 정숙한 배우자, 너그럽게 베푸는 사람, 정의로운 사람, 친절하고 사랑 넘치는 사람이 되는 것에 대해 설교한다. 이런 경향이 너무나도 위험한 까닭은, 이렇게 함으로써 황금률에 따라 살기 위해 최선을 다하면 우리가 스스로 그리스도인의 삶을 만들어갈 수 있다는 생각을 심어주기 때문이다.

이런 유의 설교는 무익하다. 어쩌면 무익한 것보다 더 나쁠 것이다. 우리의 근원적인 문제는 도덕이나 인격의 결여가 아니다. 근원적인 문제는 믿음의 결여이다. 좋은 설교에서 선포된 말씀은 우리 믿음의 창시자이자 완성자이신 예수를 바라보게 하며, 그 결과 그리스도 예수에 대한 우리의 믿음이 자라고 성숙해지고 깊어진다. 본문에 상관없이 모든 설교는 예수님을 바라보고 그분을 더 깊이 신뢰하는 능력을 길러주는 데 초점을 맞춰야 한다.

믿음에 관해 말할 때 이를 순종과 연결해야 한다. 우리가 예수님의 삶에 참여하는 것은 신실한 순종을 통해서이다. 믿음은 순종이며, 순종이 없다면 절대로 믿음이 아니다. 우리는 예수처럼 되고 그분을 모방하라는 부르심을 받은 것이 아니라 그분께 순종하라는 부르심을 받았다. 이것이 그리스도의 제자가 된다는 의미이다. 우리는 순종의 길을 걸으며, 승천하신 그리스도의 권세에 복종함으로 해방되고 능력을 받는다. 그리스도는 구원자이자 주님이시다. 구원자와 주님은 동일한 한 분이시며, 우리가 그분의 자비로운 권세에 자유롭게 순종할 때 그리스도의 구원을 경험한다. 히브리서 기자가 말했듯이 — 이보다 더 분명히 말할 수는 없다 — 그리스도는 "자기에게 순종하는 모든 자에게 영원한 구원의 근원"이 되신다(히 5:9).

신실한 순종을 가려낼 수 있는 실질적인 시험은 고통의 길이다. 이는 히브리서에서 반복적으로 강조하는 또 다른 주제이다. 고통은 예수님이 그분의 사명을 성취하신 유일한 길이며, 그리스도의 제자들이 예수님의 삶과 사명에 참여하는 유일한 길이다. 예수님은 우리가 더 이상 고통받지 않게 하기 위해서가 아니라 우리의 고통이 의미 — 구속이라는 목적 — 를 갖게 하기 위해서 고통당하고 죽으셨다. 사도 바울은 우리가 그리스도와 함께 고난을 받는 공동 상속자라고 말한다(롬 8:17). 고통은 그리스도인의 제자도와 인격 형성, 즉 영성 형성의 본질적인 요소이다. 예수님이 고통을 통해 완전을 배우셨듯이 우리의 '완전'도 부분적으로는 고통을 통해 이루어진다. 히브리서 2장 10절에서는 그리스도께서 고통을 통해 구원을 온전하게 하심으로써 많은 이들을 영광으로 이끄신다고 말한다. 그리스도께서는 고통을 통해 순종을 배우셨다(히 5:8). 마찬가지로 우리도 고통을 통해 순종을 배운다. 우리에게 그리스도인의 여정을 이해할 수 있게 해주는 고통의 신학이 없다면 그리스도인의 삶에 대한 신학도 없고, 인격 형성이나 영성 형성에 대해서도 말할 수 없다.

영적 성숙의 특징과 본질을 구체적으로 논하기 전에 지금까지의 논의를 정리할 필요가 있다. 나는 영성 형성과 인격 형성에 대한 우리의 전망에 기독론적 기초를 제시하고자 했다. 복음주의 그리스도인들이 인격 계발과 참된 제자도를 기르는 데 실패했다면, 이는 그것을 하나님이 주시는 구원의 본질적인 요소로 바라보지 않았기 때문이다. 이런 이유 때문에 나는 이런 기초가 필요하다고 주장한다. 교회 안에서 영성 형성과 영적 성숙을 열심히 추구하는 이들에게 우리는 잘못된 기초 위에 이 집을 지을 수 없음을 강조해야 한다. 우리는 바닥에서 시작해 위로 올라가야 하며, 먼저 이런 물음을 던져야 한다. 그리스도께서 무엇을 하셨는가? 그리스도께서 무엇을 하고 계시는가? 우리는 그리스도의 사역에 어떻게 참여할 수 있는가?

여기서 기본 전제는, 영성 형성이란 '그리스도 안에' 있는 우리의 정체성을 고양하는 것이며, 우리는 이 목적을 위해, 우리가 그리스도 안에 거하고 그리스도께서 우리 안에 거하시도록(요 15:4) 살고 일한다는 것이다. 그리스도께서 십자가에서 행하신 사역에 우리가 의존할 때, 그분의 사역은 부활하고 승천하신 그리스도의 삶에 대한 능동적이며 의도적인 참여로 전환된다. 그리고 그리스도인의 삶의 모든 차원은 그리스도 안에 있는 이 삶으로부터 흘러나오며 그 삶이 맺은 열매이다. 그리스도인이 된다는 것의 의미를 규정할 때 다른 무엇보다도 우리와 한 인격체—그리스도라는 인격체—와의 관계가 결정적인 역할을 한다.

물론 우리는 이 모든 것에서 기독교 신앙의 근본 원리를 분명히 받아들인다. 즉, 기독교는 이슬람처럼 책의 종교가 아니며, 기독교 신앙의 핵심은 궁극적으로 한 인격체이다. 그 핵심은 바로 지금 부활하고 승천하신 그리스도와 만나는 것이며 그리스도의 삶에 역동적으로 참여하는 것이다.

이를 근본 준거점으로 삼아서 이제 완전한 형태를 지닌 영적 성숙의 신학을 제시하고자 한다. 먼저 지혜로의 부르심에 대해 논할 것이다.

3장

진리를 살아내라

여호와의 율법은 완전하여
영혼을 소성시키며
여호와의 증거는 확실하여
우둔한 자를 지혜롭게 하며
여호와의 교훈은 정직하여
마음을 기쁘게 하고
여호와의 계명은 순결하여
눈을 밝게 하시도다
여호와를 경외하는 도는 정결하여
영원까지 이르고
여호와의 법도 진실하여
다 의로우니.

시편 19편 7-9절

지혜는 하나님의 거룩하심을 설명하는 가장 강력하고 유익한 방법 중 하나이며, 그리스도 안에서 변화되라는 부르심은 지혜에 관한 논의와 직결된다. 그러므로 거룩한 사람은 지혜로운 사람이다.[1]

이것이 거룩함을 논하는 유일한 방법은 아니다. 여기서 내가 말하고자 하는 바는, 그리스도인에게 가장 중요한 영적 정체성은 그리스도와의 연합이며, 온전한 성화의 교리는 소명적 거룩함, 사랑받은 사람으로서 다른 이들을 사랑하라는 부르심, 바르게 질서 잡힌 욕망에 대해서도 다룬다는 전제에서 출발한다. 그러나 성경의 증언과 교회의 영적 유산에서는 하나님의 의와 지혜를 분명히,

---

1   이 장의 논의와 지혜와 고등교육을 다룬 부분(부록 B)에서 나는 Harry Blamires, *The Christian Mind: How Should a Christian Think?* (New York: Seabury, 1963); William P. Brown, *Character in Crisis: A Fresh Approach to the Wisdom Literature of the Old Testament* (Grand Rapids, MI: Eerdmans, 1996). 《그리스도인은 어떻게 사고해야 하는가?》(두란노); David F. Ford, *Christian Wisdom: Desiring God and Learning in Love* (Cambridge, UK: Cambridge University Press, 2007)와 그의 책 *A Long Rumour of Wisdom: Redescribing Theology* (Cambridge, UK: Cambridge University Press, 1992); David H. Kelsey, *To Understand God Truly: What's Theological About a Theological School* (Louisville, KY: Westminster John Knox, 1992); Jean Leclercq, *The Love of Learning and the Desire for God: A Study of Monastic Culture*, trans. Catharine Misrahi (New York: Fordham, 1961); Daniel Treier, *Virtue and the Voice of God: Toward Theology as Wisdom* (Grand Rapids, MI: Eerdmans, 2006)을 대화 상대로 삼았다.

근원적으로 연결하고 있기 때문에 그리스도 안에서 성숙한 사람은 지혜로운 사람이라고 말할 수 있다. 이는 영성 형성과 새롭게 그리스도를 따르게 된 사람들의 통과의례에 접근하는 방식에 관련해서도 중요한 의미를 지닌다.

지혜와 거룩함에 대한 성경적 전망

지혜를 논한다는 것은 곧 삶을 논하는 것이다. 지혜를 갈망하고 추구하는 이들은 하나님과 그분의 방식을 구한다. 지혜는 하나님이 주시는 강력하고 실질적인 선물이며, 이를 추구하는 모습은 인간으로서의 우리 정체성에 부수적인 요소로 그치지 않는다. 오히려 하나님의 형상으로 창조된 피조물로서 우리의 정체성을 성취하고자 하는 욕망의 또 다른 차원이다. 우리에게는 진리를 발견하여 그 안에서 살며, 빛을 알고 그 속을 걷고자 하는 갈망이 분명히 있다. 이것이 지혜이다. 모든 사람은 지혜롭기를 갈망하며, 정부와 기업, 교회를 이끄는 이들이 지혜를 삶으로 구현하기를 바란다. 더 나아가 초등학교부터 고등교육에 이르기까지 모든 공교육의 목적은 사람들이 지혜 안에서, 지혜를 얻을 수 있는 능력 안에서 자라게 하는 것이다.

사람은 나이가 들수록 계획과 의도로 인하여 더 지혜로워져야 한다. 이는 인간 됨의 의미의 기초를 이룬다. 지혜롭지 못한 노인처럼 비극적인 사람은 없다. 나이가 더 많아지는데도 더 지혜로워지지 않는다는 것은 잘못 사는 것, 삶의 목적을 이루지 못한 것이다. 이해하는 마음과 사람 됨됨이가 어리석은 노인을 만날 때 너무도 마음이 아프다. 우리는 무슨 일이 일어났기에 저 사람은 나이가 들수록 더 지혜로워지지 못하고 그저 나이만 먹은 것인지 의아해한다. 무언가를 잃어버렸다. 삶을 낭비했다고 말할지도 모른다. 젊은 사람은 지혜로울 수 없다는 뜻이 아니라 지혜는 나이가 더 많은 사람의 특징이라는 뜻이며, 삶과 일, 인간관계의 어려움 속에서 축복과 역경의 시간을 거칠 때 삶의 독특한 역동성과 축복 중 하나로서 지혜를 얻을 수 있는 능력이 점점 커진다는 뜻이다.

지혜와 그리스도인의 삶에 대한 성경적 전망을 고려할 때 성경의 두 본문을 생각해보는 것이 유익하다. 첫째는 잠언의 서문을 이루는 첫 절이고, 둘째는 지혜와 성화에 대한 관점을 제시한 바울의 골로새서 1장이다.

브루스 월키(Bruce K. Waltke)는 잠언 1장을 강해하면서 의와 지혜 사이의 깊은 연관성에 대해 설득력 있는 주장을 펼친다.[2] 의로움은 곧 지혜로움이다. 구약에서 거룩함의 본질이 지혜라거나 의와 지혜 사이에 일대일 대응관계가 있다고 말할 수는 없을지 모르지만 적어도 거룩한 사람이 지혜로운 사람이라고 주장할 수는 있다. 하나님은 지혜로우시며, 따라서 그분과 비슷하다는 것은 곧 지혜롭다는 뜻이다. 하나님을 경외하며 살 때 지혜가 생겨난다.

월키는 잠언이 사실상 십계명을 완전하게 해설한 것이므로 지혜와 의가 동일하지는 않지만 하나가 없이는 다른 하나도 가질 수 없다고 지적한다. 그는 "지혜와 의는 다른 개념을 나타내지만,

---

2   Bruce K. Waltke, "Righteousness in Proverbs," CRUX 44, no. 4 (2008): 12-21.

서로 분리될 수 없다. 한 사람이 지혜롭다면 그는 의롭다. 의로운
사람이라면 그는 지혜롭다"라고 주장한다. 같은 논문의 뒷부분에
서 그는 다시 한 번 "요약하자면, 한 사람이 지혜롭다면 그는 의롭
다"라고 주장한다.[3]

잠언의 첫 부분은 성경에서 가장 자주 읽히는 본문 중 하나이
며 마땅히 그럴 만하다. 여기에는 지혜의 길에 대한 정확하고 간결
하며 설득력 있는 설명이 제시되어 있다.

> 다윗의 아들 이스라엘 왕 솔로몬의 잠언이라
>
> 이는 지혜와 훈계를 알게 하며
>
> 명철의 말씀을 깨닫게 하며
>
> 지혜롭게 공의롭게 정의롭게 정직하게
>
> 행할 일에 대하여 훈계를 받게 하며
>
> 어리석은 자를 슬기롭게 하며
>
> 젊은 자에게 지식과 근신함을 주기 위한 것이니
>
> 지혜 있는 자는 듣고 학식이 더할 것이요
>
> 명철한 자는 지략을 얻을 것이라
>
> 잠언과 비유와 지혜 있는 자의 말과
>
> 그 오묘한 말을 깨달으리라
>
> 여호와를 경외하는 것이 지식의 근본이거늘
>
> 미련한 자는 지혜와 훈계를 멸시하느니라(잠 1:1-7).

---

3   같은 글, 19-20.

이 본문에는 주목할 만한 내용이 많지만, 이 장의 내용과 관련해서 세 가지를 지적하고자 한다.[4] 첫째, 지혜와 가르침(혹은 훈계) 사이에 밀접한 연관성이 있음을 확인할 수 있다. 이 훈계의 초점—그리고 지혜의 본질적 요소—은 깨달음과 명철이다. 지혜로운 사람은 학식이 있는 사람이라는 인상을 받는다("지혜 있는 자는 듣고 학식이 더할 것이요"). 지식과 근신함은 긴밀하게 연결되어 있다. 본질적으로 잠언 전체가 가르치는 책이며 지혜로운 현자가 젊은이에게 가르침으로 주는 말이다. 지혜는 한 세대에서 다음 세대로 전해지는 것이고, 가르침 혹은 훈계를 통해 전해진다.

둘째, 근신함을 지식과 연결하고 있음을 알 수 있다. 근신함 없는 지식은 지식이 아니다. 구체적으로는, 인격을 말할 때 공의와 정의 그리고 정직이라는 세 덕목을 강조하는 것을 볼 수 있다. 나는 이것을 '도덕적 지능'이라고 부를 것이다. 잠언과 성경의 지혜 문학이 인격과 도덕의 여러 차원을 강조하지만, 여기서는 처음부터 정의와 공의 사이의 연관성을 강조하고 있음을 알 수 있다. 정의 없이는 공의도 없다. 잠언과 구약 예언서에서 분명히 말하고 있듯이 경제적 정의가 없다면 정의는 존재할 수 없다.

또한 인격의 표지—공의, 정의, 정직—가 지혜를 설명하는 이 본문에서 마지막이 아니라 본문 핵심부인 중간에 등장한다는 점 역시 주목할 만하다. 본문은 지식, 훈계, 명철로 시작되고 마무리되지만(잠 1:2, 7) 본문의 문학적 중심에는 인격이 자리 잡고 있다. 지혜의 집이 가르침과 배움으로 유지되지만 인격이 없다면 무너

---

4   여기서는 대체로 *Brown, Character in Crisis*를 따른다.

지고 말 것이라는 인상을 쉽게 받을 수 있다. 인격 계발 없이는 배움과 가르침의 핵심 및 목적 자체를 잃어버리고 말 것이다.

셋째, 지혜와 주님을 경외하는 것 사이에 밀접한 연관 관계가 있다는 점도 놓쳐서는 안 된다. 여기서는 짧게 언급될 뿐이지만(잠 1:7), 이는 구약의 지혜 문학에서 꾸준히 등장하는 주제이며 전도서에서 거듭 강조하는 점이다. 이것은 결정적인 지적 능력이자 헌신이며 지혜의 길을 여는 처음이자 마지막이다. 경외라는 말은 불안이나 공포가 아니라 겸손을 암시한다. 즉 하나님은 하나님이시며, 모든 지혜의 창조자이자 근원이신 그분에 비추어 인간의 삶 그리고 지혜를 이해해야 함을 뜻한다.

덧붙이자면, 본문에서는 지략에 대해서도 언급하는데(잠 1:5), 잠언 다른 곳에서는 이 말이 효과적으로 다스리고 지혜롭게 이끄는 능력을 가리킨다. 지혜로운 사람은 모두 일이나 직업 수행에서 '지략'이 뛰어나다고 결론 내리는 것은 지나친 비약일까? 다시 말해서, 배관공은 가정이나 사무실에서 물이 어떻게 흐르는지에 관해 지혜로우며(지략이 있으며), 재무 관리사는 금융시장에 관해 지혜롭고(지략이 있고), 기업인은 상업에 관해 지혜롭고, 축구 코치는 팀을 효과적으로 관리하는 데 지혜롭다고 말할 수 있지 않을까? 나는 이것 역시 지혜라고 주장하고 싶다. 지혜로운 사람들은 자신이 하는 일에, 특히 직업의 영역이나 세상에서 맡은 책임과 연관된 책무에 능하다.

골로새서 1장에서도 동일한 주제가 나타난다. 본문에서는 지혜를 설명하면서 지혜와 거룩함의 관계를 말할 때 고려해야 할 많은 핵심 관점―모두는 아니지만 그중 다수―을 아우른다. 사도 바울은 먼저 골로새 교인들의 새로운 믿음에 대해 하나님께 감사드린다(골 1:1-8). 그들은 바울의 동료인 에바브라의 사역과 증언을 통해 믿음을 갖게 된 것으로 보이며, 바울이 이들의 새로운 믿음에 대해 알게 된 것도 에바브라를 통해서였다. 이것과 관련하여 바울은 다음과 같이 적는다.

이로써 우리도 듣던 날부터 너희를 위하여 기도하기를 그치지 아니하고 구하노니 너희로 하여금 모든 신령한 지혜와 총명에 하나님의 뜻을 아는 것으로 채우게 하시고 주께 합당하게 행하여 범사에 기쁘시게 하고 모든 선한 일에 열매를 맺게 하시며 하나님을 아는 것에 자라게 하시고(골 1:9-10).

골로새서 1장에서 바울은 계속해서 자신의 고난과 설교 사역에 대해 말하면서, 자신이 고난을 당하고 복음을 전하고 그들을 위해 간구하는 것은 그들이 구원의 목표, 텔로스, 믿음을 갖게 된 목적을 알게 하기 위함이라고 강조한다. 이 목적이 '그리스도와의 연합'임은 분명하고도 명백하다(골 2:6-7을 보라). 그는 지혜에 대해 말하지만, 지혜를 그리스도를 알고 그분 안에서 성숙해가라는 이 부르심 안에 자리 잡게 한다. 지혜와 지식은 '그리스도 안에서' 발견된다(그분 안에 "지혜와 지식의 모든 보화가 감추어져" 있다. 골 2:3). 또한 그는 자신과 동료들이 "모든 지혜로 각 사람을 가르치는" 이유는 구체적으로 그들을 "그리스도 안에서 완전한 자로" 세우기 위함이라고 주장한다(골 1:28).

거룩함에 대한 일차적이며 근본적인 전망은 '그리스도와의 연합'이지만, 골로새서 1장에서는 지혜에 대해, 우리를 지혜 속에서 자라가게 하는 가르침의 사역에 대해 언급하지 않고서는 그리스도의 삶에 참여하는 것을 말할 수 없다고 설명한다. 골로새서 1장 9-10절에서는 특히 유익하고 이해하기 쉬운 방식으로 그리스도인의 지혜가 가진 특징을 서술한다. 우리가 창조되고 그리스도 안에서 부르심 받은 목적으로서 지혜는, 하나님이 주시는 은총의 이중적인 경험이다. 지혜는 총명(골 1:9)과 선의 실천(골 1:10)을 모두 포함한다. 그러므로 총명과 선의 실천 모두를 논하고 둘 사이의 상호작용에 대해 생각해보고자 한다.

지식과 총명. 골로새서 1장 9절에서 바울은 골로새 교인들이 하나님에 대한 지식과 모든 지혜와 총명으로 충만해지기를 바라며 계속해서 기도한다고 말한다. 이어지는 10절에서 그는 다시 하나님을 아는 지식이 자라는 것에 대해 말한다. 물론 이것은 이 장 앞부분에서 언급한 내용과 짝을 이룬다. 즉, 하나님에 대한 골로새 교인들의 믿음은 하나님에 대한 그들의 지식을 반영한다(골 1:4-5). 당연히 바울은 믿음을 강조한다. 그것은 그리스도인의 삶에서 핵심적인 특징이자 덕목이다. 하지만 우리의 관심을 사로잡는 것은 믿음이 총명에 의해, 하나님과 그분의 뜻을 아는 지식에 의해 채워진다는 것이다.

이런 지식을 가리키는 고전적인 기독교 용어는 '신학'이다. 학제가 아니라 하나님을 알고 그분의 뜻을 알기를 갈망하는 교회 훈련으로서의 신학이다. 신학에서는 하나님과 그분의 뜻을 구하는 것에 대해 말한다. 그러므로 우리는 그리스도인 공동체 안에서 가르침과 배움이 핵심 지위를 차지한다고 주장한다.

선의 실천. 총명에 대해 말할 때 우리는 지혜란 행동으로 이어지는 지식—이해할 뿐 아니라 그 이해에 비추어 살아가는 사람이 삶 속에서 실천하는 진리—이라고 말하는 셈이다. 지혜는 이해인 **동시에** 실천이다. 인간 삶의 이 특별한 전망을 포착해내기 위해 흔히 '실천적 지혜'라는 표현을 사용한다. 즉, 지혜로운 사람은 진리를 이해하고 그 진리를 살아가는 사람이다. 이해와 실천은 두 개의 구별된 행위가 아니라 전체를 이루는 두 부분이다. 이해한 것을 실천할 때까지는 그리고 실천하지 않는다면 참으로 이해한 것이 아니기 때문이다.

골로새서 1장에서 바울은 자신의 편지를 읽는 사람들이 하나님을 아는 지식과 그분을 믿는 믿음이 사랑, 즉 열매 맺음이라고 표현된 사랑으로 분명히 드러나기를 구체적으로 간구한다(골 1:6). 10절에서는 이를 모든 선한 일에 열매 맺는 것이라고 더 명확히 설명한다. New English Bible에서는 이 구절을 흥미로운 방식으로 번역한다. 세상에서 이렇게 사는 것을 가리켜 "모든 종류의 능동적인 선"이라고 말한다. 빌립보서 1장 9-11절에서도 그렇게 말한다. 사랑에 대해, 사랑과 지혜의 긴밀한 상호작용에 대해 말하지 않고서는 지혜에 대해 말할 수 없다.

지식으로 채워진 행위, 즉 진리로 채워진 존재 방식을 추구할 때 행동은 이해로부터 흘러나온다. 하나님과 그분의 뜻을 아는 지식은 세상 속에서 살아가는 우리 삶의 필수적인 토대이다. 지혜 속에서 산다는 것은 신학적으로—일에서, 인간관계에서, 그리스도인 공동체 안에서, 세상 속에서 — 산다는 것이다.

하지만 성경의 증언과 인간의 경험을 통해 보면, 행동이 이해에 의해 규정되고 형성될 뿐 아니라 행동 역시 이해를 규정함을 알 수 있다. 결국 어느 하나가 다른 하나보다 우선한다고 말할 수 없다. 지혜롭게 산다는 것은 하나님을 아는 동시에 주님께 합당한 삶을 사는 것이다. 이것이 삶이다. 더 나아가 이는 풍성한 삶이다. 잠언과 전도서 말씀에서는 지혜와 기쁨을 직접적으로 연결한다. 지혜로운 사람들은 기쁨의 사람들이다. 지혜는 "내 도를 지키는 자가 복이 있느니라"라고 외친다(잠 8:32). 이 모든 것이 하나님의 구원에 대한 말씀이며, 따라서 시편 기자가 "주의 진리로 나를 지도하시고 교훈하소서 주는 내 구원의 하나님이시니"라고 기도하는 것은 당연한 일이다(시 25:5).

이해와 선의 실천으로서의 지혜, 이를 기본 틀로 삼아서 이제는 한 걸음 뒤로 물러나 성경에서 말하는 지혜에 관한 더 폭넓은 전망을 생각해보자.

하나님의 지혜: 성부, 성자, 성령

첫째, 더 폭넓은 전망을 위해서는 삼위일체 하나님에 대해 논해야 한다. 그리스도인은 모든 지혜가 빛의 근원, 생명과 구원의 근원, 또한 모든 지혜의 근원이신 하나님에게서 나온다고 확신한다. 하나님은 지혜로우시며, 지혜로워지기를 원하는 모든 이들을 위한 지혜의 근원이시다. 따라서 잠언은 하나님을 경외하는 것이 지혜의 근본이라고 말하면서, 지혜롭다는 것은 곧 하나님이 하나님 되시게 하는 것이며, 하나님을 하나님으로서 사랑하고, 모든 생명과 원천이시며 모든 지혜의 원천이신 하나님 안에서 즐거워하는 것이라고 주장한다.

더 나아가 그리스도 예수는 하나님의 지혜, 말씀, 곧 하나님의 지혜가 구현된 실체이시다. 예수님 안에서 우리는 육신을 입으신 하나님의 지혜, 살아 숨 쉬는 생명력을 발견한다. 물론 예수님이 지혜로우시다는 사실이 우리를 예수님께로 이끌고 그분을 찬송하며 그분 안에서 기뻐하고 그분을 신뢰하게 만들기도 한다. 예수님은 그분의 제자들, 그분께 배우는 이들을 가르치셔서 그분이 구현하는 지혜로 이끄시는 선생이시다. 따라서 우리는 그리스도께서 시작과 끝, 알파와 오메가가 되시는 기독론적 지혜를 구한다. 우리는 예수님의 마음을 알기를 갈망하고(빌 2:5-11) 모든 생각이 그분께 사로잡히기를 바란다(고후 10:4-5).

더 나아가 하나님의 지혜이신 그리스도에 대해 말할 때 인격적 지식—궁극적으로 정보가 아니라 그리스도 예수와 인격적인 만남을 통해 얻는 지식—에 대해 말해야 함을 기억한다. 예수님이 "선생"이라고 불리실 뿐 아니라(요 1:38) 선생이신 예수님이 지혜와 생명을 주시는 바로 그분이라고 말하는 요한복음보다 이 점을 더 분명히 강조하는 곳은 없다. 따라서 많은 점에서 다른 어떤 곳보다 이 전망을 강력히 지켜온 수도원 전통에서는(특히 클레르보의 베르나르가 쓴 글을 생각해보라) 예전과 예배가 가르치고 배우는 과정의 핵심이다. 우리는 예배자로서 배운다. 우리의 공부는 기도를 통해 형성된다. 교회는 먼저 예배하는 공동체이며, 다음으로 가르치고 배우는 공동체이다.

또한 성령과 지혜의 관계에 대해서도 논할 필요가 있다. 예수님은 요한복음 16장에서 승천을 예상하시며 제자들에게 가르칠 것이 훨씬 더 많지만 지금은 그들이 "감당하지 못한다"라고 말씀하셨다(요 16:12). 따라서 그분은 그들을 모든 진리 가운데로 인도하실 성령을 보내실 것이다(요 16:13). 다시 말해서 성령의 사역은 예수님의 가르치시는 사역을 심화하고 완성한다. 에베소서에서는 이 사역을 지혜와 직접 연결하면서 어리석음을 지혜 그리고 성령 충만과 대조한다(엡 5:15-18).[5]

성령이 참된 지혜에 이토록 필수적이라면 그리스도는 어떠한가? 성령을 통해 하나님의 지혜는 철저히 그리스도 중심적인 성격을 유지한다. 우리의 지혜는 성령 중심적이라기보다는 그리스도 중심적이다. 고린도전서 1장 18-31절에서 바울은 이 점에 관해 고린도 교인들에게 도전했다. 그들의 지혜는 그리스도 중심적이라기

---

5   성령의 가르치시는 사역이 '새로운 계시'인지에 대해서는 논란이 있다. 어떤 이들은 이 본문이 바로 이것을 주장한다고 본다. 즉, 예수님은 (그들이 감당할 수 있는 것보다) 할 말이 더 많으시며 이는 성령의 증언을 통해 전해질 것이고, 계시는 예수님의 가르침에 국한되지 않는다는 말이다. 반면에 다른 이들은, 예수님이 첫 제자들을 가르쳤을 때 그들이 다 이해하지 못했으므로(그들이 감당할 수 있는 것보다 더 많은 것을 배웠으므로) 성령의 역사는 첫 제자들이 예수님의 가르침을 온전히 '기억하도록' 도와줄 뿐이라고 주장한다. 이 문제에 관해 제3의 길이 필요하다. 즉, 예수님과 그분의 가르침이 기초와 토대를 이루며, 많은 부분에서 성령의 사역은 계속해서 예수님의 가르침을 깨닫게 하는 것이다. 그러나 교회 안에서 행하시는 성령의 사역이 본래 예수님이 가르치신 바와 성경에 기록된 사도들의 증언과 모순을 이루지 않는다고 주장할 때에만 이 긴장이 해소될 수 있다. 성령의 사역은 여전히 새로우며, 교회의 영적 유산을 이루는 많은 가르침은 오늘날 신앙 공동체의 삶과 증언에 필수적이다.

보다 성령 중심적이었다. 성령의 은총으로, 그리스도를 우리가 하나님의 지혜와 구원 안으로 들어가는 수단으로 삼아야 한다.

가르침은 어떤가? 우리 안에 성령이 거하시는데도 우리에게 가르침이 필요할까? 교회의 가르치는 사역과 성령의 사역 사이에는 긴장 관계가 전혀 없다. 골로새서 1장 9절에서 바울은 하나님께서 모든 지혜와 총명을 통해 그분의 뜻을 아는 지식을 독자들에게 채워주시기를 기도한다. 그는 이를 가리켜 "신령한 지혜", 혹은 다른 번역본에 따르면 "성령께서 주시는 지혜"라고 말한다. 어느 쪽이든 좋지만 이 장 앞부분에서 언급한 내용을 고려할 때, 이 구절 역시 삼위일체의 세 번째 위격을 가리키는 것으로 볼 수 있다.

골로새서 1장 28절에서 바울은 모든 지혜로 가르치는 것에 대해 말한다. 이는 성령께서 주시는 하나님의 선물인 지혜를 받는 것과 교회의 중요한 영적 실천인 가르침 사이에 본질적으로 아무런 긴장이 존재하지 않음을 암시한다. 이 둘은 상호 의존적이다. 우리는 분명히 그리스도 안에서 성령의 사역을 통해 지혜 속에서 자라지만, 구체적으로 말하자면 그와 같은 성장은 교회의 가르치는 사역에 참여할 때 이루어진다.

가르침의 문제는 뒤에서 다시 다룰 것이다. 일단 여기서 성령에 대해 말하는 이유는 가르침의 중요성을 무시하려는 것이 아니다. 다만 삼위일체 하나님이 세상을 향해 갖고 계신 목적에 대한 더 폭넓은 전망 안에서 교회의 가르침과 배움을 바라보아야 함을 강조하기 위해서이다. 이렇게 함으로, 우리가 지혜 속에서 자라기 위해 꼭 필요한 영적 분별과 성령의 증언—교회의 가르치는 사역을 배제하지도 않고 한순간도 성경과 모순을 일으키지 않으면서,

성령께서 우리 마음을 조명하셔서 우리가 성경적 증언에 비추어 직접 경험하는 우리 상황에 반응할 수 있게 하시는 필수적인 수단으로서—에 대해 논할 가능성이 열린다. 따라서 앞으로 지혜와 분별과 성령의 증언에 대해 논하고자 한다.

여기서 주된 논점은 하나님이 모든 진리와 지혜와 총명의 근원이시며, '여호와에 대한 경외'가 지혜의 근본이라는 것이다. 여기서 '경외'는 하나님에 대한 순종과 복종, 겸손을 뜻하며 지혜 속에서 자라기 위해 필요한 근본적인 마음가짐이다. 그리스도는 지혜의 구현체이시며, 우리는 그리스도 안에서 지혜로울 때에만 궁극적으로 지혜롭다. 지혜 속에서의 성장은, 우리가 진리를 알고 지혜 속에서 살도록 가르치고 준비시키고 능력을 주시는 성령의 선물로서 주어진다. 지혜 속에서 성장하고자 할 때 하나님과의 관계를 가꾸는 것보다 더 근본적으로 중요한 요소는 없다. 따라서 예배, 구체적으로 기도와 예전은 우리가 지혜 속에서 자라고자 할 때 근거를 제공하고 활력을 불어넣는 매우 중요한 행위이다.

예배와 기도가 그리스도와의 연합을 유지하는 수단이듯이, 지혜로의 부르심은 회중의 삶 속에서 가르치고 배우는 삶, 순종과 지혜, 즉 변화에 초점을 맞추는 가르치고 배우는 삶을 통해 가장 핵심적으로 표현된다.

기독교 지성

신앙 형성에서 기독교 지성이 차지하는 위치를 명확히 인식하지 못한다면 지혜와 가르침에 대해 말할 수 없을 것이다. 복음주의 기독교 전통 안에 있는 이들에게 이는 특히나 어려운 문제이다. 특별히 나는 《복음주의 지성의 스캔들》(The Scandal of the Evangelical Mind, IVP 역간)에서 마크 놀이 했던 비판이 떠오른다.[6] 많은 복음주의자들은 부흥운동의 유산 때문에 지성의 삶이나 연구와 학문에 관련된 모든 것에 깊은 회의를 품었다. 이런 것들을 참된 영성과 경건에 대한 위협으로 간주했다.

하지만 서양이나 부흥운동의 후예들만 이런 관점을 갖고 있는 것은 아니다. 중국 교회는 워치만 니(Watchman Nee)에게 큰 영향을 받아왔는데, 그는 인간 지성에 대단히 회의적이고, 계시는 '직관'을 통해 알 수 있으며 지성을 활용하는 추론은 사실 하나님을 아는 데 걸림돌이 될 수 있다고 주장했다. 따라서 우리는 소수이기는 하지만 생각하는 기독교에 대한 전망을 견지해온 사람들에게 깊이 감사하는 마음을 가져야 한다. 해리 블래마이어스(Harry Blamires)도 그중 한 사람으로 1960년대 중반에 그가 쓴 《기독교 지성》(The Christian Mind)은 이제 고전이 되었다. 그의 관점이 여기서 내가 제시하고자 하는 내용의 많은 부분에 영감을 주었다.

골로새서 1장에서 발견한 논리—또한 지혜로운 사람은 이해와 바른 실천의 상호작용에 의해 특징지어진다는 전제—에 따라 먼저 지혜로운 사람이란 하나님과 세상을 특정한 전망에 따라 이해하는 사람, 특수한 방식으로 사고하는 사람임을 기억하라. 다시 말해서, 이렇게 이해할 때 우리는 기독교적으로, 더 구체적으로는

---

6   Mark A. Noll, *The Scandal of the Evangelical Mind* (Grand Rapids, MI: Eerdmans, 1994).

신학적 관점에서 삶의 모든 면을 바라볼 수 있다.

삶과 일, 인간관계에 대한 기독교적인 혹은 성경적인 전망을 통해 모든 것, 말 그대로 모든 것을 바라본다. 그 누구도 자연적으로 이런 관점을 갖게 되지는 않는다. 배워서 익혀야 한다. 그리고 배우기 위해서는 특히 성경 안에 있는 하나님의 자기 계시에 주의를 기울여야 한다. 지혜가 곧 성경 지식이라거나, 성숙한 그리스도인이란 성경을 잘 아는 사람이라는 말이 아니다. 오히려 성경을 공부하고 배움으로 하나님과 세상에 대한 신학적 전망을 얻게 된다는 뜻이다. 혹은 해리 블래마이어스가 말했듯이, 우리의 사고가 세속적이지 않고 기독교적이라는 말이다. 세속적 전망은 물질과 지구상의 삶이라는 한계에 갇혀 있다. 신학적, 기독교적 전망은 세상을 바라보는 그리스도의 전망에 의해 형성되며 그 전망과 하나를 이룬다.

블래마이어스가 주장하듯이 성스러운 것을 세속적으로 생각할 수도 있고 현세적이며 세속적인 것을 기독교적으로 생각할 수도 있다.[7] 세속적 관점에서 주의 만찬을 바라볼 수도 있고, 기독교적 관점에서 금융에 대해 생각해볼 수도 있다. 다시 말해서, 종교활동과 종교적이지 않은 활동을 구별하자는 말이 아니라 말 그대로 모든 것에 대해 기독교적 관점을 만들어가자는 것이다. 지혜로운 사람, 그리스도 안에서 성숙한 사람은 성경과 연관된 특별한 실천을 통해 삶과 일, 인간관계에 대한 신학적 전망을 갖게 된 사람이다. 그에게는 기독교 지성이 있다.

---

7   Blamires, *Christian Mind*, 42.

블래마이어스는 "아무리 시시하고 세속적이고 심지어 악하더라도, 우리가 경험하는 것 중에서 기독교적으로 생각할 수 없는 것은 아무것도 없다"라고 말한다.[8] 사실 기독교 지성을 지닌다는 것은 모든 종교 활동을 신학적 관점에서 판단하며 어떤 활동도 단지 종교 활동이라는 이유만으로 선하거나 가치 있게 여기지 않겠다고 주장한다는 뜻이다. 더 나아가 기독교 지성을 지닌다는 것은 신학적 렌즈를 통해, 거룩한 성경의 지혜에 따라 규정된 방식으로 바라볼 수 없는 삶의 양상은 전혀, 절대로 없음을 이해하는 것이다. 사실 여기서 규정은 최선의 용어가 아니다. 우리 사고의 윤곽이나 구조, 얼개는 성경에 의해 변화되는 것만으로 그치지 않는다. 더 나아가 몰입을 통해 생각, 마음, 뜻을 다해 기독교 정경을 배우고 익힘으로써 우리는 기독교적인 상상력을 기반으로 현실 전체와 만나는 사고방식, 전망에 이끌려 들어간다. 이처럼 마음과 뜻을 다해 생각할 때 명료한 사고를 할 수 있다고 주장할 수도 있다. 정확하고 엄밀한 사고를 기독교 영성의 특징으로 간주해야 한다고 주장할 수 있다.

삶에 대한 신학적 전망이나 관점을 갖는다는 것은 무슨 뜻인가? 첫째, 기독교 지성은 세상 속에서 일하시는 하나님의 거대한 이야기에 의해 규정되는 사고방식이며, 이를 가장 잘 포착해낸 개념은 개혁주의 진영에서 주문처럼 자주 사용하는 창조, 타락, 구속의 틀이다.

---

8   같은 책, 43.

창조. 기독교 지성에서는 창조 질서가 하나님의 능력과 선하심에 의해 생겨났다고 이해한다. 자연 질서의 근원적 선함과 가치, 중요성을 이해할 뿐 아니라 하나님의 형상으로 창조된 인간의 가치, 실로 가늠할 수 없는 가치를 인정한다. 세속적 지성에서는 창조 질서를 무시하거나 우상화한다. 세속적 지성에서는 인간을 비인간화하여 단지 기능적 존재로 취급할 뿐이다.

창조된 물질에 관해 성경적 지혜나 기독교 지성에서는 자연 세계의 성례전적 성격을 인정한다. 즉, 모든 생명이 하나님의 영광과 선하심이 계시되는 수단이 될 수 있음을 이해한다.

타락. 또한 기독교 지성에서는 악의 존재와 힘을 철저히 인정한다. 악은 하나님이 만드신 세상에서 이질적이며 결국 정복될 것이지만 실질적이고 강력하다. 지혜로운 사람들은 악의 힘ㅡ사회 구조와 기관 내부, 교회 내부, 세상 속, 그들 자신의 마음속에 있는ㅡ에 순진한 태도를 취하지 않는다.

구속. 그러나 핵심은 여기에 있다. 기독교 지성의 특징은 절망이나 냉소가 아니라 깊고도 충만한 소망이다. 죄가 하나님의 선한 질서를 망가뜨렸지만, 하나님의 자비와 선하심이 죄를 정복하고 정의가 승리할 것임을 안다. 악에 직면해 절망하기를 거부하고 세상을 향한 하나님의 목적에 비추어 만물을 바라본다. 기독교 지성을 갖는다는 것은 그리스도 예수의 삶과 죽음, 부활에 대해 말하고 장차 그분의 통치가 완성되리라는 교회의 확신을 통해 만물을 바라본다는 뜻이다. 우리는 악이 강함을 분명히 안다. 지혜로운 사람은 악의 힘에 순진한 태도를 취하지 않지만, 그렇다고 악의 힘을 과대평가하여 절망에 빠지지도 않는다.

이런 관점을 갖고 이 렌즈를 통해 세상을 바라보기 위해서는, 지혜 속에서 성장하는 일에 성경이 핵심 지위를 차지한다는 것을 분명히 인식해야 한다. 기독교 지성은 본디 거룩한 책으로 형성되고 채워지고 개혁되는 지성이기 때문이다. 따라서 성경과 지혜의 관계를 더 살펴보고자 한다.

도덕적 지능

지혜는 이해 **그리고** 행동을 통해 드러난다. 지혜로운 사람은 말씀을 들을 뿐만 아니라 (야고보가 주장하듯이—약 1:22을 보라) 말씀을 따라 **산다**. 그들은 빛 안에서 진리의 길을 걷는다. 기독교 지성은 기독교적인 행동 방식과 짝을 이룬다. 참된 기독교 영성은 역동적인 윤리 안에 반영된다. 내적 삶과 윤리, 신학적 신념과 행동 사이에 근원적인 일치가 존재한다. 그리고 이를 가리켜 **도덕적 지능**이라고 말할 수 있다.

신·구약의 지혜 문학—잠언뿐 아니라 야고보서와 예수님의 가르침, 특히 산상수훈에 포함된 지혜로의 부르심, 바울 서신에 대해서도 생각해보라—에서는 성숙한 사람을 구별하는 세 가지 특징을 말한다. 이 세 가지가 대단히 자주 언급된다. 바로 재정, 성 그리고 말이다.

한 가지 예로 에베소서 4-5장에 대해서 생각해보라. 이 본문은 독자들에게 그리스도를 배운 사람으로서(엡 4:20 — 우리의 변화를 묘사하는 놀라운 방식이다) 심령이 새로워질 것을 촉구한다(엡 4:23). 그 다음 바울은 심령이 새로워진다는 것이 무엇을 뜻하는지 계속해서 설명한다.

- 그들은 거짓을 벗어버리고 진리를 말하는 법을 배웠으며(엡 4:25) 비방하는 말처럼 남을 해치는 말을 피하고 덕을 세우는 말을 하려고 노력한다(엡 4:29-31).
- 그들은 남의 것을 훔치지 않고 열심히 정직하게 일하며 가난한 이들을 너그럽게 돕는다(엡 4:28).
- 그들은 음행과 부도덕을 피하며 감사하는 말을 하려고 노력한다(엡 5:3-4).

물론 이것은 하나의 예일 뿐이다. 성경에서는 이 세 가지를 도덕적 성숙을 보여주는 중요한 지표로 거듭 제시한다. 이 세 요소를 지혜에 대한 우리의 이해 속에 자리 잡게 한다면 이것을 도덕적 지능의 지표로 삼을 수 있다. 십계명에서는 이를 부정적으로 — 예를 들면 "도둑질하지 말라" — 진술하는 경향이 있지만, 성경에 기록된 지혜에 관한 본문 대부분은 도덕적 지능을 부정적으로 진술하기도 하고 긍정적으로 진술하기도 한다. 우리는 비방하는 말 대신 덕을 세우는 말을 한다. 도둑질을 그만두고 정직하게 일하며 너그럽게 베푼다. 성적 부도덕을 피하고 감사하는 삶을 산다.

골로새서는 성 문제를 다룬 다음, 바로 이어서 말의 문제를 다룬다.

그러므로 땅에 있는 지체를 죽이라 곧 음란과 부정과 사욕과 악한 정욕과 탐심이니 탐심은 우상숭배니라 이것들로 말미암아 하나님의 진노가 임하느니라 너희도 전에 그 가운데 살 때에는 그 가운데서 행하였으나 이제는 너희가 이 모든 것을 벗어버리라. 곧 분함과 노여움과 악의와 비방과 너희 입의 부끄러운 말이라 너희가 서로 거짓말을 하지 말라 옛 사람과 그 행위를 벗어버리고 새사람을 입었으니 이는 자기를 창조하신 이의 형상을 따라 지식에까지 새롭게 하심을 입은 자니라(골 3:5-10).

창조하신 이의 형상을 따라 새로워진 형상은 두 가지 측면에서 두드러진 변화가 일어난다. 즉 잘못된 성적 욕망에서 그리고 단순하고 순수한 말의 결핍에서 일어나는 변화이다.

이를 긍정적으로 표현해보면, 지혜와 도덕적 지능을 지닌 사람의 특징은 성적 절제이다. 선함, 고귀함, 탁월함이라는 경계 안에서 절제함으로써 성을 언약의 관계(결혼) 안에서만 표현하며 더나아가 성이나 성별과 연관된 모든 문제에서 사람들을 존귀하고 영예롭게 대한다.

마찬가지로 지혜와 도덕적 지능을 지닌 사람은 꾸밈없이 진실하게 말한다. 야고보는 이것을 혀를 길들이는 것―꼭 필요한 말, 덕을 세우고 격려하는 말, 자비로운 말과 서로 이해하려고 노력하는 말을 하고, 거친 말이나 비방, 험담, 빈정대는 말을 삼가는 것―이라고 설명한다.

하지만 우리는 재정 문제에 대해서도 이야기해야 한다. 도덕적 지능과 우리 삶에 나타난 지혜의 증거와 관련해서 우리가 경제적으로 어떻게 사는지보다 더 중요한 문제는 아마 없을 것이다. 재정적, 경제적 정직성, 주의 깊은 관리, 관대함, 정의와 모든 사람들의 경제적 복지에 대한 깊은 헌신이 없다면 지혜도 없다.

행동에 관해서는 다른 어떤 주제보다 돈과 재정에 대해 많은 말씀을 하셨던 예수님의 가르침부터, 잠언의 증언, 구약의 예언서, 히브리서("돈을 사랑하지 말고 있는 바를 족한 줄로 알라", 히 13:5), 야고보서의 준엄한 말까지 모든 말씀이 자기 탐닉과 임금 체불 행위를 비판하고 있으며, 이는 지혜와 돈이 밀접하게 연결되어 있음을 성경 전체를 통해 시사하는 것이다.

주를 경외하는 지혜로운 사람은 돈이란 하나님께 영광을 돌리고 이웃을 섬기며 음식과 거처라는 기본 필요를 채우는 수단에 불과함을 안다. 지혜로운 사람은 두려움이나 불안 가운데 살지 않고 필요를 채우시는 하나님을 신뢰하며 산다. 또한 그들은 재정과 관련된 모든 행동에서 정의와 평등에 깊이 헌신하며 어려운 이들을 아낌없이 돕는다. 그들은 돈을 사랑하는 대신 돈을 존중하며, 하나님이 맡겨주신 재정을 청지기로서 잘 관리하는 데 주의를 기울인다.

성과 언어와 재정은 공동체 내의 지혜와 관련 있다. 하나님과의 관계뿐 아니라 다른 이들과의 관계에서도 진실하고 지혜롭게 사는 것과 관련 있다. 지혜로운 사람은 책임 있는 시민으로서 공동체와 세상 속에서 다른 이들을 깊이 존중하는 마음으로 살아가고 일한다. 성적으로 순결하고 단순하고 진실하게 말하며 모든 재정문제에 너그럽고 정의로운 태도를 보인다.

야고보서는 이를 놀라운 방식으로 요약하면서 이렇게 말한다.

"오직 위로부터 난 지혜는 첫째 성결하고 다음에 화평하고 관용하고 양순하며 긍휼과 선한 열매가 가득하고 편견과 거짓이 없나니 화평하게 하는 자들은 화평으로 심어 의의 열매를 거두느니라"(약 3:17-18).

라틴 아메리카의 해방신학자들보다 지혜와 사회 책임의 관계를 더 강력히 강조한 사람들은 없을 것이다. 예를 들어, 혼 소브리노(Jon Sobrino)는 "정치적 거룩함"에 대해 말한다.[9] 소브리노는 세상 속으로 파고들어온 그리스도의 통치라는 렌즈를 통해 삶과 노동, 지혜를 이해해야 한다고 주장한다. 또한 우리에게 분별력이 있다면, 예수님의 급진적인 자비 안에 성육신하신 자비의 하나님이, 소브리노와 해방신학자들이 '가난한 이들에 대한 우선적 선택'이라고 부르는 태도를 취하고 계시다는 것을 그리고 이 세상 속에서 하나님의 임재가 가난한 이들 가운데 이루어진다는 것을 깨달을 수 있을 것이라고 주장한다. 르네 파디야(Rene Padilla)나 전 지구적 남부(the Global South, 이른바 제3세계를 일컫는 말—옮긴이) 출신의 다른 복음주의 신학자들은 해방신학자들이 경제 정의만 강조할 때 사실상 반쪽 진리를 제시하는 것과 다름없다고 지적한다. 우리는 그리스도와의 연합에 대해서 이야기해야 하지만, 그와 동시에 깊이 분열된 세상 속에서 정직하고 정의롭게 행동하기 위해서도 최선을 다해야 한다.

물론 이런 관점들은 야고보서에 제시된 지혜의 전망을 그대로 반영한다. 야고보서에서는 정결하며 흠이 없는 지혜를 강조하

---

9   Jon Sabrino, *Spirituality of Liberation: Toward Political Holiness* (Maryknoll, NY: Orbis Books, 1988).

면서 고아와 과부를 돌보는 것이 그런 지혜의 특징이라고 설명한다(약 1:27). 지혜와 부와 가난의 문제를 연결하는 말씀이 야고보서에 두 차례 이상 등장한다(약 1:9-11; 2:1-7도 보라).

마지막으로, 이미 강조했듯이 도덕적 지능을 말할 때 우리는 반드시 그리스도와의 연합이라는 맥락에서 도덕적 성품이나 온전함을 논해야 한다. 그리스도인의 삶을 궁극적으로 도덕주의나 도덕성으로, 또 다른 도덕규범에 불과한 것으로 정의해서는 안 된다. 바울 사도가 골로새서에서 분명히 말했듯이, 핵심은 규칙과 규범이 아니다. 그리스도인의 삶을 움직이는 동력은 그리스도와의 연합과 성령께서 이 연합을 통해 주시는 은총이다. 사실 조심하지 않는다면 도덕 형성을 추구하는 태도가 오히려 주의를 분산하는 결과를 낳을 수도 있다. 많은 이들은 도덕 자체를 목적으로 추구해왔으며 성숙한 사람을 도덕적인 사람이라고 정의해왔다. 인격 형성을 열정적으로 추구하는 많은 교회와 신학교가 그리스도와의 연관성을 잃어버리고 말았다. 바울이 주장하듯이, 도덕은 지혜인 것처럼 보이지만 거짓 겸손으로 이끄는 거짓 지혜일 뿐이다. 참된 영성은 그리스도와의 연합의 결과로 나타나는 도덕이다. 따라서 문제의 핵심은 도덕이 아니라 이 연합을 고양하는 것이다. 그러므로 절대로 영성 형성을 도덕 형성과 동일시해서는 안 된다.

고통 중의 인내로서의 지혜

고통에 대해 말하지 않고서는 지혜를 논할 수 없다. 구약의 중요한 지혜서인 욥기에서는 지혜와 고통을 본격적으로 논하고 있으며, 이는 신약의 지혜서인 야고보서의 핵심 주제이기도 하다. 더 나아가 사도 바울 역시 그리스도 예수의 십자가만큼 하나님의 지혜와 세상의 지혜를 뚜렷이 구별하는 것은 없다고 분명히 말한다. 세상의 고통에 대해, 하나님의 고통에 대해 말하지 않고서는 지혜의 길에 대해 말할 수 없다.

지혜와 고통. 지혜로운 사람이 어리석은 사람보다 고통을 덜 당한다고 생각하는 잘못된 경향이 있다. 이런 생각에 대해 욥기보다 더 극적으로 도전하는 곳은 없다. 사실 욥기와 성경의 증언, 교회의 유산에 따르면, 은총과 인내로 고통당하고 고통 가운데서도 흔들리지 않고 너그러운 태도를 유지해야 함을 깨달을 때까지는, 또한 깨닫지 못한다면 우리는 지혜롭지 않다. 그러나 더 나아가 무고한 사람들의 고통에 대해 말하는 법을 배울 때까지는 하나님과 세상 그리고 지혜의 길에 대해 말할 수 없다는 것 역시 분명하다. 지혜로운 사람들은 고통 없이 안락한 삶을 살고 어리석은 사람들은 어리석음 때문에 고통을 당한다고 생각한다면 그것은 피상적인 지혜, 불완전한 지혜일 뿐이다.

어떻게 우리는 고통 가운데서 지혜와 은총으로 참고 인내하며 살 수 있을까? 먼저 욥의 친구들이 말하는 거짓 지혜를 부인함으로써 시작해야 한다. 그들은 욥이 무언가 지독히 잘못을 저질러서 그 죄 때문에 벌을 받는다고 생각한다. 여기서 우리는 다른 이들이 삶에서 당하는 고통에 대해 함부로 판단하는 것은 지혜롭지 못하다는 것을 배운다.

구스타보 구티에레스(Gustavo Gutiérrez)는 욥기 주석에서 이렇게 결론을 내린다. "욥기에서 신자가 된다는 것은 인간의 고통, 특히 가장 가난한 이들의 고통을 나누고, 영적 투쟁을 견뎌내고, 하나님을 인간이 만든 범주 안에 가둘 수 없음을 마침내 받아들이는 것을 뜻한다."[10] 다시 말해서, 만약 우리가 걷는 지혜의 길이 가난한 이들의 고통으로 채워지지 않는다면 우리에게는 지혜가 없는 것이다.

지혜와 십자가의 길. 구티에레스는 욥기라는 렌즈를 통해 하나님이 이 모든 것을 초월해 계시며 욥의 고통에 비교적 영향을 받지 않으신다고 말한다. 일본 신학자 기타모리 가조는 제2차 대전 중 일본인들이 겪은 끔찍한 경험을 언급하면서 인간 조건의 특징을 이루는 고통뿐 아니라 하나님의 고통에 대해서도 말한다. 기타모리는 인간 조건을 특징짓는 고통이 하나님의 마음을 건드린다고 주장한다. 그는 '성부수난설' ─ 하나님이 고통당하신다는 주장─을 철저히 부인하는 서양의 정태적 신론을 거부하며, 하나님이 스스로 자신을 인간 조건과 동일시하심으로 그분의 사랑이 극적으로 표현된다고 주장한다.

많은 이들은 기타모리의 주장이 과장됐다고 느낄 것이며, 그런 판단이 타당할 수도 있다. 하지만 성경이 그리스도 예수의 십자가를 가리켜 분명히 "하나님의 지혜"라고 말한 점에는 의심할 나

---

10   Gustavo Gutiérrez, *On Job: God–Talk and the Suffering of the Innocent* (Maryknoll, NY: Orbis, 1987), 16. 《욥에 관하여: 하느님 이야기와 무죄한 이들의 고통》(분도출판사).

위가 없다(고전 1:24). 그렇기 때문에 일본 신학자인 고스케 고야마는 "십자가에 달린 지성"에 대해 말한다. 그는 통찰력 넘치며 매력적인 방식으로(정말이지 그는 뛰어난 유머 감각을 지녔다) 그리스도와 십자가로 특징지어지는 지혜에 대해 설명한다. 그리스도인의 지성은 "하나님의 어리석음과 약함에 사로잡혀" 있다.[11]

하지만 무엇보다도 고린도후서에 기록된 바울의 말을 떠올려 볼 수 있다. 그는 자신의 아픔과 고통, 실패를 그리스도의 십자가와 연결한다. 십자가의 지혜란, 우리가 고통당하는 중에도 그리스도와 더불어 고통당하는 공동 상속자임을 이해할 때 우리의 삶과 우리가 섬기도록 부르심 받은 이들의 삶 속에 하나님의 은총이 임한다는 깨달음이다(롬 8:17).

이는 다시 성경의 지혜 문학과 연결된다. 즉, 욥의 흔들리지 않는 믿음과 인내와 야고보서의 말씀을 통해 지혜와 고통, 인내가 서로 연결되어 있음을 분명히 알 수 있다. 지혜로운 사람들은 어려움과 시련 앞에서 인내하는 사람들이다.

그들이 악과 불의를 묵인한다는 말이 아니다. 욥과 하박국의 강력한 말을 살펴보라. 오히려 그들이 인내하고, 하나님이 하나님 되시게 하며, 그분의 때에 그분의 일을 하시기를 기다리는 법을 배운다는 뜻이다. 따라서 기독교 지성과 기독교적 관점에서는 이 세상이 일시적임을, 한때일 뿐임을 이해하는 것이 포함된다. 우리는 세상을 무시하지 않는다. 다만, 세상이 죄와 고통으로 훼손되었으

---

11   Kosuke Koyama, *No Handle on the Cross: An Asian Meditation on the Crucified Mind* (Maryknoll, NY: Orbis, 1976), 10.

며 영원하지 않음을 분명히 알고 있다. 기독교 복음의 정수는 고통을 영원의 관점에 견주어 "잠시 받는 환난의 경한 것"(고후 4:17)으로 이해하는 것이다. 우리는 소망이 없는 사람처럼 고통당하지 않는다(롬 8:18-19).

여기서 강조해야 할 것이 하나 있다. 우리는 인내하도록 부르심 받았지만 수동적인 태도를 취하도록 부르심 받지는 않았다. 마틴 루서 킹(Martin Luther King Jr.)은 그의 삶과 영성을 규정한 풍성한 고통의 신학을 가지고 있었지만, 그렇다고 해서 굴종하지는 않았다. 오히려 고통의 신학 때문에 그는 하나님의 넘치는 은혜로 다른 이들의 고통에 공감하며 그리스도의 고통과 능동적으로 연대할 수 있었다. 그는 고통당하는 이들과 함께했고 불의와 억압의 구조에 맞서 그들의 권익을 옹호했다.

지혜와 분별

이를 배경으로 삼은 다음에야 비로소 지혜의 또 다른 핵심 차원, 즉 분별력을 말할 수 있다. 빌립보서 1장 9-10절에서 바울은 이 둘을 분명히 연결하며 "너희 사랑을 지식과 모든 총명으로 점점 더 풍성하게 하사 너희로 지극히 선한 것을 분별"할 수 있기를 기도한다고 말했다.

이 문제를 검토할 때 기초가 되는 신념은 다음과 같다. 지혜로운 사람에 대해 말한다는 것은 좋은 선택을 하는 능력에 대해 말하는 것이다. 부분적으로 지혜는 결정을 잘하는 능력을 통해 분명히 드러난다. 지혜로운 사람은 삶의 행위에서 지혜로우며, 이는 곧 선과 악 사이에서 선택하는 능력뿐 아니라 둘 이상의 좋은 대안 중에서 선택하는 능력도 있다는 뜻이다. 그들은 실행 가능한 대안 중에서 무엇이 최선의 길이며 최선의 행동 방식인지 분별할 수 있다.

어린아이들은 좋은 선택을 하는 능력이 아직 부족하다는 점에서 미숙하다. 하지만 시간이 지나 어른이 되고 성숙해질 때 점점 더 좋은 선택을—시간이나 돈의 사용, 중요한 인간관계에 관한 결정에서—할 수 있게 된다. 지혜로운 사람은 좋은 선택, 지혜의 결실을 보여주는 선택을 한다.

따라서 신중함이 지혜의 표지라고 말할 수 있다. 특수한 맥락, 상황, 환경에서 지혜로운 사람이란 앞에 놓인 선택과 기회 속에서 올바르고 대담하게 행동하는 사람이다. 그들은 무모하지 않다. 그들의 용기는 지혜로 채워져 있다. 하지만 과도할 정도로 조심스러워하지는 않는다. 신중함이란 무엇을 해야 하는지, 언제 그것을 해야 하는지 알고 행하는 것이다.

이 시점에서 많은 그리스도인은 신중하게 좋은 선택을 하고자 할 때 성경이나 교회에 도움을 구한다. 그들은 이러저러한 상황에서 무엇을 해야 하는지 알고자 성경을 읽거나, 교회가 가르치는 권위를 통해 그들이 어떻게 살아야 하고 어떤 선택을 해야 하는지 말해주어야 한다고 주장한다. 물론 성경과 교회 공동체가 근본과 기초를 이루기는 하지만—성경을 통해서가 아니면 지혜 속에서 자랄 수 없고, 교회라는 맥락을 벗어나서는 지혜 속에서 자랄 수 없다—점점 더 많은 그리스도인들은 지혜로운 그리스도인이라면 성령의 내적 증언을 통해 '그리스도 안에서' 선택할 수 있는 능력을 갖고 있어야 한다고 주장한다.

성경에 몰입하지 않고 교회의 삶에 뿌리내리지 않는다면 결코 이런 내적 증언을 얻지 못한다. 성령의 분별이 전적으로 내면적이거나 주관적이거나 성경의 증언을 무시하거나 기독교 공동체에 대해 무책임하지 않다. 우리의 거룩함을 특징짓는 것 그리고 우리의 지혜를 특징짓는 것은 우리가 바로 지금 승천하신 그리스도와 누리는 관계이다. 우리는 그리스도와의 연합을 통해 성령과 교제 안에서 살아가며 움직인다.

지혜는 예수 그리스도를 통해 우리에게 찾아온다. 작동 원리라는 형식적인 의미에서 지혜로워진다는 뜻이 아니라 용기 있게 결정하고 행동한다는, 역동적이며 실존적인 삶 속에서 지혜로워진다는 뜻이다. 즉, 우리가 '주 안에서' 결단할 수 있다는 뜻이다. 예수님과의 친밀하고 역동적인 사귐 속에서 예수님의 영이신 성령의 내적 증언에 응답하며 살 수 있다.

잠언에서는 이렇게 강조한다.

너는 마음을 다하여 여호와를 신뢰하고
네 명철을 의지하지 말라
너는 범사에 그를 인정하라
그리하면 네 길을 지도하시리라
스스로 지혜롭게 여기지 말지어다
여호와를 경외하며 악을 떠날지어다(잠 3:5-7).

지혜 속에서 성숙해진 사람은 흔히 생각하듯이 하나님을 덜 의존하는 게 아니라 그분을 더욱더 의존한다. 지혜 속에서 성숙해지면 이 심오한—우리의 존재 전체가 '여호와를 신뢰'해야 한다는—진리가 우리에게 덜 필요한 게 아니다. 따라서 지혜 속에서 자라남의 본질적 차원은, 분별의 능력과 기도를 하거나 세상 속에 있을 때 예수님의 목소리에 귀 기울이는 법을 배우는 능력을 기르는 것이다. 그리고 그 과정에서 무엇이 참으로 하나님께 속한 것이며 무엇이 우리 삶을 향한 하나님의 목적과 무관한 것인지 인식하는 능력을 계발하는 것이다.

결론

부록 A에서 가르치고 배우는 공동체로서의 회중에 대해, 구체적으로는 교리문답의 필요성에 대해—가르침이 복음을 전하고 사람들을 기독교 신앙으로 이끄는 데 필수적인 이유에 대해—논할 것이다. 곧 세례와 교육 사이의 연관성을 논한다는 뜻이기도 하다. 여기서는 이번 장을 마무리하며 네 가지를 지적하고자 한다.

성경과 지혜 형성. 지금까지의 내용과 주장을 통해, 마음을 새롭게 하기 위해 지혜를 추구하는 것은 무엇보다도 성경을 지혜와 총명의 근원으로 삼는 것임을 분명히 알았을 것이다. 바울은 디모데후서에서 이 점을 탁월하게 설명했다.

그러나 너는 배우고 확신한 일에 거하라 너는 네가 누구에게서 배운

것을 알며 또 어려서부터 성경을 알았나니 성경은 능히 너로 하여금 그리스도 예수 안에 있는 믿음으로 말미암아 구원에 이르는 지혜가 있게 하느니라 모든 성경은 하나님의 감동으로 된 것으로 교훈과 책망과 바르게 함과 의로 교육하기에 유익하니 이는 하나님의 사람으로 온전하게 하며 모든 선한 일을 행할 능력을 갖추게 하려 함이라.

하나님 앞과 살아 있는 자와 죽은 자를 심판하실 그리스도 예수 앞에서 그가 나타나실 것과 그의 나라를 두고 엄히 명하노니 너는 말씀을 전파하라 때를 얻든지 못 얻든지 항상 힘쓰라 범사에 오래 참음과 가르침으로 경책하며 경계하며 권하라 때가 이르리니 사람이 바른 교훈을 받지 아니하며 귀가 가려워서 자기의 사욕을 따를 스승을 많이 두고 또 그 귀를 진리에서 돌이켜 허탄한 이야기를 따르리라(딤후 3:14-4:4).

이 말씀은 하나님이 그분의 말씀을 통해, 그분의 뜻을 전하는 수단을 사용해 우리를 지혜로운 사람으로 빚으신다는 신학적 전제를 반영한다. 말씀은 계시인 동시에 (따라서 신적 로고스와 밀접히 연결되어 있고) 성화의 수단이며 따라서 성령과 연결된다. 성령에 대한 언급이 중요하다. 성경 본문 자체에는 사람을 변화시키는 능력이 없으며, 성령과 연결될 때에만 그런 능력이 있다. 따라서 개혁주의 전통에서는 사람을 변화시키는 말씀과 성령의 능력에 대해 말해야 한다고 강조해왔다. 결국 우리는 성경을 믿는 게 아니라 성경을 통해 계시된 하나님을 믿는다. 하지만 우리는 성경을 가르치고 선포할 때 성경에 자리를 내어줌으로써 우리 삶 속에서 하나님께 자리를 내어드린다. 우리는 그리스도와 십자가에 못 박히신 그분을 선포한다(고전 2:2).

따라서 교회는 말씀의 공동체, 말씀을 공부하고 묵상하고 선포하는 공동체이다. 물론 회중의 삶을 구성하는 다른 요소도 있지만 '말씀의 공동체'가 아닌 교회는 상상할 수 없다.

지혜와 예술. 대단히 중요한 이 주제를 여기서는 간략히 다루고자 한다. 우리 시대에 시급한 일 중 하나는, 지혜와 예술의 상호 작용에 대한 이해를 회복하는 것 ─ 기독교 지성을 형성하고, 기독교적 상상력을 배양하고, 선한 것, 고귀한 것, 탁월한 것, 칭찬할 만한 것을 깊이 사랑하는 마음을 기르는 데에(빌 4:8) 예술이 얼마나 필수적인 역할을 하는지 이야기하는 것 ─ 이다. 혹은 제레미 벡비(Jeremy Begbie)가 잘 설명했듯이, "어떻게 예술적 실천이 (그리고 그에 대한 성찰이) 신학의 '생태계'라고 부를 수 있는 것 ─ 하나님의 지혜를 배우고 표현할 수 있는 모든 방식 ─ 안에서 독특하며 필수 불가결한 역할을 할 수 있는지 보여주는 것"이다.[12]

다음 장에서 나는 예배음악이 믿음을 유치하게 만들 수도 있고 성숙하게 만들 수도 있다고 주장할 것이다. 모든 예술 형태에서 진부함은 사고와 성품의 성숙을 저해한다. 음악이든, 소설이든, 극예술이든, 시각예술이든, 지혜 속에서 성숙해가기 위해서는 예술가와 교사 사이의 상호작용이 필요함을 깨닫게 될 것이다.

---

12   Jeremy Begbie, ed., *Beholding the Glory: Incarnation Through the Arts* (Grand Rapids, MI: Baker, 2001), xii.

지혜와 겸손. 우리는 모두 지혜로워지고 그리스도 안에서 영적으로 성숙해지기를 갈망한다. 성 크리소스토무스(St. Chrysostom)의 고대 전례문에는 이런 매혹적인 구절이 있다. 성경을 읽기 전 거룩한 책을 높이 들어 올린 다음 집례자가 "지혜. 귀를 기울이십시오"라고 외친다. 지금도 동방정교회의 예배에서 흔히 들을 수 있는 이런 부름은 겸손과 기쁨으로의 이중적 부름이다. 하나님의 지혜 앞에서 겸손하고 하나님의 지혜가 임재하는 가운데서 기뻐하라는 부름이다. 또한 지혜로운 사람은 겸손하며 지혜로운 사람은 기뻐한다는 것을 우리에게 계속해서 상기해준다.

지혜로운 사람들은 지혜를 하나님의 자기 계시를 통해 선물로 받는다는 것을 알고 있다. 우리가 지혜를 추구할 수도 있지만, 우리는 추구하는 사람에게 주어지는 선물임을 아는 사람으로서 지혜를 추구한다. 추구한다고 지혜로워지는 게 아니다. 오히려 지혜로운 사람은 자신의 어리석음을 깨닫고, 지혜와 진리, 총명이 절실하게 필요함을 겸손히 인정한다. 겸손하게 또 다른 목소리의 권위를 인정한다. 우리 자신은 지혜롭지 않지만, 하나님께 순종하고 우리가 진리를 알고 살아낼 수 있도록 그분이 사용하시는 수단인 성경에 순종할 때 우리는 지혜로워진다.

지식 자체는 '교만해져서' 교조주의에 빠지기 쉽다. 참된 지혜는 겸손, 인간의 한계―우리의 지식과 관점이라는 한계―를 인정하는 은혜로운 겸손을 통해 드러난다. 우리는 모든 진리를 갖거나 보지 못한다. 우리는 항상 배우면서 교정과 새로운 깨달음에 열려 있다. 데이비드 포드(David Ford)는, 지혜로운 사람들이 아는 것을 안다고 말하지만 동시에 알지 못하는 것에 대해 인정한다고 말한

다. 따라서 겸손은 지혜의 추구를 "뒷받침하는 덕"이다.[13]

우리는 우리보다 나이가 많은 사람들에게서 배운다. 우리 자녀들에게서도 배운다. 우리와 생각이 같은 사람들에게서도, 우리와 생각을 달리하는 사람들에게서도 배운다. 참된 지혜의 특징은 겸손과 모든 이들, 특히 우리와 생각을 달리하는 이들에 대한 자비이다. 복음주의적 반지성주의에 대한 해답은 교조주의가 아니다. 너그러운 태도와 끊임없이 배우는 능력을 갖고 있다면 우리는 우리의 신념을 확신할 수 있다. 혹은 데이비드 포드가 적절히 지적하듯이, "우리는 소망 가운데 지혜를… 교만이 없는 관대함을, 절망이 없는 겸손을 추구한다".[14]

지혜와 기쁨. 기쁨에 관해, 우리는 지혜를 추구하는 것이 부담스러워서는 안 된다고 가르치는 전도서의 지혜로운 말씀을 기억해야 한다. 우리는 열심히 공부하고 배울 수 있다. 깊이 있게 철저히 생각하는 법을 배워야 한다. 하지만 부담감에 짓눌려서 유머 감각을 잃거나 지혜를 추구하는 목적을 잃어버려서는 안 된다. 지혜의 말씀에서는 우리가 먹고 마시는 선물과 선행의 선물을 즐기는 것을 항상 잊지 말아야 한다고 말한다.

사람이 먹고 마시며 수고하는 것보다 그의 마음을 더 기쁘게 하는 것은 없나니 내가 이것도 본즉 하나님의 손에서 나오는 것이로다

---

13   Ford, *Long Rumour of Wisdom*, 26.

14   같은 책, 20-21.

아, 먹고 즐기는 일을 누가 나보다 더 해보았으랴 하나님은 그가 기뻐하시는 자에게는 지혜와 지식과 희락을 주시나…(전 2:24-26).

지혜로운 사람들은 피조물 안에 하나님의 영광이 가득 넘치며, 따라서 우리는 하나님이 창조하신 것들을 통해 계시된 아름다움과 선함을 즐기도록 부르심 받았음을 안다. 우리는 좋은 음식, 결혼, 우정의 기쁨, 좋은 책, 시, 음악을 즐긴다. 나는 생의 이 단계에서 할아버지가 되는 순전한 기쁨을 누리고 있다. 우리는 하나님이 오늘을 위해 주신 선물들에 대해 기뻐한다. 이것이 지혜이다.

4장

온전한 성화 2

선한 일을 도모하라

주 우리 하나님의 은총을 우리에게 내리게 하사
우리의 손이 행한 일을 우리에게 견고하게 하소서
우리의 손이 행한 일을 견고하게 하소서.

시편 90편 17절

거룩함과 영적 성숙에 대해 말할 때 일에 관해서도 생각할 필요가 있다. 우리는 우리의 일—가정, 직장, 교회 안에서 의무와 책임—이 그리스도와 우리의 관계에서, 하나님의 거룩함에 대한 우리의 경험에서 필수적인 차원을 이룬다는 사실을 성찰할 필요가 있다. 유진 피터슨(Eugene Peterson)은 우리의 신학 용어 사전에 '소명적 거룩함'이라는 흥미로운 개념을 소개했다.[1] 소명적 거룩함이라는 말은 무엇을 뜻하는가?

복음서를 읽을 때 우리는 예수님의 지혜, 깊은 영적 통찰, 다른 이들에 대한 사랑과 긍휼을 보며 놀란다. 하지만 그분이 하시는 일의 단순성과 초점에 매료되기도 한다. 그분은 자신의 소명을 아셨다. 그분은 사역을 서두르거나 불안해하신 적이 거의 없다. 해야 할 일이 무엇인지 아셨으며, 말 그대로 중요한 일을 위해 죽을 준비가 되어 있었다. 그렇기에 이런 놀라운 말씀을 할 수 있었다. "아버지께서 내게 하라고 주신 일을 내가 이루어 아버지를 이 세상에서 영화롭게 하였사오니"(요 17:4).

이 얼마나 놀라운 은총인가! 우리가 맡은 일에 대한 불안감으

---

1   Eugene H. Petersen, *Under the Unpredictable Plant: An Exploration in Vocational Holiness* (Grand Rapids, MI: Eerdmans, 1992). 《목회자의 소명》(포이에마).

로부터, 할 수 있거나 해야만 한다고 느끼거나, 하고 싶은 모든 일을 다하고 있지 않다는 과도한 두려움으로부터 해방된다는 것. 생의 마지막에 이르러 "나에게 주어진 일을 다 이루었습니다"라고 단순하고도 분명히 말할 수 있다는 것. 이것이 소명적 거룩함—어떤 날이든 어떤 주든 어떤 해든 우리 삶의 어떤 단계에서든 "하나님이 하라고 주신 일을 다 이루어 그분을 영화롭게 했습니다"라고 말할 수 있다는 것—이다. 오늘 이렇게 말할 수 있으려면 하나님이 나에게 부여하신 일을 다 마쳐야 한다.

임무나 책임의 관점에서—쌍둥이를 기르거나, 이 가게를 운영하거나, 이 과목을 가르치거나, 이 정원을 가꾸는 것처럼—이 문제를 다룰 수 있다. 하루나 일주일, 생의 마지막에 우리는 하나님이 우리에게 내주신 일을 다 이루었는지 알기 원한다. 창조자이자 구속자이신 그분이 어떻게 우리 삶을 살라고 부르시는지 마음속 깊이 아는 것보다 더 중요한 문제는 없다. 우리가 부르심 받은 일, 우리가 하나님께 받고 감사와 찬양의 행위로 다시 그분께 돌려드려야 할 일은 무엇인가?

소명이나 소명적 거룩함이라는 말을 사용할 때 두 가지를 전제한다. 첫째, 소명이라는 말은 우리가 부르심에 **응답**하며 산다는 것을 암시한다. 우리는 강요받는다는 생각에서 자유로워질 필요가 있다. 우리는 가축처럼 몰이를 당하지 않고 초대와 부름을 받는다. 성경적 전망은 소명이 초대라는 것이다. 우리는 스스로 구축한 삶을 살지 않는다. 오히려 하나님이 먼저 시작하신 일, 그분의 인격적인 부르심에 응답하며 살아간다. 모세에게 이스라엘 백성을 이끌라고 초대하신 것, 마리아에게 하나님이신 아기의 어머니가 되라고 초대하신 것, 바울에게 이방인을 향해 복음을 선포하라고 초대하신 것을 생각해보라. 물론 하나님의 명령도 있었지만, 그들이 이 일에 참여한 것은 하나님의 초대에 응답하는 행위였다.

둘째, 소명이라는 말은 더 많이 하는 것이 반드시 더 좋은 것은 아님을 전제한다. 소명을 이야기할 때, 우리는 이 시대의 그리스도인들이 분주하게 일에 쫓기고 더 바쁠수록 더 거룩하다고 생각하는 경향이 있음을 감안해야 한다. 내가 물려받은 종교 유산에는 이런 전형적인 표어도 들어 있다. '더 많이 기도하고, 더 많이 나누고, 더 많이 섬기라!' 이것은 우리를 지치게 만든다! 또한 이 때문에 우리는 언제나 기대에 미치지 못하고 언제나 모자라다고 생각하며 절대로 쉬지 못한다.

우리는, 중요한 사람들은 늘 바쁘고 헌신된 사람들은 그들보다 훨씬 더 바쁘다고 생각하는 경향이 있다. 하지만 소명적 거룩함이란 우리가 부르심 받은 일은 받아들이고, 부르심 받지 않은 일은 정중히 거절하는 것을 뜻한다. 우리는 '예'라고 말하는 법도 배우고 '아니요'라고 말하는 법도 배운다. 사실 우리는 '예'라고 말할 때보다 '아니요'라고 말할 때가 더 많을 것이다. 그리고 '아니요'라고 말하는 이유는 바로 우리가 부르심 받은 그 일에 '예'라고 말하기 위해서이다.

우리의 일에 대해 신학적으로 사고하는 능력을 기르고, 이런 은총을 촉진하는 영적 실천에 임할 때에만 우리는 이런 은총을 누릴 수 있으며 이렇게 생각하고 행동할 수 있다. 이를 위해서 우리는 16세기의 영성 작가들과 신학자들의 놀라운 지혜로부터 도움을 받을 수 있다. 나는 흔히 개신교 종교개혁과 연결하는 북부의 개혁자들과 가톨릭 종교개혁을 주도한 남부의 개혁자들의 통찰력을 염두에 둔다. 북부의 핵심 인물은 장 칼뱅과 마르틴 루터(Martin Luther)이다. 남부의 경우는 로마교회 안에서 개혁에 앞장선 이그나티우스 로욜라에게서 통찰을 얻을 수 있다. 이 장의 논의가 많은 점에서―직접 인용이 아니라 일에 대한 우리의 근본 접근방식이라는 차원에서―이처럼 16세기의 자료에 의존하고 있음이 분명해질 것이다.

소명적 거룩함에 대한 신학적 전망

16세기의 지혜는 이 점에서 특히 두드러진다. 즉, 우리가 선한 일에 대한 신학적 전망을 기를 수 있도록 도와준다. 이 신학적 전망에서는 자신이 결정하고 자신이 구축한 삶이 아니라, 다음 세 가지 현실에 순종하는―더 나아가 '복종'이라는 단어를 사용할 수도 있다. 이 현실들이 견고한 경계이자 준거점이기 때문이다―삶에서 자유가 나온다고 전제한다.

- 창조자와 구속자로서 하나님이 세상 속에서 행하시는 일. 우리는 하나님의 일에 관한 성경적 신학 안에서 살아간다.
- 하나님의 일에 참여하라는 초대에 응답하는 행위자인 우리 자신. 우리는 되기를 바라는 존재가 아닌 우리의 실제 존재를 존중하며 살아간다. 자신을 정확히 판단하는 법을 배우며, 그렇게 하기 위해서는 자신에 대한 성숙한 지식이 필요하다.

• 우리의 세상, 즉 삶의 실질 상황, 하나님이 우리를 불러서 이 끄시는 무대. 따라서 우리는 상황에 주의를 기울이고 하나님 이 바라보시듯 그것을 바라보아야 한다.

일반적으로 사람들이 소명을 잘 분별하지 못한다면 이 세 준 거점 중 하나 이상에 대해 필수적인 신학적 전망이 없기 때문이라 고 말할 수 있다. 그들은 직업과 하나님이 세상 속에서 행하시는 일에 대한 성경적 의미를 잘못 이해하거나, 자신에 대한 성숙한 지 식이 없거나, 하나님의 은혜 안에서 자신이 처한 상황을 읽어내는 능력을 개발하지 못했다고 말할 수 있다. 그들은 현실 속에서 살고 있지 않은 셈이다. 각각이 중요하며 각각에 관심을 집중할 필요가 있다. 먼저 창조자이자 구속자이신 하나님에 대해 이야기해보자.

창조자이자 구속자이신 하나님: 하나님의 일과 우리의 일. 첫 번 째 준거점은 하나님의 일이며, 우리는 여기서부터 시작해야 한다. 소명이란 세상 속에서 하나님의 목적을 분별하는―바라보고 이해 하고 식별하는―문제이다. 우리의 일은 하나님의 일에 참여하는 것이다. 따라서 하나님의 일을 식별한다는 것이 무엇을 뜻하는지 바르게 해석하는 것이 중요하다.

우리는 선한 일을 갈망하며, 하나님의 일만큼 선한 일의 성격 을 명확하게 규정하는 요소는 없다. 하나님은 일하는 분이시며, 성 경에서는 하나님을 창조하고 구속하시는 분으로 묘사한다. 이 놀 라운 현실을 통해서가 아니라면 하나님에 대해 이야기할 방법이 없다. 성경은 하나님의 일에 대한 찬양으로 시작되고 마무리된다.

기독교의 성경을 이루는 서사는, 만물을 창조하고 만물을 구속하시는 하나님의 일에 대한 이야기이다. 모든 시편이 창조자이신 하나님이나 구속자이신 하나님, 창조자이자 구속자이신 하나님을 찬양한다. 주일에 모여 예배할 때 우리가 드리는 경배와 찬양의 핵심은, 만물을 창조하셨으며 또한 만물을 구속하고 계신 하나님의 선한 일을 기리는 것이다.

그로 인해 우리는 기뻐한다. 하나님의 영광스러운 창조 때문에 즐거워한다. 우리는 만물을 창조하시고, 만드신 모든 것을 가리켜 선하다고 말씀하신 하나님을 찬양한다. 이 찬양과 짝을 이루는 것은, 성육신하시고 사시고 죽으시고 부활하시고 높이 들리셨으며, 모든 이에게 그분의 영을 부으시고, 언젠가 모든 것을 회복하실 그리스도 안에서 하나님이 하신 일에 대한 송영과 찬양이다.

창조와 구속 사이에서 우리에게 할 일이 주어졌고, 우리 마음의 깊은 갈망 중 하나는 선한 일을—은사를 활용하여 기쁨으로 솜씨 좋게 열심히—하고자 하는 마음이다. 우리는 좋은 변화를 일으키기를 바란다. 창세기 1장과 2장에서 말하듯이 우리는 '땅을 갈고 동물의 이름을 붙이기'를—인간 부모에게 주어진 바를 받아들이기를—원하며, 그리스도 안에서 성령의 기름 부으심을 통해 하나님의 평화를 이루는 도구가 되기를—부서진 것을 치유하고 회복하고 재건하기를, 하나님의 샬롬이 드러나고 "뜻이 하늘에서 이루어진 것같이 땅에서도 이루어지이다"라는 기도가 성취되는 수단이 되기를—원한다.

선한 일에 대해 말하는 것은 일의 본질과 일이 이루어지는 방식에 대해 말하는 것을 뜻한다. 선한 일은 곧 세상을 향한 하나님의 목적을 반영하는 일이다. 따라서 그것은 참된 필요를 충족하는 일이다. 하나님과 창조 질서에 기쁨을 가져다주는 일이다. 고통을 완화하고 치유를 가져다주는 일이다.

이는 우리의 일과 하나님의 일에 대한 두 가지 핵심 원리와 연결된다. 첫째, 우리의 일은 하나님의 일에 참여하는 것이다. 농부는 실제로 식물을 기르시는 창조주의 일에 참여하는 것이다. 의사는 자신이 치유하는 사람이 아니며 치유하시는 하나님의 목적에 참여하는 사람일 뿐임을 안다.

이것은 하나님의 구속 사역에도 그대로 적용된다. 우리는 구속자, 치유자, 화해자이신 하나님을 예배한다. 소명이라는 말은, 더 큰 이 일에 참여하라고 우리를 초대하시는 창조자와 구속자에게 우리가 응답한다는 뜻이다. 우리는 먼저 함께 창조하는 사람으로서, 또한 함께 구속하고 화해를 이루기 위해 힘쓰는 사람으로서 그분의 일에 참여한다. 우리는 창조하고 치유한다. 두 경우 모두 우리는 하나님과 함께 일하는 사람들이다.

둘째, 하나님의 일과 우리의 일을 말할 때, 창조와 구속의 순서가 중요하다. 하나님의 창조 사역이라는 관점에서 구속을 말할 때에만 구속에 대해서도 바르게 말할 수 있다. '선한 일'이라는 구절을 사용할 때 우리는 창조에서 시작해야 한다. 창조주와 더불어 창조하는 사람이 되라고 우리를 초대하셨을 때 하나님은 무엇을 의도하셨을까? 일은 구속 질서가 아니라 창조 질서의 일부이다. 일은 선물이다. 일은 창조 안에 내재되어 있으며 인격체, 인간 됨의 의미를 구성하는 본질적인 요소이다. 우리는 선한 일을 하도록 부르심 받았으며, 그 일을 통해 창조주께 영광을 돌린다.

물론 우리는 죄에 대해 말해야 하고, 일에 대한 우리의 이해에는 죄가 세상을 파편화시킨 후 일이 저주가 되었다는 인식도 포함되어야 한다. 하지만 우리는 일이 타락의 질서—죄의 질서—가 아니라 창조 질서의 일부임을 반드시 강조해야 한다. 거룩함과 일 사이의 밀접한 상호작용을 이해하기 위해 우리는 일이 본래 하나님의 창조 목적 안에서 어떤 위치를 차지하는지 생각해보아야 한다.

이런 배경을 고려하지 않을 때, 어떤 형태의 일이 다른 일보다 본질적으로 우월하거나 더 성스럽다고, 더 거룩하다고 생각하려는 유혹에 너무 쉽게 빠지고 만다. 창조와 구속의 순서는 우리의 눈을 열어 하나님이 사람들을 사회의 모든 영역과 분야로 부르신다는 경이를 깨닫게 해준다. 그리고 그들의 일이 거룩해지는 까닭은 바로 이 부르심 때문이다.

성경에서 선한 일을 가장 탁월하게 설명하는 말씀은 잠언 31장이다. 흔히 이 본문은 정숙한 여인, 더 구체적으로는 결혼한 여인에 대한 묘사로 간주된다. 하지만 이 본문은 또한 선한 일에 대한 놀라운 묘사이기도 하다. 거의 송영의 태도로 선한 일을 칭송한다.

- 그는 집을 관리하며 시장에서 사고파는 사람이다.
- 그는 손으로 일하며 창조적이고 아름다움에 민감하다.
- 그의 일은 공적인 측면도 있지만, 그는 조용히 알려지지 않은 곳에서 일한다.
- 그는 삶과 일의 거대하고 영웅적인 면이 아니라 평범하고 일상적인 면 때문에 칭송받는다.

놓치지 말아야 할 것은 그가 경영인이라는 점이다. 그리스도의 사건에 비춰서 일의 의미를 생각해볼 때 잠언 31장에 제시된 일에 대한 전망을 배경으로 삼을 필요가 있다.

우리가 이것을 정말로 믿는지, 그 힘을 느끼고 있는지 알아볼 수 있는 한 가지 방법은 두 종류의 일, 즉 경영(상품과 재화의 생산)과 예술(가정에서, 일하고 예배하고 배우는 곳에서 아름다움을 이루어감)의 가치를 믿는지 물어보는 것이다. 돈을 의심스럽게 생각하는 사람들은 첫 번째 일을 불신의 눈으로 바라보는 경향이 있다. 실용주의 성향 때문에 예술이 '유용'한지 의문을 갖는 사람들은 두 번째 일에 의문을 제기한다.

교회에서 우리는 하나님이 예술가, 경영인, 교육자들을 사회 모든 영역으로 부르셔서 창조자이시며 구속자이신 그분의 사역에 동참하게 하셨다고 선포하는가? 하나님은 농부, 전기공, 목수, 변호사, 의사, 심지어 (드릴을 든!) 치과의사까지도 도시의 평화를 이루시는 수단이 되도록 부르셨다. 또한 하나님은 신학자와 교사를 부르셔서 회중에게 종교적인 리더십을 발휘하고 말씀과 성례전을 통해 모든 영역의 사람들이 하나님이 주신 소명을 성취할 수 있도록 돕게 하셨다.

하나님은 창조자이시며, 따라서 우리는 창조자이신 하나님의 관점에서 우리의 직업을 이해한다. 하지만 금세 우리는 그 누구도 이상적인 세상에서 일하지 않으며, 죄와 뿌리 깊은 분열로 손상된 세상에서 일하고 있음을 깨닫는다. 우리는 일을 통해 기쁨을 누리도록 창조되었지만 타락으로 인해 일은 너무도 쉽게 고달픈 짐이 되고 만다.

하지만 모든 것을 잃어버리지는 않았다. 마지막 결론은 죄가 아니다. 그리스도의 구속 사역에서 바라보고자 할 때, 우리는 일을 창조라는 렌즈나 죄라는 렌즈를 통해서뿐 아니라 그리스도의 사건, 특히 십자가와 성령의 선물이라는 관점에서 바라보아야 한다.

그리스도 예수께서는 죽음과 부활을 통해 승천하신 주가 되셨다. 모든 권세가 그분께 주어졌고, 그분은 성령을 통해 교회와 세상 속에서 구속의 목적을 성취하고 계신다. 오순절에 성령의 선물을 넘치도록 받았으므로 이제 모든 그리스도인은 그리스도의 사건이라는 관점에서 삶을 살고 일을 한다.

골로새서와 에베소서에서 바울은 그리스도 사역의 우주적 차원을 찬양하며, 특히 에베소서는 교회가 하나님 나라에 관한 그분의 목적을 성취하는 수단이라고 말한다. 이 수단과 관련해 특히 마태복음 28장에서는 "모든 민족을 제자로 삼으라"라고 명령한다.

이 말씀은 선교라는 렌즈를 통해 세상에서 이루어지는 하나님의 모든 일—정원에서 회계 법인까지, 배관공사에서 설교까지—을 바라볼 수 있고 바라보아야 함을 암시한다. 이제 우리는 그리스도 사건의 관점에서 우리가 맡은 일을 한다. 우리를 부르시는 분은 바로 그리스도, 십자가에 달려 죽으시고 부활하고 승천하신 그리스도이시며, 이 일을 하도록 우리에게 생명과 능력을 주시는 분은 성령이시다.

하지만 우리는 하나님의 구속 목적이 그분의 창조 사역만큼이나 광범위하다는 사실을 놓쳐서는 안 된다. 그리스도의 이름과 성령의 능력으로 우리는 사회 모든 영역과 부분에 그리스도의 통치를 증언하는 사람으로 부르심 받았다. 일을 바라보는 이 관점에서 핵심은, 우리가 창조자이며 구속자이신 그분과 함께 창조하고 화해를 이루는 사람이라는 것이다.

물론 창조주는 오직 한 분이시다. 정원사는 자신이 만들거나 기르는 사람이 아님을 안다. 오직 하나님만이 식물을 자라게 하신다. 정원사나 농부는 창조주 하나님의 사역에 동참할 뿐이다. 또 의사는 자신이 치유하는 사람이 아님을 안다. 자신이 치유한다고 생각한다면 실소를 자아낼 뿐이다. 의사는 치유자로 불릴 수 있는 유일한 한 분, 즉 하나님의 사역에 동참할 뿐이다. 마찬가지로 하나님이 궁극적으로 일하는 분이시며, 우리의 일은 창조자이자 구속자이신 그분의 일에 동참하는 것이다.

그렇다면 과연 하나님은 무슨 일을 하고 계실까? 만물을 창조하신 하나님은 이제 만물을 자신과 화해시키고 계신다. 그리고 우리는 이 프로그램에 동참하도록 초대받았다. 이것이 소명, 즉 창조와 구속이라는 이 특별한 일에 참여하라고 하신 하나님의 초대에 응답하는 것이다.

이는 하나님이 창조주이시므로 어떤 차원에서 우리가 하는 일을 통해 우리 모두가 창조주의 영광과 아름다움을 반영하도록 부르심을 받았다는 뜻이다. 하나님의 창조가 지닌 아름다움과 질서를 존중하고 가꿈으로써 우리는 소명을 살아낼 수 있다는 말이다. 하나님은 어떤 사람도 그분이 만드신 것을 더럽히거나 파괴하는 일을 하라고 부르지 않으신다. 물론, 어떤 이들은 해양생물학처럼 창조 질서의 보존에 직접적으로 집중하는 분야에서 일하도록 부르심 받는다. 하지만 우리 모두가 하나님의 창조 질서를 지키는 청지기가 되라는 명령에 충실해야 한다.

더 나아가 이는 우리 모두가 하나님―그리스도 안에서 만물을 화해시키며, 모든 민족을 제자 삼고, 정의로우며 평화로운 그리스도의 통치를 세우시는―의 사역이 지닌 구속적인 측면에도 주의를 기울여야 함을 뜻한다. 예를 들어 설교자가 해양생물학자의 일을 신뢰하고 지지할 필요가 있듯이, 생물학자 역시 가르침이나 설교, 그 밖에 하나님의 구속적 목적과 더 직접적으로 연결되어 있는 다른 소명으로 부르심 받은 이들의 일에 주의를 기울이고 그 일을 지지해야 한다.

그리고 양쪽 모두가 정의롭고 평화로운 하나님의 통치를 확립하고자 하시는 그분의 전망에 주의를 기울여야 한다. 하나님은 정의와 긍휼의 하나님이시며, 그분의 깊은 헌신이 모든 소명의 핵심과 외형을 형성한다. 구약의 예언자들―특히 이사야, 아모스, 미가―은 하나님의 구속적 목적 안에서 평화와 정의가 한데 어우러지고 하나님의 샬롬은 정의의 승리를 뜻할 것이라고 분명히 말한다. 정의가 없는 의로움이란 없으며, 경제적으로 올바르지 못한 정의란 없다. 따라서 모든 사람은 소명에 관하여 이 점에 주의를 기울여야 한다. 즉, 우리는 말과 행동으로 정의를 계시하시는 하나님을 증언해야 한다.

거룩함과 자기 결정. 세 현실이 교차하는 지점에서 소명을 분별할 수 있다. 앞서 논했듯이, 첫 번째 현실은 성경 안에 담긴 직업에 대한 전망, 특히 하나님의 일과 그 일에 동참하라고 우리를 부르시는 그분의 초대이다.

두 번째 현실은 일을 행하는 사람으로 부름 받은 우리 자신이다. 여기서 우리는 인간의 의미에 대해, 특히 하나님의 무대 위에서 행동하는 우리 자신의 의미와 특수성에 주의를 기울여야 한다. 하나님이 세상 속에서 하시는 일에 비춰볼 때 우리가 우리 삶의 청지기가 된다는 것은 무엇을 뜻하는지 물어야 한다. 이 길을 걸어가면서 우리가 선한 일을 하도록 하나님의 형상으로 창조된 인간이라는 사실이 무엇을 의미하는지 이해하고자 할 때, 먼저 우리는 행위자로서 인간의 중요성—능력과 영광—을 깨달아야 한다.

인간이 행위 주체임을 인정함. "팀(team) 안에는 '내'(I)가 없다." 최근에 자주 사용되는 이 표현은 부분적으로는 옳지만 부분적으로는 그르다. 그러나 실제로는 별로 도움이 되지 않는 표현이다. 이것은 개인의 자아가 사명을 성취하려는 공동체와 조직의 능력을 약화시키는 경우가 너무 많다는 사실을 재치 있게 표현한 말이다. 하지만 개인과 공동체 그리고 우리 자신과 하나님 사이의 상호작용을 논하는 데에는 별로 도움이 되지 않는다. '나'—각 팀이나 공동체 안의 개인—는 결코 상실되지 않는다. 개인은 언제나 중요하며 언제나 '나'로 남는다.

우리는 스스로 결정하고 행동하는 개인이라고 말해야 하며, 내 자아와 조화를 이루는 방식으로 행동할 때에만 세상 속에서 참으로 성실하게 행동하는 것임을 인식해야 한다. 그리고 이에 대해 우리는 모든 인간이 중요함을 인정해야 한다. 하나님의 구속 목적 안에서 핵심적인 참여자는, 성경의 서사가 계시하듯이 특별한 자아를 지닌 개인들이다. 모세나 엘리야 같은 인물이 지닌 개인의 힘을 생각해보라. 또 로마서 16장에서 일과 사역에 협력한 여러 사람들에게 감사한 바울의 사례를 생각해보라. 우리는 사도 바울 개인의 힘과 능력, 카리스마에 감탄한다. 그러나 바울과 다른 사람들은 자신과 하나님을 혼동하지 않았다. 하나님은 언제나 하나님으로 남아 계셨다. 그들은 자신이 우주의 중심이라고 생각하지 않았다.

아이러니하게도 우리가 두려워하는 것은 강한 자아가 아니라 약한 자아이다. 약한 자아는 지배하려고 한다. 언제나 달래주어야 한다. 쉽게 상처받거나 불쾌해한다. 약한 자아에게는 아첨을 해야 한다. 약한 자아는 충성을 요구하며 사랑받기를 갈망한다. 인정과 감사를 갈구한다.

"팀 안에는 '내'가 없다"라는 말에 대한 나의 거부감은 어쩌면 내 신앙 유산의 특징인 부정적인 인간관에서 기인했을지도 모른다. "예수님은 점점 더 커지고 나는 점점 더 작아지기를"이라고 노래하는 것은 '내'가 그리스도의 영광과 존귀에 위협이 된다고 전제하기 때문이다. 그리스도께서 모든 영광을 원하시며 영광은 한도가 있기 때문에 우리—당신과 나—가 더 작아질수록 더 좋다. 물론 우리는 인간의 중요성을 과장하여 인간이 하나님께 의존하며 그분의 영광 안에서 살아가는 피조물임을 깨닫지 못할 수도 있다. 그러나 자신을 깎아내리고 우리 삶의 의미를 경시하거나 무시하는 것 역시 문제이다.

내 머릿속에 새겨진 이미지가 하나 있다. 나는 네 살짜리 손녀딸 캐리스를 그릴 수 있다. 우리 가족이 함께 바닷가 근처 아름다운 초원으로 소풍 갔을 때였다. 캐리스가 혼자서 멀리까지 갔는데, 나는 아이가 그렇게 멀리 떨어져 있는 것을 보고 깜짝 놀랐다. 캐리스는 우리가 있는 것을 알았지만, 동시에 자신만의 세계 속에 있었다. 나는 그 아이가 땅 위를 **성큼성큼** 걷는 것을, 풀이 무성한 초원을 당당하게 걷는 것을 바라보았다. 작은 꼬마에 불과하지만, 온 세상은 그 아이의 것이었다. 그리고 나는 캐리스를 만드신 창조주께서도 나처럼 기뻐하실 것이라고 생각했다.

소명적 거룩함에 대해 말하는 것은 땅 위를 **성큼성큼** 걷는 모든 인간이 특별히 중요하다고 주장하는 것이다. 모든 사람은 하나님의 형상으로 창조되었으며, 그분의 형상을 지닌 사람으로서 자신이 해야 하는 일임을 마음속 깊이 아는 일을 한다. 건전한 자아는 이 목적을 위해, 하나님의 부르심에 응답해 자신의 정체성을 성취하고자 단호하면서도 부드럽게 노력한다.

물론 이러한 개인적 부르심과 자기 결정은 삶의 복잡다단함과 다른 이들의 필요에 의해 조율되어야 한다. 우리는 수많은 제약 속에서 맡은 일을 수행한다. 하지만 너무 일찍부터 이런 제약에 걱정하지 말자. 우리는 먼저 하나님이 창조하신 각 사람의 놀라운 아름다움과 능력에 대해 말하는 것이 무엇을 뜻하는지 생각해봐야 한다.

소명적 성실과 자기 인식. 각 사람의 중요성을 인정한다면 각 사람의 독특성도 인정하지 않을 수 없다. 창조와 구속 사이에 연속성이 있다는 것은 우리 삶과 세상에 대한 하나님의 구속 목적과 관련하여, 하나님이 어떻게 우리를 창조하셨는지 다시 물어야 한다는 뜻이다. 이것은 또한 소명적 거룩함이 우리가 창조된 방식과 일치하는 방식으로, 즉 일반적으로가 아니라 하나님이 창조하신 개인으로서 개별적이고 구체적인 방식으로 세상 속에 존재하는 것에 관한 문제라는 뜻이다. 일반적 인간, 하나님의 목적과 선교에서 꼭두각시에 불과한 사람이란 없다.

그러므로 소명적 거룩함 때문에 우리는 자신의 구체적인 삶의 상황에 주의를 기울여야 한다. 자기 인식과 자각은 영적 성숙과 지혜의 필수적인 측면이다. 우리는 우리 자신에 대해 알아야 하지만, 동시에 하나님이 우리를 어떻게 만드셨는지 깨달아야 한다. 우리는 자신의 참모습을 보며 우리에게 주어진 삶에 감사한다. 우리는 더 이상 나 자신이 아닌 다른 누군가이기를 바라지 않음으로써 누릴 수 있는 자유를 향해 나아간다. 우리는 시기와 분노를 버리고 우리에게 주어진 삶을 끌어안는다.

기독교 영성에는 이러한 자아관이 곧 겸손이라고 주장하는 독특한 전통이 있다. 시에나의 카타리나(Catherine of Siena)와 아빌라의 테레사(Teresa of Ávila)가 대표적인 인물로, 두 사람 모두 자기 인식이 참된 겸손으로 이어진다고 말한다. 겸손한 사람, 참으로 성숙한 사람은 주어진 삶을 받아들이는―주어진 몸, 주어진 피부, 주어진 삶을 알고 받아들이고 그 안에서 사는―사람이다. 물론 비참할 정도로 가난하게 사는 이들은 자신이 당하는 고통이 자신의 삶에 대한 저주일 뿐이라고 느낄 수도 있다. 특히 어렸을 때 심한 고통을 겪었다면 과연 어떤 사람이 이런 삶을 원할지 의문을 품을 수도 있다. 하지만 이는 교회가 맡은 사명의 일부이다. 즉, 경제적 평등과 정신 건강을 촉진하여 이런 사람들이 감사하면서 창조된 목적에 부합하는 삶을 살 수 있도록 도와야 한다. 교회는 이것을 열정적으로 추구해야 한다. 교회는 각 사람을 특별한 가치와 의미, 잠재력을 지닌 개인으로 봐야 한다. 그렇게 하기 위해 우리는 각 사람이 진리 안에서 자신을 바라보고 이 진리 안에서 살아갈 수 있도록 도와주는 영적, 정서적 자원을 제공해야 한다.

그리스도 안에서 살지 않는 이들도 놀라운 수준의 자기 인식과 자기 용납에 도달할 수 있지만—이는 일반 은총을 보여주는 증거이다—기독교 영성 전통에서는 참된 자기 인식이 그리스도에 대한 친밀한 앎과 불가해한 방식으로 연결되어 있다고 일관되게 주장한다. 그리스도를 알 때, 특히 그리스도의 사랑을 알 때 우리는 자유로워지며 이로 인해 진리 안에서 자신을 볼 수 있다. 그리스도의 사랑을 알 때 우리는 허위로부터, 겉치레의 삶으로부터, 그리스도 예수께 사랑받는 바로 그 자아가 아닌 다른 누군가가 되려는 마음으로부터 자유로워진다. 그리스도께서 우리 각자의 이름을 부르신다. 그분은 우리를 아시며 그분을 통해 창조된 바로 그 생명을 받아들이신다.

자기 인식은 두 가지 주목할 만한 방식으로 표현된다. 첫째, 자신을 안다는 것은 자신의 깊은 열정과 기쁨에 주의를 기울이는 것이다. 자기 인식의 두 번째 표현은 자신의 능력과 한계를 받아들이는 모습이다. 열정에 관한 자기 인식에는 '나는 무엇을 하기 원하며 나에게는 무엇이 중요한가?'라는 물음에 답할 수 있는 능력이 포함된다. 두 물음 모두 문제의 핵심(하나님의 형상으로 창조된 인간 정체성)을 건드린다. 성숙한 사람은 자신의 마음(핵심)을 알며 그에 따라 자신의 삶에 질서를 세운다. 우리는 '하나님이 원하시는 바'와 '내가 하고 싶어 하는 바'를 구별하는 경향이 있다. 어떤 점에서는 유익하고 올바른 일이다. 우리는 자아 중심적으로 살아가려는 성향을 견제할 필요가 있다. 하지만 동시에 우리 마음의 움직임이 하나님이 우리를 만드신 방식의 일부임을 깨달아야 할 필요도 있다. 더 나아가 우리의 가장 근원적인 기쁨은 우리가 창조된 방식 그리고 우리가 부르심 받은 방식과 조화를 이룬다.

여기서 나는 헨리 나우웬(Henri Nouwen)과 애니 딜러드(Annie Dillard)가 "[자신의] 필요에 따라"[2] 사는 삶에 대해 말할 때 주장한 바를 설명하려고 노력하는 중이다. 딜러드가 강조하듯이, 이 필요란 우리 정체성과 피상적인 연관성을 지닌 무언가가 아니라 우리 정체성의 핵심과 정수에 자리 잡고 있다. 이 필요를 인식하지 못한다는 것은 하나님이 우리를 창조하신 방식을 부인하는 것과 다름없다. 성숙한 자기 인식은 우리의 근원적인 기쁨에 대해 말할 수 있는 능력을 통해 드러난다. 기쁨은 일반적이지 않다. 기쁨은 인간으로서 우리의 독특성에 기초한다. 우리 모두는 자신의 개인적 성향과 욕망 안에서 기쁨을 발견한다.

조직의 한 직위에 지원하는 후보자를 면접할 때 이런 관례적인 질문을 하는 경우가 많다. 당신의 장점은 무엇이고 약점은 무엇인가? 이런 물음을 통해 한 사람이 특정한 일이나 직무를 어떻게 수행할지 통찰을 얻을 수 있을 것이라고 전제하는 듯하다. 어떤 점에서는 마땅히 물어볼 만한 질문이지만, 사실 이런 질문들은 문제의 핵심에 집중하지 못하도록 주의를 분산하기도 한다. 이 사람에 **관해** 가장 중요한 것은 이 사람**에게** 가장 중요한 것이기 때문이다. 누군가를 안다는 것은 그 사람이 무엇에 관심 있는지, 무엇에 깊은 관심을 기울이는지 안다는 것이다. 누군가를 안다는 것은 그

---

2   Annie Dillard, *Teaching a Stone to Talk* (New York: Harper and Row, 1982), 12-16.《돌에게 말하는 법 가르치기》(민음사); Henri J. M. Nouwen, *Reaching Out: The Three Movements of the Spiritual Life* (New York: Doubleday, 1975), 27.《영적 발돋움》(두란노).

의 필요를 안다는 것이다.

예를 들어, 무엇이 한 사람을 화나게—방해받을 때 화내거나 짜증을 낸다는 뜻이 아니라 그의 마음이 세상을 향한 하나님의 목적과 연합되었을 때 느끼는 분노라는 의미에서—하는가? 이 사람은 무엇이 하나님의 마음을 아프게 한다고 생각하는가? 더 긍정적으로 표현해보자. 우리가 선하고 고귀하고 칭찬할 만한 것(빌 4:8)을 추구하며 살도록 하나님이 우리 마음에 욕망을 주신다면, 우리는 다른 무엇보다 무엇을 갈망하게 될까? 우리는 무슨 일을 해야 할 **필요**가 있을까?

재능이 중요하지 않다는 말이 아니다. 재능이나 능력은 우리의 필요를 추구하는 데 사용되어야 한다. 우리는 소명을 성취하기 위해, (우리에게) 중요한 일을 하기 위해 어떤 기능—공적 연설이든, 수술이든, 목공이든, 기업 경영이든—을 터득한다. 재능은 소명과 동일하지 않다. 재능은 소명을 성취하기 위한 수단일 뿐이다.

또한 우리는 장점과 한계를 자각하는 자기 인식에 대해 생각해볼 필요가 있다. 이에 대한 논의에서 나는 특히 제임스 파울러(James Fowler)와 파커 파머(Parker Palmer)에게 빚을 지고 있다.[3] 두 사람 모두 자신의 글에서 우리가 장점을 받아들이고 한계를 수용할 때 우리의 소명이 성취된다고 결론 내린다.

장점이 중요하기는 하지만 소명을 결정하지는 않는다. 나는

---

3   특히 James W. Fowler, *Becoming Adult, Becoming Christian: Adult Development and Christian Faith* (San Francisco: Harper & Row, 1984)와 Parker Palmer, *Let Your Life Speak: Listening for the Voice of Vocation* (San Francisco: Jossey-Bass, 2000)을 보라. 《삶이 내게 말을 걸어올 때》(한문화).

방금 기쁨과 우리의 '필요'에 따라 사는 것의 중요성을 강조했다. 사실 어떤 이들의 경우 능력과 장점이 그들의 참된 열정을 가로막을 수도 있다. 이 능력 때문에 그들은 정작 부르심 받는 일을 하지 못한다. 따라서 우리의 깊은 열정과 장점을 구별할 필요가 있다. 하지만 장점은 중요하다. 아마도 여기서 우리는 깊은 열정을 성취할 가능성을 열어주는 장점과 능력을 확인하고 기를 필요가 있음을 강조해야 할 것이다. 이것이 중요한 장점이다.

이런 장점은 마땅히 길러야 한다. 우리는 재능을 기르고 능력을 개발하고 깊은 열정을 성취할 수단이 되는 기술을 배워야 한다. 우리가 어떤 기능을 터득하는 이유는 그 자체가 목적이기 때문이 아니라 그것을 터득함으로써 우리의 소명을 성취할 수 있기 때문이다. 탁월함을 추구하는 이유는 우리가 완벽주의자이기 때문이 아니라 다른 무언가, 즉 그것을 터득함으로써 우리가 할 수 있게 되는 바로 그것이 중요하기 때문이다. 만약 무언가가 우리의 소명을, 우리의 근원적 필요를 반영한다면, 그것이 참으로 우리에게 중요하다면, 이는 적어도 그것을 잘하고자, 최선을 다하고자, 그 기술을 터득하고자 하는 의지를 통해 분명히 드러날 것이다.

교사라면 교수 기법을 터득해야 한다. 경영자라면 조직이 어떻게 작동하는지, 어떻게 조직 성원들과 함께 일할 수 있는지 배워야 한다. 목수라면 목재 다루는 기술에 몰두하고 연마할 필요가 있다. 우리의 열정을 움직이는 것은, 자아나 남보다 더 잘하고자 하는 마음이 아니라 아름다움을 사랑하는 마음, 사람들을 돌보는 마음, 부르심 받은 일을 행함으로써 하나님을 위해, 하나님과 더불어 세상에 중요한 변화를 일으키기를 갈망하는 마음이다.

하지만 장점을 받아들인다는 것은 우리의 한계를 수용한다는 말이기도 하다. 삶과 일에서 소명적 거룩함과 성숙을 보여주는 핵심 요소는 우리 능력의 한계를 기꺼이 인정하는 태도이다. 이것이 '약점'에 대한 이야기가 아님을 강조할 필요가 있다. 물론 우리 모두에게 약점이 있지만, 한계, 즉 무언가를 할 수 없다는 사실은 약점이 아니다. 그저 장점이 아닐 뿐이다. 모든 사람에게 모든 것이 될 수 있는 사람은 없다. 우리 각자는 특정한 장점으로 무언가 기여할 수 있으며, 한계에 도달했을 때 다른 이들에게 의존하며 사는 법을 배우게 된다.

좋은 작가에게는 좋은 편집자가 필요하다. 두 사람 모두 좋은 출판인이 필요하다. 또한 작가나 편집자에게는 서툰 일을 홍보 전문가는 잘한다. 서로가 서로를 필요로 한다. 그리고 모두에게는 재능 있는 서적 판매업자가 필요하다.

한계는 문제가 아니다. 오히려 집중하여 참으로 우리의 소명을 받아들일 수 있는 기회이다. 더 나아가 한계 덕분에 다른 이들의 장점에 의존할 수 있고, 우리의 장점이 상승 작용을 일으키게 함으로 우리의 개별 능력을 넘어서는 결과를 만들어낼 수 있다.

여기서 잠깐 한계에 대한 우리의 잘못된 생각을 짚고 넘어가고자 한다. 어떤 이들은 한계 안에서 사는 법을 배워야 한다. 하지만 실은 게으름, 또는 부르심 받은 일을 할 의지나 용기 부족의 문제인데도 두려움이나 다른 이유로 이를 '한계'라고 주장하는 이들도 있다. 한계에 대한 잘못된 생각, 일종의 거짓 겸손을 내세워 하나님의 부르심에 저항한 모세의 예를 생각해보라. 또 내가 '기금 모금'을 할 줄 모르는 것을 한계라고 주장했을 때 동료이자 친구인이가 나에게 "배울 마음은 있나요?"라고 물었던 적이 있다. 이것이 정말로 한계인가, 아니면 성장과 새로운 배움을 꺼리거나 두려워하는 마음의 반영인가?

여기서 한 가지 더 지적하고자 한다. 이 모든 것에서 인간 개인이 중요하며 자신만의 소명이나 부르심을 지니고 있다. 우리 모두는 교회의 소명이나 사명이 지닌 힘과 능력을 믿는다. 그리고 이 장 뒷부분에서 이 문제를 다룰 것이다. 하지만 여기서는 교회 공동체의 사명이 개인의 소명을 흡수해버리는 것은 아님을 강조하고자 한다. 우리 **각자**가 세상 속에서 행하는 교회의 사명과 선교에 참여하도록 부르심 받았고, 우리 각자가 자신의 삶에 관한 하나님의 부르심에 신실하게 응답하도록 부르심 받았다. 부록 A에서는 어떻게 이 둘, 교회의 사명과 그리스도인 개인의 소명이 서로 만나는지, 어떻게 서로 보완할 수 있는지 간략히 설명할 것이다.

상황 인식: 소망으로 가득한 현실주의를 추구하라. 소명적 거룩함은 (1) 세상 속에서 이루어지는 하나님의 목적과 (2) 하나님이 우리를 만드신 방식 (3) 우리가 처한 상황이 독특하게 교차하는 지점에서 발견된다. 소명에 대해 신학적으로 생각하고 행동하고자 한다면 이 세 현실, 즉 하나님과 창조자이자 구속자로서 그분의 목적, 하나님의 무대 위 행위자인 우리 자신, 우리가 살고 일하는 실제 상황이나 환경의 교차에 주의를 기울여야 한다.

소명을 분별하는 중요한 세 번째 요소는 우리의 환경에 세심한 주의를 기울여야 한다는 것이다. 하나님은 그분의 섭리 안에서 우리를 시간과 공간 속에 자리 잡게 하셨고, 따라서 '소명'이 단지 우리와 하나님의 문제, 세상 속에서 하나님이 주신 사명과 그 사명에 응답하는 우리 정체성의 문제이기만 한 것은 아니다. 우리가 자리 잡고 있는 사회 환경과 역사적 '우연'의 문제이기도 하다. 더글러스 슈어먼(Douglas Schuurman)은 이를 가리켜 우리가 "섭리적으로 배치되었다"라고 말한 바 있다.[4]

현실 진단. 소명에 대한 분별의 세 번째 핵심 요소를 논하기 위해 중요한 명제에서 시작하고자 한다. 하나님의 부르심은 언제나 구체적인 시간과 장소로의 부르심이다. 언제나 역사적이다. 우리는 우리의 환경, 우리의 세상 속에서 살도록—우리가 바라는 세상이 아니라 실제로 존재하는 세상 속에서 평화와 정의를 위해 일하도록—부르심 받았다. 그렇기에 우리는 허위(우리가 다른 어떤 사람이기를 바라거나 다른 어떤 사람인 것처럼 행동함)뿐 아니라 우리가 처한 상황에 대한 부질없는 기대와 환상을 거부한다.

내가 기관의 회장이나 학교 교장, 교회 목회자, 기업의 관리자

4　Douglas J. Schuurman, *Vocation: Discerning Our Callings in Life* (Grand Rapids, MI: Eerdmans, 2004), 28. 이 책은 Frederick Buechner, *Listening to Your Life* (San Francisco: Harper and Row, 1992)와 비교해볼 수 있는 좋은 자료이다. 나는 세 준거점이 존재한다고 주장했다. 즉, 세상 속에서 행하시는 하나님의 일과 행위자인 우리 자신, 우리의 상황이다. 뷰크너는 이 중 둘을 강조하는데, 그에 대한 응답으로 어떻게 하나님이 세상 속에서 일하시는지 이해하는 것도 중요하다고 말할 수 있다. 슈어먼 역시 두 가지, 즉 하나님의 일(그에게는 주요한 주제)과 어떻게 우리가 "섭리적으로 배치되었는지"를 강조한다. 뷰크너는 자기 인식이 핵심적이라는 생각이 너무 강하지만 슈어먼은 이런 생각을 거부하는 것처럼 보인다. 슈어먼은 우리가 그저 해야 할 일을 하기만 하면 된다고 말하는 것처럼 보인다. 두 사람에 대한 대답으로서 나는 세 가지가 다 있어야 한다고 주장한다. 뷰크너에 대한 대답으로 나는 하나님의 일에 대한 신학적 전망이 핵심 준거점으로 필요하다고 강조한다. 슈어먼에 대한 대답으로 나는 일반적인 사람이란 존재하지 않으며 지혜와 선행을 위해서는 성숙한 자기 인식이 꼭 필요하다고 강조한다.

로 부르심 받았다면, 나는 현실을 진단함으로써 지도자의 역할을 감당할 것이다. '내 앞에 있으며 나를 둘러싼 실질적인 상황은 무엇인가?'라고 물을 것이다. 소명을 분별하고자 할 때 출발점은 언제나 오늘이다. 우리는 지금 여기서 출발한다. 향수도 없고, 후회도 없고, 환상도 없다.

이는 우리가 정서적으로 과거 속에서 살지 않음을 뜻한다. 우리는 '좋았던 옛날'에 집착하지 않는다. 그때는 이미 지나가버린 지 오래이다. 우리는 오늘의 실제 상황에 비추어 분별한다. 또한 이는 우리가 부질없는 기대를 하지 않는다는 뜻이다. 다시 말해서, 우리는 참이었으면 하고 바라는 것이 아닌 실제로 참인 것을 붙잡는다. 우리는 과장할 필요가 없다. 지나치게 부풀려진 정서도 필요 없다. 그리고 자기 연민이나 상황을 비관하는 성향을 떨쳐버려야 한다. 하지만 무엇보다도 소명적 거룩함의 정수는 우리가 세상 속에, 우리의 상황 속에, 우리 상황의 구체적인 현실과 도전 속으로 들어가 있어야 한다는 것이다.

따라서 소명적 성실이란, 골프 용어를 사용하자면 주어진 지형에서 경기하는 능력이다. 날씨나 러프의 깊이, 땅을 관리하는 사람의 능력, 근처 마당에서 노는 아이들의 소음, 같이 경기하는 사람들이 나누는 대화의 수준, 한사코 휴대전화를 끄지 않는 다른 경기자들에 대해 불평하지 않고 경기할 수 있는 능력이다. 우리는 그저 경기를 계속한다. 이것이 현실의 삶이다. 우리에게는 공을 고르거나 공을 치기에 더 나은 지점을 찾을 선택권이 없다. 우리는 주어진 지형에서 경기를 한다.

우리는 있는 그대로 세상 속에서 산다. 지나간 황금시대를 그리워하며 향수에 젖어 살지 않는다. 우리는 갑자기 마침내 행운이 찾아오기를 기다리지 않는다. '만약 …했더라면'이라는 생각에 정서적 에너지를 허비하지 않고, 그저 주어진 삶을 살아간다.

우리 모두가 이런 시대에서 살도록 부르심을 받았다. 시대를 앞서서 살아가는 사람도 없고, 너무 늦게 태어나서 기회가 지나가 버렸다고 불평할 수 있는 사람도 없다. 우리는 모두 오늘을 향한 하나님의 부르심에 응답하도록 초대받았다.

우리의 상황이 어렵기는 해도 현실주의에 대한 이런 헌신이 짓눌림은 아니다. 하나님의 능력과 선이 궁극적으로는 승리하신다는 확신 속에서 우리가 처한 상황을 직면하기 때문이다. 순진한 낙관론을 받아들인다는 말도 아니고 부질없는 기대를 하는 데 시간을 보낸다는 말도 아니다. 상황을 분명하고 정확히 읽어내고 하나님의 목적과 은총이라는 렌즈를 통해 그것을 바라본다는 뜻이다. 우리는 에베소서의 특별한 축복기도를 기억한다.

우리 가운데서 역사하시는 능력대로 우리가 구하거나 생각하는 모든 것에 더 넘치도록 능히 하실 이에게 교회 안에서와 그리스도 예수 안에서 영광이 대대로 영원무궁하기를 원하노라 아멘(엡 3:20-21).

이런 관점에서 우리의 환경을 바라볼 때, 어떤 상황도 본질적으로 절망적이지 않음을 깨달을 수 있다. 각각의 맥락과 상황은 하나님의 선하심과 은총의 가능성으로 가득 차 있다. 우리는 소망의 사람들이다. 이 명령 아래서 우리는 살아간다. 우리는 더 이상 절망과 냉소에 빠지지 않는다. 하나님의 궁극적 목적과 언젠가—당장은 아닐지 모르지만 결국에는—선과 정의가 승리하리라는 확신에 비추어 이 날과 이 상황을 바라본다. 우리는 이 날에 집중하고 언젠가 예수님이 만물을 바로잡으실 것이라는 확신 속에서 우리 삶의 한 부분인 이 시간을 살아간다.

하지만 더 나아가 이 관점은 어떤 상황도 본질적으로 절망적이지 않다는 것을 의미한다. 우리가 처한 상황은 하나님의 은총의 가능성에 대해, 어떻게 그분의 자비와 능력이 복잡하고 엉망진창인 우리의 상황 속에 개입하는지 생각해볼 수 있는 기회이기도 하다. 우리가 각본을 썼다면 달랐을 것이며 우리 상황이 이런 모습이지는 않았을 것임을 우리는 모두 알고 있다! 하지만 우리가 현실을 직시한다고 해서 그것에 짓눌리지는 않는다. 오히려 우리는 하나님의 은혜로운 능력이라는 렌즈를 통해 그것을 바라본다.

기회와 제약. 우리 자신을 읽어낸다는 것은 곧 우리의 장점과 한계를 인식한다는 뜻이다. 우리의 상황을 읽어내기 위해서는 기회와 제약을 인식하는 능력이 필요하다. 우리가 기회에 응답할 뿐 아니라 우리 삶의 제약을 은혜롭게 받아들이는 법을 배울 때 소명이 성취된다. 기회와 제약을 함께 읽어낼 수 있다면 우리는 소망이 넘치는 현실주의로의 부르심을 삶으로 실천하는 셈이다.

이 방정식의 한쪽에서는, 우리가 기회를 보고 성령의 초대를 깨달아 위험을 감수하면서도 용기 내어 새로운 모험을 할 때 소명을 성취할 수 있다고 말한다. 안전과 확신, 평안의 원천이던 것—가정과 부모이든, 맡은 일과 관련된 익숙한 일상이든, 하나님의 소명과 깊이 조화를 이루지는 않지만 넉넉한 급여라는 거짓 평안을 제공하는 직업이든—으로부터 한 걸음 밖으로 나오지 않고서는 성장할 수도, 소명에 충실할 수도 없다.

방정식의 다른 한쪽 역시 매우 중요하다. 하나님이 우리 삶을 향한 그분의 소명을 성취하라고 초대하실 때, 우리 주변에 배치하신 제약을 받아들이고 그 안에서 은혜롭게 사는 법을 배운다. 사실 제약에 주의를 기울이기 위해서는 용기가 필요하다. 우리 모두에게는 제약―가정이나 사회적 위치라는―이 있다. 예를 들어, 우리는 배우자의 건강이 나빠져서 일할 기회를 거절할지도 모르고, 삶의 이 단계에서는 정신장애가 있는 자녀와 많은 시간을 보내도록 부르심을 받았을지도 모른다. 혹은 우리 자신의 건강상 한계를 인정한다. 기회가 있었지만 건강의 한계 때문에 "감사하지만 사양합니다"라고 말할 수밖에 없을 수도 있다. 사회 환경이 부과하는 제약도 있다. 심지어는 우리가 무엇이 되거나 무엇을 하는지에 대해 문화적 제약―예를 들어, 여성이 할 수 있는 일에 어떤 문화가 가하는―도 있을 수 있다.

이제 제약의 의미와 중요성에 관한 세 가지 필수적 관점을 생각해보라. 첫째, 제약은 우리를 제한하고 따라서 하나님을 제한하는 것처럼 보일 수 있다. 하지만 제약은 언제나 하나님의 은총을 누릴 수 있는 기회이다. 따라서 기회에 적극적으로 반응하는 것이 당연하지만, 한계나 제약을 받아들이는 법을 배움으로써 하나님의 은총을 놀라운 방식으로 경험할 수도 있다. 우리는 하나님이 제약을 통해 그분께 더 깊이 의존하라고 부르신다는 사실에 주의를 기울인다. 하나님이 우리 삶 속에서 일하시는 방식을 그분의 은총이라고 말할 수밖에 없음을 알기 때문이다.

우리는 어떤 사업 계획을 위해 기금을 모금하는 과정에서 한계에 부딪칠 때 비관하기도 한다. 혹은 결혼이나 자녀나 부모의 건강과 관련하여 제약을 느낄 수도 있다. 하지만 이 모든 것은 하나님의 은총의 가능성을 목도하고 경험할 기회이기도 하다.

둘째, 우리는 '이 제약이 현실적인가, 아니면 제약이라고 여기는 것인가?'라고 물어야 한다. 시간의 제약처럼 어떤 제약은 현실적이다. 하지만 때로는 우리가 제약이라고 여기는 것을 만들어내기도 한다. 열왕기상 19장의 엘리야 이야기를 보라. 이세벨은 정말로 제약이었는가, 아니면 그가 제약이라고 생각했을 뿐인가? 엘리야는 하나님께 불평하면서 엘리야 자신이 이세벨을 왕좌에서 끌어내려야 한다고 주장했다. 그리고 그는 자기 혼자서만 싸운다면서 하나님께 실망했다. 하지만 하나님은 혁명을 일으키라고 그를 부르지 않으셨고 제사장이자 예언자로서 묵묵히 신실하게 일하라고 부르셨다. 하나님은 엘리야에게 이세벨의 존재—분명히 하나의 제약인—를 예언자로서 그가 일하는 상황으로 받아들이라고 말씀하셨다.

또 하나의 예를 보자. 민수기 13장은 모세가 가나안 땅을 정탐하라고 보낸 열 명의 정찰병이 돌아와서 보고하는 장면이다. 이 열 명은 요새와 거인에 대해 말하면서 그 땅을 차지하기가 어려울 뿐아니라 불가능하다고 단언한다. 그들에게는 이런 요소가 제약이었다. 그러나 주일학교에 다닌 사람들은 이것이 여호수아와 갈렙에게는 기회였음을 알고 있다. 그들의 대답은, 기회를 받아들이기보다 제약을 받아들이기가 더 쉽기 때문에 제약을 받아들이는 때가 있음을 상기시킨다. 두려움—아마도 실패에 대한 두려움이나 다른 사람들이 뭐라고 말할지에 대한 두려움—이 정말로 문제인가?

우리는 '현실주의'라는 말을 용기, 창의성, 의로운 대의에 대한 헌신 부족을 덮기 위한 핑계로 삼지 않도록 조심해야 한다.

어쩌면 여기서 자신을 희생자로 만들려는 태도의 위험성에 대해서도 말해두는 것이 좋겠다. 우리는 다른 사람들에게 부당한 대우를 받거나 그들 때문에 제약을 받는다고 느낄 때가 많다. 다른 이들이 우리에게 했거나 하고 있는 행동에 구속당해 꼼짝달싹할 수 없는 희생자처럼 느낀다. 자기 연민이 우리의 관심을 지배할 때가 너무나 많다. 우리가 정말로 희생자일 수도 있으며, 그런 현실을 직시하는 것—어떻게 부당한 대우를 받았으며 그것이 정서, 신체, 사회, 영적 행복에 어떤 영향을 미칠 수 있는지 아는 것—은 중요하다. 그러나 우리가 입은 피해가 우리를 규정하게 해서는 안 된다. 이런 피해에 의해 우리가 제약을 받는 정도를 과장해서는 안 된다. 오히려 그것이 우리에게 초래한 한계를 받아들이면서 은총의 가능성에 예민해져야 한다.

셋째, 제약과 관련하여 하나님이 어떤 사람에게는 이렇게 반응하게 하시고, 다른 사람에게는 또 다르게 반응하게 하신다는 점을 이해해야 한다. 정해진 틀은 없다. 어떤 사람은 늙어가는 부모를 돌보는 데 더 많은 시간을 할애하기 위해 회사를 그만둘지 모른다. 다른 사람은 직업의 변화 없이 부모를 적절히 돌보기 위해 다른 결정을 할 수도 있다. 쿠바의 일부 교회 지도자들은 정부 체제라는 제약 속에서 은혜롭게 조용히 살아간다. 어떤 이들은 그 체제에 맞서 싸우며 묵종은 하나님에 대한 믿음과 충성에 타협하는 것과 마찬가지라고 생각한다.

영적 성숙에는 언제 제약을 받아들일지, 언제 그에 맞설지, 언제 닫힌 문 대신 기회를 바라볼지 아는 것이 포함된다. 언제 우리는 사랑하는 이의 건강 문제를 제약으로 받아들이도록 부르심 받는가? 그리고 언제 우리는 소명 의식 때문에 그들을 돌볼 대안을 마련해야 한다고 주장해야 하는가? 교회는 우리 모두가 정말로 기회를 얻을 때와 제약을 은혜롭게 받아들이도록 부르심 받은 때를 효과적으로 분별할 수 있도록 도와야 한다. 이 과정에서 하나님은 우리에게 동일한 방식으로 비슷한 상황에 대해 반응하라고 말씀하지 않으심을 인정해야 한다.

그렇다고 해서 부당하더라도 제약에 복종해야 한다는 말이 아님을 강조할 필요가 있다. 한계에 대한 허위의식을 용납해서는 안 된다. 지혜로운 사람은 이런 한계에 정면으로 맞서는 법—우리 문화나 종교 유산이 올바르다고 규정하는 것, 우리의 가족 제도가 우리를 과소평가하는 방식 및 노년에 대한 인식 때문에 스스로 '늙었다고' 생각하여 너무 빨리 일선에서 물러나고 마는 태도를 극복하는 법—을 배운다.

물론, 핵심은 자기 연민에 빠지는 경향에서 자유로워지고 한계에 맞서면서도 이 한계 속에서 은총의 가능성을 찾아야 할 때가 언제인지 배워야 한다는 것이다. 언젠가 우리 모두에게 그런 날이, 늙어서 우리 몸으로 할 수 있는 일이 거의 없을 때가 찾아올 것이다. 그리고 그렇게 나이 든 사람도 중대한 제약 속에서 하나님의 은총의 가능성을 증언할 잠재력을 여전히 지니고 있다. 그들은 우리 모두에게 하나님의 선하심과 은총에 이렇게 민감할 수 있음을 가르쳐주는 선생이 된다.

시간 안에서 살아감(선물로서의 시간). 시간의 한계는 확실히 제약이다. 하루에는 제한된 시간이 있고, 한 주에는 제한된 날이 있다. 우리가 처한 제약 안에서 하나님의 은총의 가능성을 참으로 이해하고 있음을 보여주는 표지는, 우리가 시간 안에서 살아가는 법을 알고 있다는 것이다. 앞서 말했듯이, 우리의 소명은 언제나 특정한 시간과 공간 안에 주어진다. 하지만 시간은 저주가 아니라 선물이며, 믿음과 감사 안에서 산다는 것은 우리 삶의 제한된 시간과 날들을 은혜롭게 받아들이는 것이다. 이를 인식하는 것은 무척 중요하다. 우리는 마치 하나님이 충분히 주지 않으셨다는 듯이 시간에 관해 불평해서는 안 된다는 것을 깨달아야 한다(그것이 선물이라면 우리는 불평할 이유가 없다). 그리고 서두르거나 분주하거나 열광적이거나 초조하게 일하는 것은 소명적 거룩함이 부족함을 보여주는 것임을 깨달아야 한다.

우리가 구하는 은총은 주어진 시간 안에서 사는 것, 한 주 동안 일하는 6일, 하루 24시간이라는 한계를 받아들이는 것이다. 과로하는 사람들을 보며 감동할 필요가 없다. 하루에 네 시간밖에 자지 않기 때문에 성공하고 우월한 인간이 된 것처럼 생각하는 이들을 보며 우리는 더 이상 감동하지 않는다. 우리는 날마다 놀라운 일이 일어날 수 있음—비행기가 연착하기도 하고, 우리보다 먼저 진료받은 환자에게 심각한 문제가 있어서 치과 진료가 지연되기도 하고, 네 살짜리 아이에게 일이 생겨서 부모인 우리가 즉시 가봐야 할 때도 있다—을 받아들이고 기다리는 법을 배운다. 우리는 예상할 수 없는 일에 대응하기 위해 날마다 주마다 넉넉한 여백을 유지하는 법을 배운다.

시간의 한계 속에서 산다는 것은 너무 많은 일에 매달리지 않는 법을 배우는 것이다. 우리가 무언가를 하겠다고 말한다면, 그것을 할 시간이 있다는 뜻이다. 우리는 약속을 지킨다. 물론 이따금 우리를 예정된 진로에서 이탈하게 만드는 예상치 못한 일이 벌어지기도 한다. 하지만 대개의 경우 친구와 동료들은 우리가 정돈된 방식으로 삶과 일에 접근하며 계획이나 책임을 맡기로 동의했다면 필요 이상으로 일하지 않을 것임을 안다.

그리고 우리는 정해진 시간에 맞춰 일을 마친다. 시간 안에서 은혜롭게 산다면 우리는 마감 시한에 쫓기거나 예상할 수 없는 삶의 변수 때문에 좌절하지도 않을 것이다. 또한 우리는 부르심 받은 일을 해내고 하루에 주어진 시간이 제한되어 있음을 받아들이기 때문에 처리해야 할 일을 신경 써서 할 수 있을 것이다. 예측하지 못한 일이 벌어지면 허둥지둥할 수밖에 없는 날도 분명히 있다. 물론 그렇다. 하지만 시간 안에서 은혜롭게 산다면, 정해진 속도로 하루를 살아가고 일을 해나가는 것이 우리 삶의 표준이 될 것이다. 또한 주어진 시간 안에서 일한다는 것은 할 일을 뒤로 미루지 않는다는 뜻이다. 오늘 해야 할 일은 오늘 한다.

시간 안에서 산다는 것은 과거 속에서 파묻혀 살거나 미래에 대해 지나치게 걱정하지 않는다는 뜻이다. 우리는 오늘을 향한 하나님의 부르심과 은총에 주의를 기울인다. 또한 우리는 한 가지 중요한 원리를 인식한다. 즉, 하나님은 한 번에 한 걸음씩 우리를 이끄신다. 우리는 미래에 관해 가정하지 않는다. 하나님이 어떻게 우리를 이끄실지 장기적인 의미를 알고 있다고 감히 생각하지 않으며, 우리 삶의 이 날과 이 단계를 위한 하나님의 부르심에 응답하며 살아간다.

우리는 하나님이 앞으로 10년, 20년에 대한 청사진을 주시기를 바랄지도 모른다. 하지만 우리는 알 수 없다. 우리 삶의 여정에서 다음 굽이에 무엇이 있는지조차 알 수 없다. 오늘 의학을 공부하면서 앞으로 분명 의료 분야에서 일할 것이라고 생각할지 모른다. 하지만 실제로 지금 하는 일이 우리 삶 속에서 어떤 결과를 낳을지 누가 알겠는가? 우리는 시간의 한계와 우리 삶의 다른 제약 안에서, 세상 속에서 일하시는 하나님의 방식에 주의를 기울이고 하나님이 지으신 존재로서 신실하게 오늘을 위한 하나님의 부르심을 분별하고 받아들인다.

또한 시간 안에서 산다는 것은 날마다 우리에게 정말로 중요한 일에 주의를 기울이는 법을 배우는 것을 뜻한다. 미술가라면 날마다 정해진 최소한의 시간을 작업실에서 보내야 함을 안다. 작가라면 글을 쓰기 위해 필요한 조용한 시간과 공간을 지켜내는 법을 배워야 한다. 19세기 영국의 소설가 앤서니 트롤럽(Anthony Trollope)은 엄격하게 일과표를 지킨 것으로 유명하다. 그는 우체국 직원으로 출근하기 전 아침 식사 이전 시간에만 글을 써서 평생 40편이 넘는 소설을 썼다.

경영인이라면 시간이 가장 중요한 자원임을 알 것이고 따라서 그 시간을 어떻게 투자할지 주의를 기울여 결정할 것이다. 우리 모두 중요한 것에 집중할 수 있도록 휴대전화를 끄는 법을 배워야 한다. 전화는 너무 쉽게 우리의 시간을 간섭할 수 있으며, 전화를 건 상대방은 자신도 모르게 우리가 집중해야 하는 대상에게서 시간을 빼앗게 된다. 또한 컴퓨터 게임이든, 친구에게 온 전화든, 즉각적인 만족을 주는 것을 멀리하는 법을 배워야 한다. 평계 대기가 쉽지만, 스스로에게 정직하다면 이런 것들 때문에 가장 중요한 것에 집중하지 못한다는 것을 안다. 이는 해야 할 일을 뒤로 미루는 습성에 경계해야 한다는 말이다. 해야 할 일을 미룬다는 것은 곧 적절히 시간 안에서 잘 살지 못했다는 말이고, 나중에 어쩔 수 없이 하기보다는 오늘 충분한 시간에 부르심 받은 일을 하지 못했다는 말이다.

소명에 제약이나 조건을 더하는 다섯 가지 변수

우리는 세 가지 현실, 즉 창조자이며 구속자이신 하나님의 일, 개인으로서 우리 자신의 정체성, 우리 삶의 구체적인 상황에 인식이 교차하는 지점에서 우리의 소명을 분별한다. 이 세 준거점과 더불어 소명을 분별하는 데 영향을 미치는 다섯 가지 변수가 있다.

그리스도의 십자가 끌어안기. 첫째, 십자가에 의해 삶이 특징지어지는 사람으로서 우리는 소명을 분별하고 살아간다. 십자가는 이 세 가지 핵심 준거점 모두를 특징짓는다. 그것은 하나님의 사역과 사명의 핵심이다. 우리가 십자가를 지고 그리스도를 따를 때 그것은 우리 삶을 특징짓는다. 또한 십자가는 우리의 세상을 특징짓는다. 우리는 그리스도의 고통과 우리의 고통, 세상의 고통에 대해 말하며, 이 변수를 고려하지 않으면 우리의 소명을 정확히 분별할 수 없다.

우리는 부정의 길(*via negativa*)이 십자가의 길이라고 말한다. 이는 그리스도, 즉 철저히 자기를 비우는 섬김의 삶으로 우리를 부르신 바로 그분과 동일시하는 것이다. 우리는 그리스도와 다른 이들을 위해 목숨을 버리라는 부르심에 대해 말하는 동시에 인간의 온전성과 가치, 자기 결정에 대해서 말할 수 있는 방법을 찾아야 한다. 우리는 자신에게 충실함에 대해 말하는 동시에 다른 이들을 존중하고 다른 이들에게 양보하고 다른 이들을 위해 희생적이지는 않더라도 관대하게 자신을 내어주라는 부르심을 인정해야 한다. 이는 그리스도인에게 역동적인 긴장이다. 우리는 자신과 자신의 정체성에 충실하면서 동시에 그리스도의 십자가를 살아가라고 부르심 받았다.

우리는 우리의 일이 타락과 죄의 존재로 손상되었으며 따라서 그 자국이 남아 있음을 인정한다. 일은 고된 노동이 된다. 늘상 행복하고 쉽고 성공적이지는 않을 것이다. 그리고 우리가 세상의 파편화와 동일시하고자 한다면 이 파편화를—소극적 단념이 아니라 동일시하는 행위로서—받아들여야만 한다. 일이란 화해를 이루는 사람으로서 그리스도의 통치에 참여하는 행위이다(고후 5장). 사도 바울은 자신과 십자가의 동일시에 대해 말하기 위해 놀라운 표현을 사용한다. 그는 생명이 자신의 말을 듣는 사람들의 삶 속에서 작동하듯이 죽음이 자기 안에서 작동한다고 말한다. 그의 일, 그의 소명은 그리스도의 십자가에 급진적으로 참여하는 행위이다. 그리고 우리의 본보기는 그리스도이시다. 그분은 다른 사람들을 위해 자신을 내어주셨다. 빌립보서 2장의 찬가는 그리스도의 소명에 대한 찬가이며, 이는 모든 사람의 소명에 다른 사람들을 위해 자신을 비우고 자신을 내어주는 행동이 포함됨을 암시한다.

또한 십자가의 관점은 삶이 엉망진창이며 좌절과 실망으로 가득함을 깨닫는 수단이기도 하다. 실패는 우리의 소명을 이루어 가는 데 필수 요소일 수 있다. 베스트셀러《성공하는 사람들의 7가지 습관》이 문제가 있는 까닭은 바로 이 때문이다.[5]

표면적으로 보면 이 책에 지혜가 있는 듯하다. 예를 들어, "중요한 것을 먼저 하라"라는 주장에는 동의한다. 하지만 이 책에서 일을 바라보는 전반적인 시각이 지닌 문제점은 '7가지 습관' 안에 고통을 위한 자리가 전혀 없다는 것이다. 실패를 위한 자리가 없다. 성공은 좋은 습관, 훈련, 근면, 부단한 노력, 철저한 시간 관리, 철저한 결단의 결과물이라고 믿게 된다. 십자가는 없다.

아마도 욥의 친구들이 이런 책을 썼을 것이다. 현대 서양 사회라는 맥락 속에서 이 책은 우리가 바르게 행동할 수만 있다면—습관을 바꿀 수만 있다면—(잠재적으로) 질서가 잡힌 세상에서 살 수 있다고 암시한다. 이는 우주를 바라보는 도구적, 실용적 관점이다. 바른 기술이나 습관은 예측 가능한 결과를 만들어낼 것이라고 가정한다. 삶과 노동을 이런 식으로 바라볼 때, 말하자면 우리는 우리 삶의 질, 우리 노동의 질에 의해 정당화된다.

하지만 소명에 대한 성경적 이해에서는 고통과 실패, 삶과 노동의 뿌리 깊은 모호성의 중요성을 인정한다. 또한 많은 사람들에게 찬사를 받는 업적을 강조하는《성공하는 사람들의 7가지 습관》과 달리 역사 속 기독교의 증언에서는 이름 없이 묵묵히 이

---

5   Steven R. Covey, *The Seven Habits of Highly Effective People: Restoring the Character Ethic* (New York: Simon and Schuster, 1989).《성공하는 사람들의 7가지 습관》(김영사).

루어진 일을 높이 평가한다.

십자가에 대해 말한다는 것은, 우리의 직업을 세례 받은 사람으로서의 정체성, 즉 그리스도 안에서 그분의 통치와 세상을 향한 그분의 목적을 증언하는 삶으로 부르심 받은 사람으로서의 정체성을 성취하는 수단으로 인정한다는 것이다. 이 점을 가장 분명히 드러내는 곳은, 세례를 통해 우리가 그리스도의 죽음과 부활 안에서 그분과 하나가 된다는 구절이다(롬 6장). 또한 이 점은 적어도 부분적으로는 우리가 일을 하면서 그리스도의 십자가를 지는 방식을 통해 표현된다.

일과 하나님의 바람. 우리가 기술을 터득하고 부르심 받은 일을 능숙하게 하는 것에 대해 강조했지만, 결국 우리를 지탱하고 움직이는 것은 우리의 능력이 아니다. 우리에게 활력을 불어넣는 것은 우리의 열정이나 추진력이 아니다. 성경에서는 분명히 말한다. 우리의 소명은 하나님이 주신 것이며, 마찬가지로 이 소명을 완수할 수 있도록 활력을 주시는 분도 하나님이시다.

물론 자기 숙달과 자기 규율의 중요성을 말할 수 있지만, 이에 대한 논의는 우리가 공동체 안에서 서로 의지하도록 부르심 받았으며(이에 관해서는 다음 부분에서 다룰 것이다) 생명과 소명의 근원이신 하나님께, 특히 하나님의 영께 철저히 의존해야 한다는 전제에서 시작되어야 한다.

우리는 성령에 의해 섬김을 위해 기름 부음을 받고 구별되었다(딤후 1:6-7). 우리는 자신의 힘으로 움직이지 않고 하나님의 '바람'에 의해 움직인다. 우리는 모터를 통제할 수 있는 강력한 모터

보트를 운전하는 게 아니라, 바람에 좌우되고 (하나님의) 바람을 읽어내고 반응하는 법을 배울 때에만 앞으로 나아갈 수 있는 돛단배를 타고 있다. 성령이 이끄시며 능력 주시는 삶의 정수는 우리 삶이 하나님의 은총으로 넘치며 그분의 은총에 의존한다는 실존적 깨달음이다.

우리는 일로써 자신을 정당화하려는 덫에 걸리는 경우가 너무나도 많다. 일의 질이나 양으로 자신을 정당화하고 자신에게, 다른 사람(아마도 부모)에게, 궁극적으로는 하나님께 자신을 증명해보이려는 유혹이 언제나 존재한다. 하지만 우리는 그리스도 안에서, 구체적으로는 그리스도의 십자가 안에서 의롭다 하심을 입었으며, 우리가 하는 일은 정당화의 행위가 아니라 다른 이, 즉 성령의 능력 안에서 안식하는 행위이다. 또한 이 점을 강조할 필요가 있다. 성령께, 하나님의 바람에 기대기 위해서 우리는 이 은총을 받아들이는 법을 배워야 하고, 이는 곧 은총의 수단에 참여하는 법을 배우는 것을 의미한다(이에 관해서는 부록 A에서 더 자세히 다룰 것이다).

공동체 안에서 살기. 소명을 분별하고 부르심을 살아내는 방식에 영향을 미치는 세 번째 변수는 이것이다. 소명적 거룩함은 우리가 공동체 안에서, 우리의 삶이 다른 이들의 삶이나 일과 만나는 의도적인 교차 지점 안에서 살아가는 사실을 반영한다. 우리는 혼자 이 길을 헤쳐나가지 않는다.

공동체는 여러 면에서 소명적 거룩함의 준거점에 변수가 된다. 첫째, 하나님이 공동체 안에서 살도록 우리를 창조하셨으며, 그리스도의 통치에 대한 증인으로서 교회가 하는 핵심 역할을 인식하지 못한다면 하나님의 선교를 이해할 수 없음을 우리는 기억한다.

둘째, 우리는 공동체 안에서 사는 사람으로서가 아니면 우리 자신을 알 수 없다. 물론 그리스도를 만나고 그분을 알 때 진리 안에서 우리 자신을 보지만(이 점은 앞으로 다시 설명할 것이다), 공동체적 삶의 상호작용을 통해서만 우리 자신을 알 수 있다. "오직 하나님께서 각 사람에게 주신 믿음의 분량대로 지혜롭게 생각하라"라는 로마서 12장 3절의 말씀은 이어지는 로마서 12장 4절 말씀—우리가 한 몸의 지체들이며, 모든 지체가 같은 기능을 하는 것은 아니라는—에 비춰서 읽어야만 바르게 이해할 수 있다. 공동체가 집단적 의지를 결정하거나 우리에게 강요한다는 뜻이 아니다. 우리가 스스로를 서로 의존하는 공동체 안에서 사는 사람으로 바라볼 때 자신을 알게 된다는 뜻이다. 우리의 소명은 공동체 안에서 결정된다. 우리는 다른 이들의 장점이나 소명과 상호작용하는 과정에서 나 자신을 알게 된다.

셋째, 소명은 언제나 다른 사람들에게 초점을 맞춘다. 우리의 소명은 하나님께로부터 오지만 언제나 다른 사람들, 우리가 사랑하고 함께 일하는 다른 사람들을 위한 것이다. 우리는 그리스도를 위해 일하기 때문에 궁극적으로는 다른 사람들에게 빚을 지고 있는 것은 아니다. 그럼에도 모든 소명—말 그대로 모든—은 다른 누군가를 섬기는 행위이다.

넷째, 우리는 다른 사람들과 함께 우리의 일을 한다. 그 누구도 혼자서 소명을 성취하지 않는다. 여기에는 결코 예외가 없다. 모두가 다른 사람들에게 깊이 의존함으로써 소명을 이룬다. 따라서 소명을 이루고자 할 때 핵심 요소 중 하나는 다른 이들과 함께 일하는 능력을 기르는 것이다.

마지막으로 우리에게는 서로가 필요하다. 우리는 다른 이들의 격려와 지지, 가르침, 멘토링, 축복 없이는 소명을 완수할 수 없다. 우리는 혼자서 소명을 분별할 수 없다. 너무 쉽게 자기기만에 빠지고 만다. 우리를 믿고, 우리 말에 귀 기울이는 법을 알고, 아첨하지 않으면서 우리를 사랑하고, 우리가 소명에 관해 고민할 때 꼭 필요한 충고와 격려를 해주는 사람들이 우리 삶에 반드시 필요하다. 하지만 더 나아가 우리는 분별의 과정뿐 아니라 우리가 그 소명을 성취하고자 할 때에도 우리를 지원해줄 사람들이 필요하다. 우리에게는 다른 이들을 통해서 우리에게 찾아오는 은총이 필요하다. 우리의 소명을 분별하고 성취하기 위해 다른 이들과의 사귐이 필요하다.

하지만 앞서 암시했듯이, 우리의 소명을 분별하고 수용하는 데에 공동체가 필수적이며 대단히 소중하지만, 그것은 중대한 위협이 될 수도 있다. 우리는 소명과 하나님께 충실하게 사는 대신 다른 이들의 기대를 충족하는 데 몰두하는 경우가 너무 많다. 따라서 공동체가 분별의 과정에서 변수이기는 하지만 소명에서 결정적인 요소는 아니다. 다음에 살펴보겠지만, 이에 관해 예수님의 목소리에 귀를 기울여야 한다.

하지만 여기서 중요한 점은 그리스도인의 소명은 언제나 공동체적인 성격을 띤다는 것이다. 우리는 모두 우리와 나란히 걷고 있는 이들의 도움을 받아 소명으로 나아간다. 따라서 소명을 분별할 때 자신에게 초점을 맞추는 것은 자아도취나 자기중심적 태도의 증거가 아니다. 우리는 자신을 '냉정히' 바라볼 필요가 있다. 오히려 위험한 것은 고립─신앙 공동체로부터의 고립, 우리의 정체성과 선한 일을 할 수 있는 능력의 필수 요소인 삶의 공동체 차원으로부터의 고립─이다. 이 장에서 인간의 특수성을 강조했다고 해서 인간을 다른 이들과 고립한 채 이해할 수 있는 존재로 여겨서는 안 된다.

하나님의 정의. 구약의 예언서를 읽어보면 네 번째 변수가 존재한다는 사실이 매우 분명해진다. 하나님의 선교, 즉 세상을 향한 하나님의 목적은 하나님의 정의와 직결된다. 이사야, 아모스, 미가에게 공의와 정의는 사실상 동의어이며, 정의는 반드시 경제적 정의를 포함한다.

이는 정의─모든 사람을 위한─에 대한 철저한 헌신이 모든 선한 일을 특징짓는다는 것을 암시한다. 우리 모두는 가난한 사람, 소외된 사람(자신을 대변해줄 사람도 없고 권력에 접근할 수도 없는 사람), 약한 사람들에게 관심을 기울이며 일하도록 부르심 받았다. 우리는 자기가 하는 일을 통해, 다른 이들을 희생시키는 대가로 부자가 되려고 하지 않는다(사 58장을 보라). 우리는 다른 사람들, 특히 가난한 사람들의 대의와 필요를 옹호하는 것이 모든 소명─기업 경영이든, 예술이든, 교육이든, 설교든─의 본질적 요소임을 인식한다. 여기에는 예언자들이 받은 계시에 분명히 드러나듯이 정의에 대한 하나님의 헌신이라는 렌즈를 통해 우리의 세상과 우리의 일을 바라보는 것이 포함된다.

성인의 삶의 단계와 시기. 우리가 주목해야 할 다섯 번째 변수는 성인 발달 이론의 지혜에 귀를 기울일 때 드러난다. 여기서 나는 제임스 파울러와 에릭 에릭슨(Erick Erickson) 같은 핵심적인 이론가들을 염두에 두고 있다.[6] 성인의 삶의 특징에 대한 그들의 연구는 우리가 삶의 단계와 일치하는 방식으로 일을 한다는 사실을 상기시켜준다. 우리는 청년기와 중년기에 그리고 노년으로 접어들 때 소명을 각각 다르게 분별한다. 또한 소명적 성실이나 거룩함을 추구하고자 할 때 우리는 성인의 삶의 주기에 주의를 기울여야 한다. 이런 지혜를 간략히 요약하면서 다음과 같이 몇 가지를 지적하고자 한다.

청년들에게 가장 중요한 물음은 분화(differentiation)의 문제와 관계있을 것이다. 그들이 하나님의 부르심에 응답해 그분 앞에서 자신의 정체성을 찾을 수 있을까? 그들은 '부모를 떠날' 수 있는 힘과 축복을 지니고 있으며 성인으로서 자신의 삶에 책임질 수 있을까? 대개의 경우 20대와 30대는 '자신을 찾아가며' —마음속 깊이 원하는 일을 알아가며—자신의 장점과 한계를 알아가는 시간이다. 하지만 여기서 핵심은 부모나 부모 같은 존재로부터 어느 정도 분리되어야 한다는 것이다. 우리는 더 이상 아이가 아니라 성인이며 성인으로서 자신의 삶에 책임을 진다. 그리스도인에게 이것은, 선한 일을 하도록 우리를 부르신 하나님께 으뜸이 되는 충성과 헌신을 바치겠다고 분명히 말한다는 것을 뜻한다.

중년기에 있는 사람들, 물론 문화마다 차이가 있고 다른 요인

---

6   Fowler, *Becoming Adult.*

에 영향을 받기도 하지만, 대부분의 40대와 50대가 속한 이 시기의 사람들에게는 이중적인 당면 과제가 있다. 첫째, 정말로 중요한 것이 무엇인지 깨닫고 이 진심 어린 열정에 따라 사는 법을 배움으로써 마음속 깊이 원하는 일을 받아들일 것인가? 부르심 받은 일을 할 용기가 있는가? 둘째로, 장점을 기꺼이 받아들여 그것을 사용하며 살고 한계를 은혜롭게 인정할 것인가? 이 시기는 삶에서 쉽지 않은 단계일 수도 있지만—우리의 한계를 마주하고 따라서 우리가 죽을 수밖에 없는 인간임을 깨닫게 되는 중년기가 충격적일 수도 있으므로—심층적인 정체성과 조화를 이루는 방식으로 살아간다면 대단히 풍성한 시간일 수 있다.

노년기에는 새로운 한계뿐 아니라 새로운 기회도 찾아온다. 신체적, 정서적 활력의 한계에 직면하지만, 그와 더불어 다음 세대를 위한 지혜와 축복의 원천이 되고 교회와 사회에서 우리를 이어 지도자가 될 사람들을 축복할 수 있는 기회가 찾아온다. 많은 이들이 지적했듯이 노년기—60대와 70대, 아마도 80대 초반까지—로 접어든다는 것은 공식적인 권력과 직무의 구조에서 벗어나 다른 속도로 일하는 법을 배우는 것을 뜻한다. 우리는 더 적게 함으로써 더 많이 하는 법을 배운다. 활력은 줄고 몸의 한계에 직면할 때 우리는 자신에게 정말로 가장 중요한 것을 분별하지 않을 수 없기 때문이다. 하지만 공식적 역할을 내려놓고 나서도 젊은 세대를 축복하고 지혜와 조언의 목소리로 존재하는 법을 배워감으로써 더 큰 영향력을 발휘할 수도 있다.

지금까지 세 가지 전환, 즉 청년기로, 중년기로, 노년기로의 전환에 대해 이야기했다. 하지만 어쩌면 네 번째 전환기가 있을지도 모른다. 우리가 정말로 늙었을 때, 노년기에서 더 노년기로 넘어가는 때이다. 70대 대부분과 이제 막 80대가 된 많은 사람들은 사실 노인이 아니다. 그들은 비교적 건강하며 대단히 활발하다. 하지만 그런 다음 거의 움직이지도 못하는 삶의 단계가 찾아온다. 그때가 되면 몸의 한계와 우리가 죽을 수밖에 없는 인간이라는 사실, 죽음이 가까이 왔다는 사실을 절감한다.

이 시기는 내려놓는 때이다. 하지만 폴 와델(Paul Wadell)이 지적하듯이, 이 시기는 여전히 소명의 시간, 하나님의 부르심에 응답하는 시간이며 반드시 그래야만 한다.[7] 우리의 문화, 종교적 심성에는 더 나이가 들수록 소명을 지향하는 자세가 더 약해진다는 가정이 깊이 자리 잡고 있다. 감사하게도 우리는 삶의 어느 단계 못지않게 노년기에도 소명이 중요하다는 의식을 회복해가고 있다. 그리스도인의 목표는 골프 치는 것 말고는 할 일이 없는 은퇴 생활이 아니다. 그리고 와델의 통찰은 여기서 한 걸음 더 나아간다.

---

7   폴 와델은 "The Call Goes On," *Christian Century* 128, no. 8 (2011)에서 이렇게 주장한다. "소명이라는 말은, 우리가 삶의 단 한순간도 다른 이들을 위한 책임에서 면제되지 않는다고 분명히 말한다. 자녀들은 다 자랐으며 우리는 오래전에 은퇴했을지 모르지만, 사려 깊고 신실한 제자도의 삶을 통해 하나님의 창조와 구속 행위에 동참하도록 부르심 받는 것은 결코 중단되지 않는다. 더 늙어감에 따라 관심사를 좁히고, 사랑하기로 작정한 이웃만 골라서 사랑하고, 어쩌면 불안함과 두려움 때문에 마땅히 그래야 하는 것 이상으로 우리의 필요에 더 주의를 기울이려는 유혹을 받는 경우가 많다. 하지만 소명의 관점에서 노년기를 바라볼 때, 우리는 노인들이 신체적, 정신적 능력이 약해지고 기력이 쇠해감에도 불구하고 여전히 그들 삶의 증언을 통해 그리스도를 본받도록 부르심 받고 있다는 사실을 다시 한 번 깨닫는다. 부르심은 종교학 교수 더글러스 슈어먼의 탁월한 표현처럼 우리가 여전히 선을 행하도록 '섭리적으로 배치되었다'는 사실을 민감하게 지각하게 함으로, 그저 상실과 슬픔, 때로는 늙어감이라는 고통스러운 수치로 희생당하는 사람이 되지 않도록 구원해준다."

소명에 대한 기독교적 관점에서는 우리가 언제나 하나님의 부르심 아래에 있다고 그는 지적한다. 노년기에 겪게 되는 불가피한 한계 때문에 우리가 할 수 있는 일의 종류와 세상에 참여하는 방식이 달라지게 마련이다. 하지만 심한 제약―약해지는 힘, 제한된 이동성, 청력이나 시력 상실 등을 비롯해―에도 불구하고 소명 의식이 약해질 필요는 없다. 소명 의식이 다르게 표현될 뿐이다. 물론 이런 표현에 제약이 있기는 하지만, 하나님이 보시기에는 똑같이 중요하다.

젊어서 우리의 한계를 받아들이는 법을 배움으로써 더 나이가 듦에 따라 불가피하게 겪게 될 한계를 미리 내다보고, 그런 한계를 받아들일 준비를 할 수 있다. 그 과정에서 우리는 삶의 실질적인 한계 속에서 하나님의 부르심을 받아들이는 법을 배운다. 은혜롭게 말이다.

여기서 한 가지 더 짚어둘 점이 있다. 소명적 진실성과 성숙의 핵심 척도 중 하나는 떠날 때가 되었을 때 잘 **떠날** 수 있는 능력이다. 청년이 되어 집을 떠나든, 맡은 일이 끝났을 때든, 새로운 일을 찾아 떠날 때든, 원하거나 원하지 않거나 은퇴할 때가 왔을 때든, 삶은 출발과 떠남으로 가득하다. 어떤 경우든 우리는 잘 떠나는 법, 원한을 품거나 우리가 남긴 유산을 통제하려는 욕심 없이 떠나는 법을 배운다. 우리는 떠나면서 놓아준다. 우리의 뒤를 잇는 이들을 축복한다. 이것은 쉽지 않다. 나는 공백을 메우기 어렵다고 생각해서 어떻게, 언제 조직을 떠나야 할지 고민한 적이 종종 있다. 하지만 돌이켜보면 물에서 손가락을 꺼내는 것 같은 느낌이다. 공백은 빨리 메워진다. 마땅히 그래야 한다. 우리는 없어서는 안

되는 사람들이 아니고, 우리가 없어도 조직은 유지되고 새로운 미래를 만들어가야 한다. 이런 변화를 받아들이고 은혜롭게 떠날 수 있는 능력을 통해 우리의 거룩함이 적어도 부분적으로는 드러난다.

우리가 맡은 역할이 곧 우리의 존재 자체인 것은 아니라는 사실을 인정하지 않는다면 우리는 결코 은혜롭게 떠날 수 없을 것이다. 우리는 소명을 표현하는 방식으로서 어떤 역할을 맡는다. 하지만 그 역할은 우리 것이 아니며, 우리는 그 역할에 의해 규정되지 않는다. 우리는 그 역할을 맡았다가 때가 되면 놓아준다. 우리 자신을 그 역할과 구별하기 위해 의도적으로 노력한다. 그 중요성을 축소하기 위해서가 아니라 그 역할을 실제로 맡고 있는 한 그것을 진지하게 받아들이기 위해서이다. 가장 우선적으로 우리는 어머니가 아니며, 따라서 어머니로서만 우리 자녀들을 대하지 않는다. 가장 우선적으로 우리는 목회자가 아니며, 따라서 모든 상황에서 종교 지도자로 받아들여질 것이라고 기대하지 않는다. 가장 우선적으로 우리는 한 회사의 사장이 아니다. 때가 되면 그 직위와 연관된 모든 것과 더불어 그런 역할을 놓아줄 것이며, 그 직위의 권력과 특권은 사라지겠지만 우리 자신은 축소되지 않은 곳에서 새로운 삶을 시작할 것이기 때문이다.

어떻게 소명을 발견할 수 있을까

이 모든 것은 불가능해 보인다. 어떻게 우리는 세상 속에서 하나님의 일을 알 수 있는가? 어떻게 그것을 이해하고 그 전체를 받아들일 수 있는가? 그런 다음 우리는 어떻게 우리 자신을 참으로 알고 이해할 수 있는가? 우리는 자신을 기만하거나 자신에 대해 환상을 갖는 경향이 있다. 자신을 너무 높이 평가하거나 지나치게 깎아내리는 경향이 있다. 어떻게 우리는 자기 자신을 참으로 이해하고, 은혜롭게 나 자신이 누구인지 받아들이고 자신이 아닌 다른 누군가가 되기를 바라지 않을 수 있을까? 그리스도의 십자가가 우리 삶과 교차할 때 어떻게 그것을 알아볼 수 있을까? 그리스도께서 우리에게 그분의 십자가를 지도록 초대하실 때 어떻게 우리는 은혜롭게 그 십자가 지는 법을 배울 수 있을까?

어떻게 우리는 우리가 처한 환경을 받아들이고 부르심 받은 그 상황 속에서 은총의 가능성을 바라볼 수 있을까? 어떻게 우리는 제약이 참으로 제약인 때와 단지 우리가 제약이라고 생각하는 때를 분별할 수 있을까? 어떻게 우리는 성령께 철저히 의존하고 신자의 공동체 안에서 서로 의존하며 사는 법을 배울 수 있을까? 하지만 또한 공동체 안에 있을 때 어떻게 우리는 공동체로 인해서 하나님의 부르심에 초점을 맞추지 못할 수도 있다는 점에 주의하는 법을 배울 수 있을까? 전환할 때가 되었을 때 어떻게 우리는 은혜롭게 이를 분별하고 떠날 수 있을까?

우리의 영적 유산과 전통에서는, 우리의 직업, 즉 소명을 우리가 그리스도 안에서 형성되고 변화되는 유일한 공간으로 분명히 이해해야만 영적으로 성장할 수 있다고 가르친다. 하지만 더 나아가서, 우리 마음의 감정적인 혼란과 주변의 다양한 요구, 자신의 갈망과 동경 가운데서 예수님의 목소리 ─우리 삶의, 소명의 결정적인 요소─에 귀 기울이는 법을 배울 때 분별하는 능력을 얻게

될 것이다.[8]

소명과 변화, 세상 속에서 누리는 기쁨. 첫째, 우리가 하는 일이 곧 삶에서 하나님이 우리의 변화를 이끌어내시는 영역이라고 성경이 단언하고 있음을 강조하는 것이 중요하다. 섬김은 단순히 우리의 의무가 아니다. 그것은 우리가 그리스도와 그분의 십자가와 우리 자신을 동일시하는 필수적인 방식이다. 따라서 우리는 일—세상에 대한 참여—을 은총의 수단이라고 말할 수도 있다. 믿음, 소망, 사랑 안에서 자랄 때 결과적으로 우리는 일에 충실해질 수 있다. 그러나 일 자체가 믿음, 소망, 사랑 안에서 자라는 수단이기도 하다.

그렇다면 이런 물음에 주목해야 한다. 우리가 사는 세상에서 하나님은 어디 계시는가? 어떻게 성령께서는 우리 삶의 상황과 우리가 부르심 받은 일 속에 임재하고 활동하시는가? 어떤 차원에서 우리의 소명은 하나님이 우리에게 더 큰 믿음을 갖게 하시고 사랑 안에서 자라게 하시고 더 깊은 소망을 품게 하시는 수단이 되는가? 하나님은 기도실에만 임하지 않으신다. 우리는 세상을 구속적

8　이에 관해서 나는 이런 다양한 물음에 가장 효과적으로 대답해온 신학적, 영적 전통을 활용하는 것이 대단히 유익하다고 생각한다. 물론 우리는 수많은 곳에서 지혜를 발견할 것이며, 성경을 통한 성령의 증언에 주의를 기울여야 한다. 하지만 이런 문제에 특별히 주의를 기울인 기독교 사상과 실천의 한 흐름을 꼽자면 예수회를 세운 이그나티우스 로욜라를 들 수 있다. 아래의 논의는 이그나티우스의 영적 유산으로부터 얻은 지혜에서 기원했다. 또한 이 전통으로 형성된 사람들 사이의 대화에서 시작된, 소명과 일, 직업에 대한 관점을 반영한다. 하지만 나는 존 웨슬리의 관점과 대화하는 가운데 이 논의를 제시하고자 한다.

가치가 전혀 없는, 하나님 없는 공간으로 바라보지 않는다. 그 반대로 하나님은 우리보다 먼저 가시며 성령께서는 우리의 세상 속에 임재하고 활동하신다. 그렇다면 지혜로운 그리스도인들은 우리의 마음속과 교회의 삶과 예배 속에 계실 뿐 아니라 세상 속에— 구체적으로는 우리가 신실하게 소명을 실천하도록 부르심 받은 세상 속에—계신 성령께 주의를 기울이는 법을 배운다.

여기서 두 가지가 두드러진다. 첫째, 우리가 하는 일은 그리스도께서 하신 일과 동일시된다. 세례 받은 사람으로서의 정체성의 완성 혹은 표현이다. 그리스도인의 입문 의례를 논할 때 이 점을 더 강조할 것이다. 즉, 세례는 하나님의 용서하심을 우리 것으로 삼는 은총이다. 하지만 더 나아가 우리 삶, 즉 우리의 소명 의식을 그리스도와 일치시키겠다고 다짐함으로써 세상 속에서 하나님의 선교와 목적과 철저히 (뿌리까지) 동일시하는 은총이기도 하다.

둘째, 이것은 깨어짐 속에서, 심지어는 깊은 고통 속에서도 세상에서 즐겁게 살아가야 함을 뜻한다. 우리는 고린도 신자들에게 "내가 우리의 모든 환난 가운데서도 위로가 가득하고 기쁨이 넘치는도다"(고후 7:4)라고 말할 수 있었던 사도 바울의 삶을 특징 짓는, 은총을 살아내는 법을 배운다. 혹은 또 다른 번역본에서 말하듯, "우리가 당하는 모든 고통 속에서도 우리의 기쁨은 한이 없다"(TNIV).

이 점에 대해 생각해보라. 세상 속에서 그리스도의 통치와 선과 정의의 궁극적 승리에 초점을 맞추고 살아갈 때, 우리는 세상을 다르게 보고 느낀다. 우리는 여전히 깨어짐을 보고, 혼란스러운 우주의 고통을 느낀다. 하지만 우리 삶과 마음의 감정 상태는 궁극적으로 이런 환경에 의해서가 아니라, 이런 깨어짐이 한동안만 지속될 뿐이라는 확신에 의해 규정된다. 이 또한 지나가리라. 이런 확신을 지닐 때 아무리 많은 것이 잘못되었을 때조차도, 그런 잘못이 우리 삶을 교차할 때조차도, 우리는 기쁘게 살고 일할 수 있다. 하나님의 은총이 작동하는 영역으로서, 우리가 하는 일이 우리를 변화시킬 수 있으려면, 노리치의 줄리안(Julian of Norwich)의 말처럼 "모든 것이 잘될 것이고, 모든 것이 잘될 것이고, 다 잘될 것이다"라는 깊은 확신이 반드시 있어야 한다.

소명과 하나님을 바라봄. 이제 문제의 핵심을 다룰 차례이다. 다른 어떤 것보다도 우리와 우리의 일을 더 핵심적으로 규정하는 요소를 다룰 차례이다. 우리의 소명이 기원하는 원천이자 우리의 부르심이 유지되는 은총을 다룰 차례이다. 그리스도를 다룰 차례이다. 예수님은 제자들에게 "그가 내 안에 내가 그 안에 거하면 사람이 열매를 많이 맺나니 나를 떠나서는 너희가 아무것도 할 수 없음이라"라고 강조하신다(요 15:5).

소명은 그리스도와의 연합으로부터 흘러나온다. 그것은 그리스도 안에서 사는 삶, 그리스도 안에 거하는 삶, 그리스도와 동일시하는 삶의 본질적 차원이다. 소명, 일, 직업이라는 복잡한 세상을 헤쳐나가고자 할 때 유일한 소망은 그리스도에게 우선적으로 헌신하고 그분과의 역동적인 사귐을 실천하는 것이다. 그리스도에 대한 관념에 근거해 살겠다는 헌신을 말하는 게 아니다. 기독론에 관한 이야기도 아니고, 그리스도 혹은 진리 또는 옳고 그름에 관한 신념 이야기가 아니다. 우리를 움직이는 것은 진리가 아니며, 심지어는 그리스도에 관한 진리도 아니다. 그것은 바로 그리스도이다.

초대교회의 경험은 이 점을 분명히 예증한다. 마태복음 28장에서 첫 제자들은 모든 민족을 제자 삼으라는 명령을 받는다. 하지만 놓치지 말아야 할 점은 이 명령이 예배에서 흘러나온다는 것이다. 먼저 그들은 산 위에서 그리스도를 만나 그분을 예배한다. 혹은 베드로가 "내 양을 먹이라"라는 말씀을 듣는 요한복음 21장의 예를 생각해보라. 여기서도 베드로의 소명, 그에 대한 부르심은 아침 식사 시간 갈릴리 바닷가에서 그리스도와 가진 친밀하고 역동적인 만남에서 흘러나온다. 그리고 사도 바울이 고린도후서 3장 18절에서 말하는 전망―사역 중에 그를 지탱해준 그리스도의 영광에 대한 전망, 바로 그분에 대한 전망―을 이해하지 않고서는 그의 소명, 즉 그의 일과 사역, 놀라운 열정과 에너지의 핵심을 설명할 수 없다.

따라서 교회의 신학적, 영적 유산은 이 단순한 원리, 즉 선교가 예배로 이어지는 것과 마찬가지로 선교가 예배로부터 흘러나온다는 사실을 강조한다. 개별 그리스도인의 소명과 일에서도 똑같은 원리가 적용된다. 우리의 일이 기도로 이어지는 것처럼, 세상 속에서 우리가 하는 일은 인격적인 기도를 통한 그리스도와의 사귐으로부터 흘러나온다. 우리는 기도와 일이 서로를 규정하고 서로를 지탱하는 가운데 그 둘이 이루어내는 리듬에 기초해서 사는 법을 배운다. 우리는 신실하게 일하는 사람으로서 예배하고 기도하며, 신실하게 예배하고 기도하는 사람으로서 일한다.

우리의 예배와 기도는 도피적이지 않다. 우리는 세상에 적극적으로 참여하는 사람으로서 기도한다. 그런 다음 거꾸로 예배하고 기도하는 사람으로서 세상 속에서 살아간다. 사도 바울과 더불어 우리는 기쁨으로 넉넉하게 교회 안에서, 세상 속에서 그리스도를 섬기기 위해서 기도와 예배를 통해 그리스도를 알고 그분에 대한 사랑 안에서 자라기를 구한다.

하지만 이 점을 강조할 필요가 있다. 세상 안에 있지만 세상에 속하지 않기 위해서는, 또 부활하고 승천하신 그리스도의 관점에서 세상을 바라보기 위해서는 어느 정도 거리가 필요하다. 뒤로 물러나 예배하는 시간이 반드시 필요하다. 그래야만 그리스도를, 우리가 사는 세상을 더 분명히 바라볼 수 있다. 신앙 공동체와 더불어 드리는 예배나 개인 기도를 통해 하나님을 바라보는 궁극적 목표는 이탈이 아니라 지혜로운 참여이다. 묵상가들은 더 명확히, 더 큰 분별력을 가지고 이 세상의 것을 바라본다. 분주한 삶의 속도에 사로잡힌 이들은 점점 더 많은 일에 집착해 자신을 잃어버리고, 바로 앞에 닥친 일 때문에 혼란스러워하며 당혹해한다. 모든 모호함이 사라질 것이라고 기대할 수는 없다. 기도하는 법—물러나 부활하고 승천하신 그리스도를 예배하고 그분과 만나고 사귐을 나누는 법—을 배울 때 우리의 삶, 우리의 상황, 우리의 소명을 더 분명히 바라볼 수 있을 뿐이다.

영적 훈련 실천하기. 따라서 기도는 영성 생활의 가장 근본적인 실천이다. 하지만 세상 속에서 행하시는 하나님을 더 깊이 알게 하고, 그리스도의 십자가와 자신을 더 철저히 동일시하게 만들며, 생명을 주시는 성령의 은총에 더 철저히 의존하도록 도와주는 다른 실천—영적 훈련—에 대해서도 말해야 한다.

세상에 우리의 참여를 촉진하는 실천이 있다. 요한복음 17장에 기록된 예수님의 기도에서는 그분의 제자들이 비록 "세상에 속하지"는 않지만 세상 안에 있도록 구체적으로 부르심 받았다고 말한다. 그러므로 다음과 같은 참여의 영적 훈련이 필요하다. 이 각각은 신앙 공동체가 그리스도 안에서 세상에 응답하는 고전적인 수단이었다.

첫째, 환대의 의도적 실천이 세상 속에서 살아가는 우리 삶의 특징을 이루어야 한다. 우리의 소명이 무엇이든 환대는 세상 속 그리스도인의 존재를 드러내는 특징이다. 환대에 관해서는 다음 장에서 더 자세히 다룰 것이지만, 여기서는 다만 그것이 소명적 거룩함의 필수 요소임을 주장하고자 한다.

둘째, 세상 속에서 우리의 삶과 하나님의 선교에 대한 동일시는 존 웨슬리가 '자비 사역'이라고 부르는 바를 실천하는 모습을 통해서도 분명히 드러난다. 물론 이 관점은 웨슬리언이나 감리교의 기독교적 전망에만 국한되지 않는다. 이는 성경의 증언의 핵심적 기초이기도 하다. 우리는 굶주린 이들을 먹이고 헐벗은 이들을 입히고 집 없는 이들에게 거처를 제공하고 아픈 이들과 갇힌 이들을 찾아가 위로하라는 부르심을 받았다. 우리의 소명이 무엇이든 하나님은 결코 우리 삶에서 자비 사역을 배제할 정도로 우리에게 많은 일을 주지 않으신다. 그리고 웨슬리의 이상에서 이 자비 사역은 우리가 섬기는 이들뿐 아니라 우리에게도 은총의 수단이다. 이 사역은 세상을 향한 하나님의 마음과 우리가 한마음이 되도록 도와주기 때문에 그 자체가 은총이다.

셋째, 후히 베푸는 일—구체적으로는 재정 생활에서—은 그리스도인으로서 우리의 정체성을 드러내는 핵심 표지이자 우리가 부르심 받은 일이라고 성경은 분명히 말한다. 우리는 부를 쌓기 위해 일하지 않는다. 기본 필요를 충족하기 위해 일하지만, 하나님이 우리의 필요를 채워주시므로 세상 속에서 행하시는 그분의 일과 우리 자신을 동일시하는 핵심 수단은 재정적으로 후하게 베푸는 실천이다.

넷째, 우리는 이웃을 위해 기도하라고 부르심 받았다. 우리 소명이 무엇이든지 우리는 다른 이들을 위해 기도하도록 부르심을 받았다. 대부분 우리는 함께 살고 일하는 이들을 위해 기도한다. 다른 이들을 위한 기도는 교회가 공동체와 세상을 섬기도록 부르심 받은 핵심 수단이다. 주일 예배 때 이웃을 위해 기도하는 것은 예배와 우리가 사는 세상의 연관성을 느끼게 해주는 수단이다. 또한 우리는 기도를 통해 세상을 섬긴다. 그리스도인 개개인에게 기도는 그분의 세상을 위해 행하시는 하나님의 사역에 동참하는, 대개는 조용하지만 대단히 중요한 방식이다. 우리가 함께 살고 일하는 이들을 위해 기도하고, 사업을 한다면 고객과 거래처를 위해 기도하고, 목회 사역을 한다면 교인들을 위해 기도하고, 교사라면 학생들을 위해 기도한다. 요란하게 과시하지 않고, '당신을 위해 기도하고 있다'고 끊임없이 알리지 않고 조용히 기도한다.

의도적으로 인식하기. 마지막으로, 우리가 하는 일의 영적 의미에 대해 논하고 요한복음 17장 — 우리가 세상 안에 있어야 하지만 세상에 속하지 말아야 한다는 암묵적인 부르심 — 에 비추어 이 문제를 고찰하고자 할 때, 안식일 준수가 소명적 성실성과 거룩함을 유지하기 위한 필수 요건임을 강조해야만 한다. 이것은 유대 기독교 전통의 핵심 계명 중 하나이다. 성경은 안식이 하나님의 창조, 하나님의 일하심의 주기를 이루는 일부라고 주장한다. 그리고 우리가 세상 속에서 행하시는 하나님의 일에 참여할 때, 우리는 마땅히 7일 중 하루 동안 의도적으로 안식을 실천하는 법을 배워야 한다.

이것은 우리의 일을 제한하는 실천이다. 하나님이 하나님이시며 우리의 일이 궁극적으로 우리를 규정하거나 정당화하지 않는다고 선언하는 실천이다. 이것은 우리가 일을 우상화하거나 일하다가 소진되지 않도록 막아준다. 우리는 안식하는 법을 배운다.

그리고 안식할 때 우리는 일을 제대로 바라볼 수 있다. 그것은 하나님께 속한 것이다. 우리는 삶의 청지기일 뿐이며, 조용히 벗어나 안식함으로써 선한 일이 무엇인지 이해할 수 있다. 안식은 우리 삶과 우리 일에 필수적이다. 안식일 준수가 십계명에 포함되어 있다는 사실이 이런 주장을 뒷받침해주며, 이사야 58장과 다른 본문 역시 선한 일을 위해 안식이 얼마나 중요한지 지적한다. 6장에서는 안식에 대해서 더 자세히 다룰 것이며, 기쁨과 안식 사이의 상호작용에 대해서도 생각해볼 것이다.

5장

'그리스도 안에서' 사랑하라

보라 형제가 연합하여 동거함이
어찌 그리 선하고 아름다운고!
머리에 있는 보배로운 기름이
수염 곧 아론의 수염에 흘러서
그의 옷깃까지 내림 같고
헐몬의 이슬이
시온의 산들에 내림 같도다
거기서 여호와께서 복을 명령하셨나니
곧 영생이로다.

시편 133편

거룩함과 사랑을 함께 논하는 것은 결코 무리한 일이 아니다. 이에 관해 성경은 매우 분명히 말한다. 우리는 하나님과 이웃을 사랑하라고 부르심 받았다. 이것이 인간의 소명이다. 가장 큰 계명에 관한 질문을 받았을 때 예수님은 그 대답으로 하나님을 사랑하고 이웃을 자신처럼 사랑하라는 부르심에 대해 말씀하셨다(마 22:37-40). 또 지상 사역을 마무리하며 행하신 다락방 담화에서는 제자들이 그분과 그분의 사랑 안에 머물고자 한다면 서로 사랑해야 한다고 주장하셨다(요 15:17). 사도 바울의 경우 그의 주저인 로마서에서 거의 4분의 1에 해당하는 분량─로마서 12장 9절에서 시작해 이 서신 끝까지라고 보기는 어렵다면, 적어도 로마서 15장 마지막까지─을 서로 사랑하라는 부르심에 대한 자세한 해설로 채웠다고 말할 수 있다.

따라서 서로 사랑하라는 부르심을 받아들이지 않는다면 그리스도의 형상으로 변화되는 것에 관해 말할 수 없다. 그리스도 안에서 성숙한다는 것은 이웃, 즉 타자를 사랑하는 사람이 되는 것이다. 기독교 공동체의 특징은 예배, 배움, 증언이며, 이 모든 행위는 사랑을 기반한 성령의 사귐 안에서 하나로 결합된다. 교회가 된다는 것은 그리스도의 사랑을 서로 주고받는 공동체가 된다는 뜻이다. 고린도전서 13장을 통해 우리는 사랑이 없다면 우리의 배움과 예배 그리고 세상을 향한 증언이 모두 공허할 뿐임을 깨닫는다.

그리스도인으로서 그리스도인의 공동체로서 우리는 열심히 진리의 길을 추구하며, 따라서 우리는 지혜와 이해로 특징지어진다. 그러나 지혜, 배움, 이해의 추구는 사랑의 율법으로 통제될 때에만 의미를 지닌다. 진리 추구 안에 사랑, 긍휼, 자비가 가득하지 않다면, 그것은 그리스도인이 반드시 실천해야 하는, 후히 베푸는 마음이 결핍된 행위일 뿐이다.

더 나아가 공동체로서의 교회와 개인으로서의 우리는 선한 일을 하라고 부르심 받았다. 우리가 행하는 모든 봉사나 일, 개인적으로나 공동체적으로 행하도록 부르심 받은 일은 사랑의 율법—하나님 사랑과 이웃 사랑—을 성취할 수 있도록 우리에게 주어진 책무와 책임일 뿐이다.

공동체와 인간 정체성

서로 사랑하라는 부르심은 인간 경험의 사회적 본질에 비춰볼 때에만 바르게 이해될 수 있다. 그 누구도 외딴섬이 아니다. 각 사람이 다른 사람과 근원적으로 서로 연결되어 있음을 고려하지 않고서 삶을 논하는 것은 불가능하다.

하나님은 고립된 존재가 아니시다. 하나님이라는 존재는 사랑으로 세 위격이 하나로 연합되어 있다. 마찬가지로 우리는 인간이 영적 원자가 아니라 다른 이들과 서로 의존하고 사귐을 나누며 살도록 창조된 존재임을 인정하며 그렇게 살기 위해 애쓴다. 아담은 하나님과 사귐을 누리도록 그분의 형상으로 창조되었지, 고독하게 고립된 존재로 창조되지 않았다. 창세기 1장에서는 창조 질서가 근원적으로 선하다고 선언하며, 이는 반복적으로 등장하는 "하나님이 보시기에 좋았더라"라는 구절을 통해서 분명해진다.

그러나 성경 전체에서 가장 특별한 선언 중 하나는 아담이 혼자 있는 것이 좋지 않다는 하나님의 말씀이다. 이는 아담에게 타자가 필요할 뿐 아니라 타자에 대한 책임이 그에게 있다는 말씀이다. 아담처럼 우리에게도 위로와 격려, 힘을 주고 기본적인 필요를 채워줄 누군가가 필요하며 우리 역시 다른 이들에게 그런 사람이 되도록—위로, 격려, 힘을 주고 그들의 기본적인 필요를 채워줄 수단이 되도록—부르심 받았다. 그렇다면 다른 인간에 대한 우리의 근원적 의존성을 말하는 것은 타당한 일이다.

인간의 가장 깊은 갈망 중 하나는 하나님과 사귐을 누리는 것이다. 그분의 사랑은 우리에게 계시되었고 그리스도 안에서 구현되었으며, 그리스도는 우리 각 사람을 존재의 핵심까지 사랑하신다. 이는 사랑하고 사랑받고자 하며, 우리를 향한 하나님 사랑의 반영으로서 이웃과 서로 사랑하며 살고자 하는 우리의 근원적인 갈망과 짝을 이룬다. 따라서 무엇보다도 먼저 우리는 하나님의 사랑 안에서 살라고 부르심 받았다. 앞으로 나는 이 논의를 마무리하며 바로 이 점에 대해 그리고 그와 연관된 함의를 강조할 것이다. 하지만 먼저 나는 이 주제를 포괄적으로 다루고 우리의 영적 아버지와 어머니들의 지혜를 활용할 것이다. 둘째, 서로 사랑하라는 부르심이 무엇을 뜻하며 우리가 어떻게 서로 사랑하는 법을 배울 수 있는지 질문함으로써 이 부르심을 더 구체적으로 설명할 것이다.

이 모든 것의 기초에는 우리가 다른 이들과의 상호성, 사랑에 의해 통제되고 사랑에 의해 규정되고 사랑이 넘치는 상호성 속에서 살도록 창조되었다는 단순한 전제가 자리 잡고 있다. 많은 점에서 공동체의 핵심은 이러한 상호성을 구현하는 능력이다. 이 관점으로 볼 때 죄의 영향은 상호 의존성의 단절에서 명백히 드러난다. 즉, 죄는 다른 사람들로부터의 소외이며, 따라서 하나님의 구원에는 반드시 이러한 상호 의존성의 회복이 포함되어야 한다. 교회는 이 소망의 구현체, 사랑에 의해 가능해진 상호성과 상호 의존을 예증하는 살아 있는 실체이다. 이러한 상호 의존성은 하나님이 주시는 구원의 표현이며, 교회가 이 구원을 증언하는 수단이다.

사랑의 본질을 말하기 전에 먼저 공동체의 본질을 간략히 논해야 할 필요가 있다. 우리는 공동체의 중요성과 한계를 동시에 말해야 하며, 공동체의 한계를 말할 때 공동체의 위험에 대해서도 말해야 한다. 성경적 전망은 개인이 공동체 안에서, 상호 의존성 안에서 번영을 누리는 것이다. 이는 곧 공동체가 개인을 압도하고 개인에게서 삶과 진정한 개성을 빼앗을 가능성에 대해 경계해야 함을 뜻한다. 기독교적 전망에서는 일치 속의 다양성과 상호 의존성이 동반된 다양성을 추구한다. 공동체 안에는 개인이 번영하도록 돕고 힘을 주기보다는 개인의 활력이나 능력을 억누를 수 있는 위험이 항상 존재한다.

이런 현상을 묘사하기 위해 다른 표현을 쓸 수도 있다. 예를 들면, **부족주의**(tribalism)는 공동체가 개인을 억압할 가능성을 가리키는 말로 최근에 자주 사용된다. 참된 공동체는 개인주의에 의해 위협받는 것만큼이나 종파주의(communalism, 혹은 부족주의)에 의해 위협을 받는다. 참된 공동체는 통제나 순종에 초점을 맞추지 않고, 상호 의존성을 강조하며 여기에는 각 사람이 사랑을 주고받는 능력이 포함된다.

사랑과 율법

사랑에 대해 말할 때 계속해서 부딪치는 어려움 중 하나는, 우리 사회가 처한 상황 속에서 사랑의 언어가 감상(感傷)과 성애라는 두 흐름과 경향에 흡수되어버린 것이다. 우리 사회의 맥락에서 사랑의 언어는 대부분 이런 잘못된 생각 중 하나 혹은 둘 다로 받아들여진다. 이는 밸런타인데이라는 매우 이상한 사회 관습을 통해 명백히 드러난다.

사랑을 한 사람이 다른 사람에 대해 느끼는 좋은 감정으로 이해하기가 쉽다. 이를테면, 누군가를 따뜻하고 친절하고 심지어는 매력적이라고 느끼는 마음이나 어떤 이가 우리를 기분 좋게 하기 때문에 그 유쾌한 사람과 함께 있고 싶어 하는 마음을 사랑이라고 생각하기 쉽다. 하지만 사랑의 근원적 본질, 즉 사랑이 율법과 밀접한 관계가 있으며 사랑이 근본적으로 섬김의 문제라는 사실을 이해하지 못하는 경우가 너무 많다.

구약의 예언자들, 예수님 그리고 사도 바울은 모두 사랑한다는 것이 무엇을 뜻하는지 보여준, 살아 있는 증인들이었다. 하지만 이들이 늘 친절하거나 매력적이거나 따뜻하지는 않았다. 이는 자명한 사실이다. 이와 비슷하게 우리 사회의 맥락에서는 언제나 사랑과 섹스를 혼동한다. 사랑을 성애화하고 육체적인 열정과 관능으로 환원한다.

물론 사랑을 이 둘과 연관시키는 것도 어느 정도 일리가 있다. 따뜻한 마음도 중요하고, 친절함도 누군가를 사랑하는 마음의 본질적인 차원이다. 더 나아가 하나님이 섹스를 남편과 아내 사이의 사랑의 연합 속에 자리 잡도록 의도하셨다는 점 역시 의심할 나위가 없다. '사랑 나누기'라고 부르는 행동을 통해 이 관계가 더 깊어지며, 이상적으로는 그 결과로 사랑의 연합의 결실인 자녀를 얻기도 한다.

하지만 감상과 성애는 우리의 주의를 분산시켜 사랑의 참된 본질과 사랑을 통해 지배되는 관계의 근본 표지를 제대로 이해하지 못하게 하는 경우가 많다. 우리에게 절박하게 필요한 것은 감상과 성애가 사랑의 법, 즉 율법으로 통제될 때 그 둘에 내용과 기초 그리고 깊이와 힘이 주어짐을 깨닫는 것이다. 우리는 율법을 가르침으로써 사랑을 가르친다.

사도 바울은 로마서 13장에서 사랑하는 사람은 율법을 다 이루었다고 말하면서 율법과 사랑 사이의 밀접한 관계를 강조한다. 그는 율법과 사랑의 연관성에 대해 말하면서 십계명 중 네 계명을 언급한다. 곧이어 "그 외에 다른 계명이 있을지라도"라는 말을 덧붙이는 것으로 보아 이는 예증을 위한 것으로 볼 수 있다. 그가 독자들에게 드러내고자 하는 바는, 율법이 이웃 사랑의 내용이라는 것이다. 사랑은 정의와 진리에 의해 특징지어진다. 사랑은 결혼 생활에서의 충실함을 뜻한다. 사랑은 살인하지 않는 것뿐만 아니라 나쁜 짓을 하지 않고 다른 사람에게 악을 품지 않는 것을 뜻한다

(롬 13:10). 우리가 다른 사람의 재산을 존중하며, 욕심을 품거나 다른 사람의 불행을 기뻐하지 않는 것을 뜻한다. 핵심은 분명하다. 율법은 이웃을 사랑하라는 그리스도의 부르심을 성취하고자 노력하는 사람들에게 근본적으로 중요하다. 율법이 그리스도인을 향한 이러한 부르심을 성취하는 삶의 내용과 본질을 ―그런 삶의 테두리와 지침을― 제공하기 때문이다.

이 모든 것은 우리 삶의 직접적인 관계를 통해 표현된다. 나의 경우는 아내와 자녀, 손자들을 사랑하라는 부르심과 부모와 형제를 사랑하라는 부르심을 통해 표현된다. 그리고 동료와 내가 속한 공동체 구성원들과 맺는 관계의 지침이 된다. 또한 하루 동안 내가 사고파는 거래를 하는 방식과, 차를 운전하거나 출퇴근을 위해 대중교통을 이용하는 방식을 규정한다.

하지만 내가 아는 사람들만 이웃인 것은 아니다. 이웃 사랑에는 어떤 식이든 내 삶에 의해, 내 행동과 반응에 의해 영향을 받는 모든 사람이 포함된다. 예를 들어, 선거에서 나의 투표는 이 나라에 사는 모든 사람을 사랑하라는 부르심에 영향을 받는다. 또한 사랑하라는 부르심은 나 자신과 내 가족과 내 가문뿐 아니라 모든 사람을 위한 정의에 직접 관심을 기울여야 한다는 뜻이다. 크로아티아인을 사랑하라는 부르심은 그 사람이 세르비아인에 대해 생각하는 방식을 변화시킨다. 이스라엘의 그리스도인은 팔레스타인에 대해 적극적으로 관심을 기울인다. 사도 바울의 말처럼 우리는 서로에게 사랑의 빚을 지고 있다(롬 13:8). 이 빚은 결코 다 갚을 수가 없다. 이는 우리가 타자에 대해 지속적으로 변함없이 유지해야 할 자세이다.

그리고 이것은 쉽지 않다. 쉽지가 않다. 우리 모두가 부딪치는 근원적인 어려움―사랑하라는 부르심은 그 누구에게도 쉽지 않기 때문에 모두라는 말을 강조하고자 한다―은 우리 마음이 독립과 자기 충족성, 자율을 추구한다는 것이다. 태어날 때부터 '사랑이 넘치는' 사람은 없다. 성격상 참된 사랑을 더 지향하거나 참된 사랑을 할 수 있는 능력이 더 큰 사람이란 존재하지 않는다. 우리 모두에게 이웃 사랑은 배워서 익혀야 하는 실천이다. 그렇기에 로완 윌리엄스는 우리가 그저 좋은 사람이 되는 것을 넘어서고 감상적인 사랑을 넘어서고자 한다면 "사랑이란 고통스럽게 배우고 익혀야 하는 것"임을 깨달아야 한다고 주장한다.[1]

사랑은 쉽지 않을 뿐만 아니라 관계를 시작하기 전에 배울 수 없으며 복잡 다양한 상호작용 속에서 우리가 경험하는 기쁨과 슬픔, 어려움과 한계라는 용광로 안에서만 배우고 익힐 수 있다. 우리는 교실 안이 아니라 날마다 우리 삶을 채우는 다른 사람들과의 만남 속에서 사랑을 배운다.

대부분 가정은 다른 사람들과 함께 사는 법을 배우는 일차적인 공간이다. 신앙 공동체인 교회 역시 사랑을 배우는 곳이다. 그리고 우리는 시장―일하는 공간―이라는 맥락 속에서도 사랑을 배운다.

---

[1] Rowan Williams, *Dostoevsky: Language, Faith and Fiction* (Waco, TX: Baylor University Press, 2008), 183. 윌리엄스는 모든 사람이 사랑받을 자격이 있음을 이해할 때 비로소 우리는 나와 다르거나 어려운 사람들을 사랑할 수 있다고 말한다. 그는 우리가 "자신을 탈중심화하는(자신을 '비우거나' '부인한다'는 것보다 더 나은 표현) 과정을 시작할 때"에만 이것이 가능하다고 주장한다.

하지만 사랑하라는 부르심에서 문제의 핵심은, 세상을 우리 중심으로 돌아가는 것인 양 바라보는 경향만큼 상호 사랑, 상호 의존성의 지각에 위협이 되는 것도 없음을 인식하는 것이다. 어린아이의 경우 이러한 자기중심적 태도가 귀엽게 보인다. 또한 그것이 꼭 부적절하다고만 볼 수도 없다. 아이에게는 세상을 바라보면서 자신의 필요가 전부가 아님을 인식할 능력이 없다. 하지만 자란다는 것은, 내가 우주의 중심이 아니며 우주가 내 뜻대로 움직이지 않음을 이해한다는 의미이다. 자기중심적인 사람은 본질적으로 몸은 자랐지만 삶의 근본 특징, 즉 우리가 철저한 상호 의존성 속에서 살아간다는 것, 비록 우리 중 그 누구도 없어서는 안 될 존재인 것은 아니지만 그럼에도 우리가 서로를 필요로 한다는 것, 특권 의식을 지니고 살아서는 안 된다는 것, 우리가 다른 이들을 사랑하고 다른 이들을 섬기도록 창조되었다는 것을 이해하지 못하는 어린 아이와 같다. 사도 바울은 빌립보서 2장 3-4절에서 이 점을 탁월하게 포착해냈다. 그는 사랑하라는 부르심에 관해 말하면서 독자들에게 "아무 일에든지 다툼이나 허영으로 하지 말고 오직 겸손한 마음으로 각각 자기보다 남을 낫게 여기고 각각 자기 일을 돌볼뿐더러 또한 각각 다른 사람들의 일을 돌보아 나의 기쁨을 충만하게 하라"라고 권면한다.

바울은 개인의 필요나 이익('일')이 정당함을 무시하거나 부인하지 않는다. 다른 사람들의 필요나 이익에 비추어 우리의 필요나 이익을 고려해야 한다고 말할 따름이다. 흔히 '자기 부인'의 필요성을 사랑의 핵심이라고 말하며, 어떤 점에서는 그렇게 말하는 것이 유익하기도 하다. 하지만 바울이 이 본문에서 우리의 이익과 다른 이들의 이익 사이의 상호작용에 대해 말하고 있다는 점 자체가 자신과 자신의 이익을 절대적으로 부인하는 것은 불가능함을 암시한다. 핵심이 되는 문제는 우리 자신을 맥락 속에서 바라보는 것, 우리가 중심이 아님을 아는 것이다. 따라서 로완 윌리엄스가 탈중심화된 자아라고 부른 것을 은혜롭게 깨달을 때에야 비로소 서로 사랑하라는 부르심을 온전히 이해할 수 있다.[2]

사랑하라는 부르심이 모든 것을 바꾼다. 이는 우리가 타자를 대할 때 그들이 우리에게 어떤 느낌을 주는지 혹은 그들이 어떻게 우리의 필요를 채워주는지의 관점이 아니라, 그들의 관점에서 그들을 대하는 것을 뜻한다. 우리는 다른 사람들이 우리를 사랑하기에, 그들이 우리의 필요를 채워주기에 그들을 '사랑'하는 경우가 너무 많다. 우리에게는 실질적인 필요가 있다. 우리는 정말로 사랑받아야 할 필요가 있다. 하지만 그리스도인을 향한 사랑하라는 부르심의 역설은, 우리가 다른 이들을 이용하거나 통제함으로써가 아니라, 그들의 애정이나 사랑을 요구함으로써가 아니라, 우리 자신을 거저 내어줌으로써 하나님 사랑과 이웃 사랑을 이해할 수 있다는 것이다.

기독교의 영적 유산에서 얻는 지혜

사랑하라는 부르심은 교회사에서 반복적으로 등장하는 주제이다.

---

2   같은 곳.

예시로 나는 세 가지 목소리 혹은 관점을 강조하고자 한다.

교부들. 첫째, 나는 초대교회와 교부들의 관점으로 거슬러 올라가서 로베르타 반디(Roberta C. Bondi)가 《하나님처럼 사랑하라》(*To Love as God Loves*)에서 소개한 초대 교부와 교모들의 가르침을 요약하고자 한다.[3] 반디는 다음과 같이 말한다.

첫째, 초대교회의 사막 영성 작가들에게 완전으로의 부르심, 그리스도 안에서의 완성 혹은 성숙으로의 부르심은 사랑의 명령과 밀접히 연결되어 있다. 성 안토니우스(St. Anthony)와 여러 사람들이 "네 소유를 팔아 가난한 자들에게 주라… 그리고 와서 나를 따르라"(마 19:21)라는 그리스도의 부르심을 듣고, 이 부르심을 진지하게 받아들였을 뿐 아니라 문자적으로 받아들였다. 그들은 완전, 즉 구원의 길을 추구했으며, 그들의 재산뿐 아니라 그 어떤 것에도 방해받지 않겠다고 결심했다. 하지만 이 '완전'을 특징짓는 것은 완전하다는 것이 곧 사랑하는 것이라는 깨달음이었다. 완전으로의 부르심은 나란히 주어진 명령, 즉 주 너의 하나님을 사랑하고 네 이웃을 네 자신같이 사랑하라는 명령과 밀접하게 연관되어 있다. 다시 말해서, 안토니우스와 다른 초대교회 작가들에게 완전이란 하나님 사랑과 이웃 사랑이다. 하나님과 이웃에 대한 사랑은 그리스도인의 삶이 지향하는 목표이

---

3   Roberta C. Bondi, *To Love as God Loves: Conversations with the Early Church* (Philadelphia: Fortress, 1987). 반디는 성경의 지혜와 초대교회의 경험을 근거로 삼아 그리스도인이 사랑 안에서 자라기 위한 실제적인 지침을 제시한다.

다. 따라서 우리는 무슨 대가를 치르더라도 다른 이들을 사랑하고자 애써야 한다.

또한 교부들은 사랑과 겸손이 밀접하게 연결되어 있다고 주장한다. 이 논의와 관련된 겸손의 두 측면이 있다. 첫째, 겸손은 자신이 우주의 중심이 아님을 인정하는 마음의 성향이다. 이것은 자기중심성과 정반대이다. 둘째, 겸손은 그리스도인의 삶을 살기 위해 필요한 은총을 주시는 하나님께 전적으로 의존하는 자세이다. 겸손은 자기의존성과 정반대이다. 하지만 겸손은 우리 모두가 길 위에 있는 사람들, 하나님의 은총을 필요로 하는 사람들이므로 그 누구도 타자를 판단하거나 정죄할 권리가 없음을 인정하는 마음가짐이기도 하다. 우리가 이웃을 판단하기보다 사랑할 수 있도록 해주는 것은 바로 겸손이다.

마지막으로, 초대교회 작가들은 영적 성숙과 겸손, 즉 사랑의 질서—고대의 표현을 사용하자면—사이에 밀접한 연관이 있다고 주장했으며 이는 교회사에서 계속해서 등장하는 주제가 된다. 하나님에 대한 사랑이든 타자에 대한 사랑이든, 사랑하는 능력에 대한 최대의 위협은 그릇된 방향을 가리키는 우리의 욕망과 갈망, 동경이다. 욕망 자체가 그릇된 것은 아니다! 열정은 그릇된 것이 아니다. 문제는 우리의 애정, 우리의 깊은 욕망과 동경이 잘못된 방향을 추구하고 방향감각을 잃고 선하고 고귀하고 탁월하고 칭찬받을 만한 것에 뿌리를 내리지 못하고 있다는 것이다(빌 4:8). 그리고 우리의 애정이나 열정이 질서를 잡지 못하고 있을 때 우리는 눈이 멀게 된다. 우리는 자유로울 수 없다. 누군가를 사랑할 자유를 포함해서 자유란 사랑의 질서가 잡혀 있을 때에만 누릴 수 있는 것이다.

존 웨슬리. 18세기의 위대한 전도자이며 교사인 존 웨슬리의 관점도 생각해보라. 신학 용어에 '사회적 성결'(social holiness)이라는 말을 도입한 사람이 바로 웨슬리였다. 그는 "기독교란 본질적으로 사회적 종교"이며 따라서 "사회적 성결 없이는 어떠한 성결"도 없다고 주장했다.[4] 초대 교부들처럼 웨슬리도 완전에 대해 가르쳤다. 모든 그리스도인이 하나님의 부르심과 그리스도의 사역, 성령이 주시는 능력에 응답하여 은총 안에서 자라가야 한다고 가르쳤다. 웨슬리에게 성숙 혹은 완전으로의 부르심, 성화의 교리는 한 단어, 곧 사랑으로 요약된다.

그렇다면 첫째, 웨슬리에게 그리스도 안에서의 완전이란 사랑 안에서의 완전이며, 이는 단지 사랑을 반영하는 행동만이 아니라 존재 방식으로서의 사랑—먼저 하나님 사랑 그리고 그와 더불어 이웃 사랑—을 뜻한다.

둘째, 웨슬리는 믿음과 사랑 사이의 관계를 말한다. 믿음은 그리스도인이 삶을 사는 토대 혹은 원천으로 그리스도인의 삶에서 중요한 핵심이다. 믿음은 그리스도와 그리스도의 사역을 지향한다. 이 믿음의 열매는 사랑이다. 믿음은 수단이고 사랑은 목적이

---

4   동생 찰스 웨슬리(Charles Wesley)와 함께 펴낸 찬송가와 시 모음집의 서문에서. J. Ernest Rattenbury, *The Eucharistic Hymns of John and Charles Wesley* (London: Epworth Press, 1948)를 보라.

다. 따라서 웨슬리는 은총의 수단을 통해 받는 하나님의 은총에 철저히 의존하며 살 때 우리가 사랑 안에서 자라고 우리의 사랑하는 능력이 자란다고 생각한다. 또한 이는 우리가 하나님께 철저히 의존한다는 뜻이며, 다른 이들을 사랑하는 우리 사랑은 우리를 향하신 하나님의 사랑을 의식적으로 자각할 때 파생된다는 뜻이다. 다른 이들에 대한 우리의 사랑은 성령에 의해 우리 마음속에 널리 퍼져 있는 하나님의 사랑이 맺은 열매이다(롬 5:5).

셋째, 사랑에 관한 웨슬리의 가르침은 그의 율법 이해와 밀접한 연관이 있다. 그는 로마서 13장의 가르침, 하나님의 율법이 사랑 안에서 성취된다는 점을 강조한다. 웨슬리의 글에는 하나님의 율법—특히 예를 들어 십계명—이 그리스도인의 삶에 대한 핵심 지침이지만 우리의 사고와 존재 방식을 지배하는 법은 사랑이라는 생각이 분명히 드러난다. 우리의 삶을 가득 채우고 형성해가는 것은 율법이라기보다는 율법의 성취인 사랑이다.

디트리히 본회퍼. 이 주제를 다룬 보다 최근의 인물은 독일 신학자인 디트리히 본회퍼(Dietrich Bonhoeffer)이다. 이 주제에 대한 그의 통찰은 그의 글 전체에서 두루 발견되지만, 산상수훈 강해와 《신도의 공동생활》(*Life Together*, 대한기독교서회 역간)에 담긴 기독교 공동체에 대한 탁월한 성찰에서 가장 두드러지게 나타난다.[5]

---

5   Dietrich Bonhoeffer, *The Cost of Discipleship*, rev. ed., trans. R. H. Fuller (New York: MacMillan, 1963). 《나를 따르라》(대한기독교서회); Dietrich Bonhoeffer, *Life Together and Prayerbook of the Bible*, Dietrich Bonhoeffer Works vol. 5, trans. Daniel W. Bloesh and James H. Burtness (Minneapolis: Fortress Press, 1996). 《신도의 공동생활》(대한기독교서회).

첫째, 사랑에 대한 본회퍼의 성찰은 기독교 공동체에 대한 그의 가르침이라는 맥락 속에서만 바르게 이해될 수 있다. 이 점에 관해서, 본회퍼는 하나님이 우리에게 주신 가장 큰 선물이 바로 타자, 즉 신앙 공동체든, 교회든, 가정이든, 개인적인 우정이든, 우리가 더불어 공동체를 이루는 사람임을 대단히 강조한다. 타자는 선물이다. 그리고 선물일 뿐이다. 우리는 불평하고 요구하는 사람이 아니라 감사하게 받는 사람으로서 공동생활에 참여한다.

둘째, 《신도의 공동생활》에서 본회퍼는 그가 "자기중심적 사랑"이라고 부른 것, 즉 타자를 사랑하지만 자신을 위해 타자를 사랑하는 것과 그리스도와 타자를 위한 사랑을 구별한다. 첫째는 억압적 사랑이다. 타자를 자유로운 인간으로 사랑하지 않고 이기고 정복하고 통제하기 위해 사랑한다. 돌려받을 것으로 기대하는 사랑 때문에 사랑할 뿐이다. 하지만 타자를 위한 참된 사랑, 그가 "영적 사랑"이라고 부른 것은 그리스도 예수를 일차적 기준으로 삼는다. 우리는 '그리스도 안에서' 타자를 사랑한다. 영적 사랑은 섬기기를 갈망한다. 영적 사랑은 원수를 사랑할 수 있으며 사랑하려고 한다. 영적 사랑은 통제하기보다는 해방한다. 이는 모두 이 사랑이 그리스도 안에 있는 자신의 정체성에 기초한 사랑이기 때문이다.[6]

셋째, 본회퍼는 타자에 대한 우리의 사랑이 그리스도에 대한 우리의 공통적 헌신에서 흘러나온 실천 안에서 구체적으로 표현된다고 본다. 이 실천에 관해서는 앞으로 더 자세히 논할 것이며, 이 논의는 서로에게 귀를 기울이고 서로에 대해 책임지고 서로 섬

---

6   Bonhoeffer, *Life Together and Prayerbook of the Bible*, 42-44.

기라는 부르심에 대한 본회퍼의 통찰에 크게 의존하게 될 것이다.

사랑이란 좋은 사람이 되는 것(만)을 뜻하지는 않는다

이제 문제의 핵심을 다룰 차례이다. 서로 사랑한다는 것은 무엇을 뜻하는가? 이 사랑, 이웃에 대한 이러한 존재 방식의 구체적 내용은 무엇인가?

이 문제에서 명확히 해두어야 할 것이 있다. 우리는 단순한 감상이나 정중한 태도 이상의 사랑에 관해 논해야 한다. 사랑하라는 부르심이 어떻게 우리의 관계를 형성해갈 수 있는지, 단순하고도 명확하게 말할 수 있도록 도움을 주는 방식으로 신약성경의 가르침을 정제해낼 필요가 있다. 본질과 내용을 지니고 있으며, 실천적이고도 현실적이며, 기독교 공동체 안에서 힘차게 사랑을 실천할 수 있도록 우리에게 영감을 불어넣는 사랑에 대한 지침이 필요하다. 우리 아이들에게 다른 아이들을 친절히 대하라고 권면하는 것—혹은 어른들에게 이웃을 정중히 대하라고 권면하는 것—으로는 충분치 않다.

이웃을 자신처럼 사랑하라는 명령은 로마서 12장에서 사도 바울이 사용한 도발적인 두 구절에 의해 제한을 받는다. 첫째 그는 "사랑에는 거짓이 없"어야 한다고 강조한다(롬 12:9). 그런 다음 "할 수 있거든 너희로서는 모든 사람과 더불어 화목하라"라고 말한다(롬 12:18). 이 두 부르심 모두 악용될 수 있다. 어떤 이들은 거짓이 없어야 함을 지나치게 강조하여 만족스럽지 않은 사람들에게 무례한 태도를 보인다. 다른 이들은 18절을 근거로 '화목을 추구하는' 사람이 되기를 원하기 때문에 악을 행한 이들의 잘못을 지적하거나 내재된 갈등의 해결을 거부한다.

하지만 이 두 구절은 우리에게 앞으로 나아갈 수 있는 유익한 방법을 제공한다. 앞서 나는 사랑하는 법을 배우고자 한다면 사랑을 감상화하고 성애화하는 우리의 사회적 맥락에 의한 주의 분산을 극복해야 한다고 주장했다. 로마서 12장 9절에서는 더 나아가 우리가 (물론 위선까지 포함해) 거짓을 극복해야 한다고 주장한다. 우리가 하나님께 요청하는 바는 참된 사랑을 할 수 있는 능력이다. 그렇다면 '참된' 사랑이란 무엇을 뜻하는가? 이 사랑의 내용은 무엇인가?

18절에 관해 우리는 한계―'당신에 관한 한'이라는 제한 사항―가 무엇이냐고 물을 수도 있다. 이 절에서는 한계―'손바닥도 마주쳐야 소리가 난다'―가 있음을 암시하지만 동시에 사랑을 표현함으로써 참된 공동체를 만들어가기 위해 할 수 있는 모든 일을 적극적으로, 주도적으로, 의도적으로 하도록 부르심 받았음을 강력하게 일깨워준다.

이어서 나는 로마서 12장 9절부터 이 서신서 마지막에 이르는 본문에 담긴 바울의 포괄적인 가르침을 논하고자 한다. 신약성경의 다른 자료도 활용하겠지만 이 본문이 일차적인 준거점이 될 것이다. 나는 다른 이들을 사랑하는 사람들은 그들의 관계에서 세 가지 구체적인 특징을 보인다고 일관되게 생각해왔다. 이것은 성품이라기보다는 행동이나 실천이라고 말할 수 있다.

각각은 이웃을 사랑하라는 부르심에 내용을 제공한다. 나 개인적으로, 이것은 아내와 내 아들들, 그들의 가족, 나의 이웃, 기독교 공동체에 속한 나의 형제자매들, 나의 동료들, 부르심 받은 일을 하면서 내가 섬기는 사람들을 사랑한다는 것이 무엇을 뜻하는지 말해준다. 그리고 참된 우정이라는 은총을 알기를 갈망하는 우리 모두에게 친구가 된다는 것이 무엇을 뜻하는지 가르쳐준다.

급진적 환대. 첫째, 환대에 관해 이야기해보자. 로마서 12장 9절과 "사랑에는 거짓이 없"어야 한다는 부르심으로 시작된 이 본문의 결론에 해당하는 15장 7절은 12장 9절과 더불어 바울이 독자들에게 사랑의 의미를 해설하는 이 말씀에 대한 일종의 책갈피 역할을 한다. 15장 7절의 책갈피는 적절한 짝을 이룬다. "그러므로 그리스도께서 우리를 받아 하나님께 영광을 돌리심과 같이 너희도 서로 받으라."

히브리서에서는 사랑과 상호성을 다룬다. "형제 사랑하기를 계속하"라고 히브리서 13장 1절에서 말한다. 이 상호성의 특징은 서로에 대한 환대라고 규정할 수 있다. 하지만 이 단락에는 "손님 대접하기를 잊지 말라"라는 구절도 포함되어 있다(히 13:2). 환대는 기독교 공동체 내 상호적인 사랑의 특징이며, 그런 다음 우리는 이 사랑을 가지고 교회의 담을 넘어 세상으로, 낯선 사람에게, 더 나아가 히브리서 13장 3절에서 말하듯 갇힌 자에게 다가가라는 명령을 받는다. 환대를 베푼다는 것은 타자를 맞이하고, 타자를 받아들이고 환영하는 것이다. 이는 근본적으로 우리의 가정 안에서 제공되는 어떤 것을 가리키지 않고(분명히 이것도 포함되지만) 이웃에게 후히 베푸는 우리의 성향을 가리킨다. 차를 운전할 때 우리는 다른 운전자를 환대할 수 있다. 지구의 자연 자원을 사용할 때 우리는 아직 살아보지도 못한 이들을 환대할 수 있다. 타자는 방해물, 장애물, 경쟁자가 아니다. 타자를 맞아들일 때 우리는 그리스도를 맞아들인다. 우리에게 올 수 없는 갇힌 자들을 위해, 우리가 우리의 환대를 가지고 타자에게 간다. 베드로전서에서도 사랑과 환대를 이렇게 연결한다. 이 서신의 기자는 "무엇보다도 뜨겁게 서로 사랑할지니 사랑은 허다한 죄를 덮느니라 서로 대접하기를 원망 없이 하고"라고 말한다(벧전 4:8-9).

이처럼 타자를 환대한다고 해서 사적 공간의 정당성을 무시하는 것은 아니다. '아니요'라고 절대로 말할 수 없다거나 아무런 경계도 없는 무조건적인 순종을 뜻하지 않는다. 이것은 타자에게 우리의 기대를 따르라고 요구하기보다는 그들의 관점에서 그들을 받아들이는 것을 의미한다. 이 모든 것은 물론 시민사회의 한계와 공간을 나눠 써야 할 필요성—물을 나눠 쓰든, 식량을 나눠 쓰든, 도로를 나눠 쓰든, 다른 자원을 나눠 쓰든—이라는 한계 안에서 이루어져야 한다.

이 점에 관해 나는 특히 디트리히 본회퍼가 이 급진적 환대의 필수 요소로서 귀 기울이기의 우선성을 강조하는 것에 주목한다. 그는 이렇게 주장한다.

우리가 공동체 안에서 다른 이들에게 마땅히 해야 할 첫 번째 섬김은 그들의 말에 귀를 기울이는 것이다. 하나님에 대한 우리의 사랑이 하나님의 말씀에 귀 기울이는 것에서 시작하듯이, 다른 그리스도인들에 대한 사랑의 시작은 그들의 말에 귀 기울이는 법을 배우는 것이다. … 우리 형제자매들의 말에 귀 기울이는 법을 배울 때 우리는 그들을 위한 하나님의 일을 하는 셈이다. … 귀 기울이기가 말하기보다 더 위대한 섬김일 수 있다.[7]

사랑으로 그 특징을 규정할 수 있으며 사랑이 넘치는 공동체 안에서 살겠다고 결심한 사람들은 야고보서 1장 19절의 말씀처럼 "듣기는 속히 하고 말하기는 더디 하는" 사람들이다. 그들은 타자의 말을 귀 기울여 듣는 것만큼—타자를 진지하게 받아들이고 그에게 공간을 내어주는 것만큼—타자를 향한 환대를 명확하게 규정하는 것이 없음을 알고 있다. 듣기는 타자를 존중하고 자신보다 다른 사람들을 더 낫게 여기라는 부르심을 성취하는 근본적인 수단이다(롬 12:10).

물론 듣기란 누군가를 알아주는 것뿐만 아니라 그의 말에 귀 기울여 듣는 것을 뜻한다. 그에게 관심을 기울이는 것이다. 손으로든 머리로든 멀티태스킹을 하지 않고 타자에게 온전히 주의를 기울인다. 대답할 말을 미리 예상하기보다는 그가 하는 말에 집중한다. 바울은 바로 이런 의미에서 우는 자들과 함께 울고 즐거워하는 자들과 함께 즐거워하라고 말했다(롬 12:15). 듣기에는 다른 이의 정서적 상황에 공감하고, 인간으로서 누구나 공유하는 기쁨과 슬픔을 함께 나누는 행동이 포함된다.

우리는 모두 누군가가 나의 말에 귀 기울여 들어주기를 갈망

---

7   같은 책, 98.

한다. 귀 기울여 듣는 행위야말로 타자에 대한 환대, 타자에 대한 관심, 타자에 대한 사랑을 분명하게 드러내는 것이다. 우리는 자녀를 사랑하며 그들에게 귀 기울인다. 지도자로서 우리는 동료들과 우리가 섬기도록 부르심 받은 사람들에게 귀를 기울인다. 사업할 때 우리는 고객에게 귀를 기울인다. 의사와 치과의사로서 우리는 진단하기 전에 주의 깊게 듣고 또 듣는다. 정부 지도자로서 우리의 일차적 책임이 듣는 것임을 알게 되며, 이것은 종교 지도자들에게도 똑같이 중요하다. 목회란 첫째, 하나님의 말씀에 귀 기울이는 행위이며, 둘째, 본회퍼의 주장처럼 교인들의 말에 귀 기울이는 행위이다. 가정에서 사랑한다는 것은 곧 귀를 기울이는 것이다. 배우자는 상대방이 자신의 말에 귀를 기울이는 것을 알고 있으며, 자녀들은 가정이 자기가 마음껏 말할 수 있고 다른 이들이 자기의 말을 들어주는 안전한 공간임을 안다. 자신에게 공간이 주어져 있으며 부모가 자기 말에 귀를 기울인다는 것을 어려서부터 아는 것만큼 아이의 인격 형성에 강력한 영향을 미치는 요소는 거의 없다. 결혼한 부부는 아마도 '그가 나에게 귀를 기울인다'는 사실이 곧 결혼 생활에서 사랑의 표지라고 할 수 있을 것이다.

만약 우리가 진실하고 진정한 사랑에 의해 특징지어진다면, 그것은 우리가 더 많이 듣고 더 적게 말한다는 사실을 통해 명백히 드러난다. 말하기보다 적어도 두 배는 더 듣기로 결심하는 자세는 모든 관계에 적용될 만한 경험 법칙이라고 볼 수 있다. 그리고 본질적으로 우리는 주 안에서 서로 맞아들이라는 성경의 부르심을 성취하기 위해 듣는다(롬 15:7).

또한 환대는 우리 자신을 타자에게 강요하지 않는다는 뜻이다. 우리는 타자에게 그들의 공간을 내어준다. 옆 사람이 침묵하기를 간절히 바라는데도 계속 말하는 사람, 타자의 후각적 공간을 침범할 만큼 진하고 강한 향수를 뿌린 사람들을 염두에 두고 하는 말이다. 이를테면 그들은 공간을 내어주기보다는 타자의 공간을 침범한다. 교회에서 안내 담당자가 조용히 예배당에 들어와 이곳이 예배드릴 만한 곳인지 알아보려는 새신자를 부담스럽게 만들고 '환영'받고 있다고 느끼도록 강요한다면 이는 참된 환대가 아니다. 진심으로 인사하고 환영하는 사람이라면, 용기 내어 예배당이라는 낯설고 새로운 공간에 찾아온 사람에게 필요한 것이 무엇인지 가늠하여 그 사람이 자신에게 알맞은 속도와 자신의 방식대로 그 공간에 들어올 수 있도록 배려할 것이다.

여기서 한 가지 더 짚고 넘어갈 점이 있다. 로마서 15장 7절과 서로 맞아들이라는 부르심은 우리의 성향과 태도 전반에도 적용되어야 한다. 하지만 중요한 문제에 관해 우리가 의견을 달리할 때도 은혜로운 태도를 유지해야 함을 강조하는 대목에서, 바울이 이런 가르침을 강조한다는 사실은 주목할 만하다. 우리가 의견을 달리하고 어쩌면 그 일 때문에 다른 길을 걸어야만 할 심각한 문제들이 존재할 수도 있지만, 사도 바울은 참된 환대로 타자를 사랑한다는 것은 타자가 우리와 다름을 받아들이고 그런 차이를 지닌 타자를 존중하는 것을 뜻한다고 가르친다. 타자에 대한 우리의 사랑에는 타자가 우리와 다를 수 있는 자유를 철저히 존중하는 마음가짐도 포함된다.

타자를 존중하라는 베드로전서 2장 17절의 부르심―베드로는 우리가 모든 이를 존중해야 한다고 강조한다―은 이러한 급진적 환대를 통해 분명히 표현된다. 원수에 대해, 우리와 크게 다른 이들에 대해, 우리가 불쾌하게 여기는 관점을 지닌 사람들에 대해, 우리는 존중하는 태도를 보여주라고 부르심을 받았다. 나는 여기서 베드로가 악을 저지르는 사람조차도 존중하라는 말을 하고 있다고 생각한다. 그들이 행하는 바를 존중하지는 않지만, 하나님의 형상으로 창조된 그 사람은 언제나 존중한다.

따라서 고문이나 다른 사람을 무시하는 행위, 말이나 행동으로 다른 사람을 비하하거나 모욕하는 행위는 결코 정당화될 수 없다. 우리는 타자를 절대로 비방하지 말아야 하며, 타자의 행동과 인간으로서의 타고난 존엄성을 언제나 구별해야 한다.

인내와 용서, 잘못의 해결. 또한 다른 이들의 불완전함과 실패를 은혜롭게 받아들이지 않는다면 우리는 그들을 사랑할 수 없다. 많은 점에서 문제는 이처럼 단순하다. 적어도 우리는 인내심을 가지고 다른 이들을 대하고 서로 참아주며 용서해야 한다. 이것이 골로새서 3장 12-13절에 있는 순서이다. 하나님께 사랑받고 긍휼과 온유로 옷 입은 사람들은 인내에 의해 그 특징이 규정되며 서로 참아주고 서로 용서하는 사람이다. 이 말씀의 결론 부분에서는 우리가 사랑으로 옷 입어야 한다고 가르친다. 바로 인내와 용납 그리고 용서이다.

인내는 환대와 밀접히 연결되어 있으므로 이제 우리의 환대는 요구하기보다는 받아들이는 사람들의 환대, 타자에 대한 소망과 동경이 억압적이지 않고 은총으로 충만한 사람들의 환대이다. 우리는 하나님께서 그분의 때에 타자의 삶 속에서 그분의 일을 하시도록 기다린다. 인내는 하나님을 향해 우리의 신뢰를 보여주는 핵심 지표이며, 우리가 믿음으로 살아가며 하나님이 타자에게도 하나님이 되심을 받아들인다는 신호이다.

용납은 인내의 쌍둥이 자매라고 말할 수 있다. 로마서 15장 1절에서는 우리에게 "약한 자의 약점을 담당"하라고 권면한다. 우리가 서로 사랑한다면 상대방이 성숙해지고 온전해지기를 갈망하는 것은 당연하지만, 동시에 우리는 사랑으로 그 사람의 한계와 약점 그리고 실패를 받아들이고 용납한다. 이처럼 긍휼과 너그러움을 드러낸다는 것은 악이나 잘못을 용인한다는 뜻이 아니라 우리 모두가 변화에 이르는 도상에 있으며 우리 중 그 누구도 아직 목적지에 이르지 못했다는 뜻일 뿐이다.

용서는 근원적이며 근본적이다. 누군가 우리에게 잘못을 범할 것이다. 모든 관계와 모든 공동체는 실패와 실망, 배신을 경험할 것이다. 그리고 우리가 아직 죄인이었을 때 우리를 용서하고 사랑하시겠다는 하나님의 결심이 세상을 향한 하나님의 사랑을 가장 구체적으로 드러내듯이(롬 5:8), 다른 이들을 향한 나의 사랑도 용서를 통해 분명히 드러날 것이다. 용서는 타자를 향한 사랑의 본질적인 특징이라고 말할 수 있다.

청소년기와 청년기를 거치면서 우리는 부모나 권위 있는 사람들에게 부당한 대우를 받을 수 있다. 동료, 배우자, 친구들에게 부당한 대우를 받을 수도 있다. 때로는 그저 타자의 한계와 결점을 참아주는 법을 배워가는 과정일 수도 있지만, 다르게 표현할 수 없을 때도 많다. 즉, 타자가 우리에게 잘못을 범했다. 그리고 그에 대해 우리가 대응할 수 있는 유일한 방법은 하나님이 우리를 용서하

셨듯이 우리도 용서하라고 부르심 받았음을 깨닫는 것이다.[8]

이제 용서에 관해 핵심이 되는 주장을 해야 할 때이다. 용서란 잊어버리는 것을 뜻하지는 않는다. 대개는 잊는 것도 가능하지 않다. 잘못, 특히 심한 잘못은 흔적을 남기기 마련이다. 하지만 용서는 우리가 당한 잘못을 계속해서 머릿속에 떠올리며 마치 어제 일어난 일처럼 그 잘못 때문에 고통을 계속해서 느끼지 않는 것을 뜻한다. 용서한다는 것은 그 일이 지나가도록 놓아준다는 뜻이다. 우리는 더 이상 그것 때문에 타자를 탓하지 않는다. 우리에게 잘못을 저지른 타자를 저주하기보다는 축복한다.

그러나 용서가 수동적인 굴종을 뜻하지 않는다는 점을 분명히 강조할 필요가 있다. 용서란 가정에서 당한 신체적 혹은 정서적 학대, 직장 내에서 당한 학대, 공권력에 의한 학대를 용인한다는 뜻이 아니다. 용서는 정의에 대한 사랑과 선의 추구, 잘못을 저지른 사람을 포함해 모든 당사자에 대한 존중이 동반되어야 한다.

이는 짝을 이루는 또 다른 주장으로 이어진다. 즉 인내, 용납, 용서로 부르심의 다른 한 면은 잘못을 적극적으로 해결하는 것이다. 다른 이들이 우리에게 잘못을 저지를 뿐만 아니라 우리도 다른 이들에게—우리가 하는 말이나 하지 못한 말에 의해, 우리가 한 행동이나 하지 못한 행동을 통해—잘못을 저지른다. 우리는 자

---

8   이 장의 초고를 쓰던 날 나는 하루 종일 어머니와 이메일을 주고받았다. 우리는 함께 걱정하던 상황에 대해 생각을 나눴다. 이 글을 쓰느라 잠시 이메일 교환을 멈췄을 때 나는 어머니에게 이런 이메일을 받았다. "나는 오래 살았지만 인생에 관해서는 아직도 내가 알지 못하는 게 많구나. 하지만 사람이 누군가를 용서한 것에 대해서는 결코 후회하지 않는다는 것을 분명히 알고 있단다."

녀, 부모, 배우자, 동료, 이웃에게 최선의 사람이 되어주지 못하는 경우가 많다. 우리의 잘못된 행동이 잔인하고 계획적일 때도 있다. 하지만 고의가 아니거나 단순한 부주의의 결과이거나 지혜롭지 못한 행동의 결과인 경우가 더 많다. 때로는 좋은 의도로 말하거나 행동하지만 뒤돌아보면 옳은 말이나 행동이 아니었음을 깨닫는다.

좋은 사람들, 지혜로운 사람들, 사랑의 길을 추구하는 사람들은 그런 말과 행동을 해결하지 않고 내버려둘 때 관계가 깨어질 수 있음을 안다. 그들은 고백과 사과 그리고 배상으로 관계를 회복하기 위해 의도적으로 노력해야 함을 안다. 그들은 상황을 바로잡기 위해 최선을 다한다. 그들은 화해와 관계 회복을 추구한다. 더 사소한 잘못의 경우에도 그들은 그것이 관계를 악화시키거나 약화시키지 않게 하려고 최선을 다한다. 그들은 지나치게 꼼꼼한 태도를 보이지 않으면서도, 관계란 깨지기 쉬우며 다리를 재건할 필요가 있음을 안다. 그들은 관계의 건전성을 점검하고, 타자에게 모든 것이 괜찮은지 확인하고, 필요하다면 고백과 사과 그리고 배상으로 화해를 이루기 위해 적극적으로 노력한다.

인내, 용납, 용서의 길은 물론 가정에서 시작된다. 우리는 자라면서 부모를 용서하는 법을 배운다. 대부분의 경우 부모는 우리에게 가장 먼저 잘못을 범하게 되는 사람들이다. 하지만 이는 날마다 우리가 함께 살아가는 이들과도 계속된다. 그리고 교회 공동체는 반드시 이러한 상호 용서라는 특징을 보인다. 그것은 하나님 나라의 삶에서 가장 근본적인 특징 중 하나이다. 기독교 공동체는 실제 사람들이 실제로 관계를 이루는 공간이며, 따라서 서로 차이가 있을 뿐만 아니라 심지어는 갈등이 생길 수밖에 없다.

그렇다. 갈등이 존재할 것이다. 실제 가정과 실제 기독교 공동체 안에는 실제로 갈등이 있을 것이다. 로마서 14장에서 바울은 공동체 안에 현실적이며 실제적인 차이가 존재한다는 것을 전제한다. 하지만 그는 성급히 그 차이를 해소하도록 이끌지 않는다. 사랑하기를 배운다는 것은, 분열하거나 파괴하지 않는 대신 환대, 인내, 용납, 상호 용서를 촉구하는 갈등과 더불어 사는 법을 배우는 것이다.

마지막으로 하나만 더 지적한다. 용서한다는 것은 복수할 필요성을 포기하는 것이다. 우리는 악을 악으로 갚지 않는다. 우리는 해를 입히지 않는다. 우리는 모두와 평화를 이루며 산다. 원수가 배고플 때, 우리는 음식과 쉴 곳을 제공한다. 우리는 '그리스도 안에서' 대응하며, 이는 곧 후히 섬김으로 대응한다는 뜻이다. 그리고 이것은 세 번째 주제, 즉 섬김으로의 부르심과 연결된다.

후히 섬김. 사랑은 곧 섬김이다. 이는 하나님의 사랑 안에서, 하나님이 그리스도 안에서 자기를 내어주심을 통해 분명히 드러났다. 복음의 핵심은 세상을 위한 그리스도의 철저한 섬김이다. 사랑과 섬김의 상호작용은 특히 다음 두 본문에 강력히 나타난다.

예수님은 요한복음 15장 12절에서 서로 사랑하라고 부르신다. 바로 다음 절에서 예수님은 사랑한다는 것은 곧 타자를 위해 자기 목숨을 내어놓는 것이라고 말씀하신다. 사랑과 섬김 사이의 이런 연관성이 분명히 드러난 또 다른 본문은 에베소서 5장이다. 여기서 사도 바울은 아내를 향한 남편의 사랑에 대해 이렇게 말한다. "남편들아 아내 사랑하기를 그리스도께서 교회를 사랑하시고 그

교회를 위하여 자신을 주심같이 하라"(엡 5:25). 계속해서 바울은 사랑의 근본 의미를 강조한다. 그리스도께서 자신을 희생하여 내어주심으로 교회를 사랑하셨듯이 남편은 아내를 자기 몸처럼 사랑해야 한다. 이것이 사랑의 의미이다. 사랑한다는 것은 곧 귀 기울여 듣고 용서하고 섬기는 것이다.

구체적으로 타자를 섬긴다는 것은 진실하고 실질적인 필요에 부응하는 것이다. '당신을 어떻게 섬길 수 있을까요?'라는 물음은 '무엇이 필요하신가요?'라는 물음과 같은 뜻이다. 사랑할 때 우리는 더 잘 분별하게 된다. 이 사람, 이 공동체, 나의 이웃에게 필요한 것은 무엇이며, 나는 어떻게 그 필요를 채울 수 있을까?

우리는 흔히 베풂으로써 그 필요에 부응한다. 이는 대단히 중요하다. 이것은 보답을 기대하며 베푸는 계산된 거짓 섬김이 아니다. 특권의식으로 이어지거나 타자에게 채무 의식을 갖게 하는 섬김이 아니다. 시몬 베유(Simone Weil)의 말처럼 참된 섬김이란 "배고플 때 음식을 먹는 것처럼 본능적이고 즉각적인" 행동이며, "어제 먹은 음식을 기억하지 못하는 것처럼 거의 즉시 잊어버리는 행동이다".[9]

이제 '섬김'의 구체적인 내용을 살펴보자. 섬김이란 무엇인가? 첫째, 우리의 관대함은 언제나 '그리스도 안에서의' 관대함이라는 점을 강조할 필요가 있다. 우리의 준거점은 우리가 타자를 섬긴다기보다 그리스도 안에서 그분의 이름으로 타자의 필요에 부응한다는 것이다. 이는 필요가 부르심을 결정하지 않는다는 뜻이다. 우

---

9   Simone Weil, *Gateway to God,* ed. David Roper (New York: Crossword, 1982), 82-83.

리는 발생하는 모든 필요에 반응할 수 없다. 더 나아가 이는 우리가 타자의 요구에 반드시 반응할 필요가 없다는 뜻이기도 하다. 우리는 언제나 그리스도 안에서 타자를 위해 반응한다.

둘째, '그리스도 안'이라는 말은 절대로 우리 자신의 이익이나 명예를 위해 행동해서는 안 된다는 뜻이다. 우리는 그리스도 안에서, 그리스도를 위해 섬기기 때문에 칭찬이나 감사를 구하지 않으며 조용히 섬기는 법을 배울 수 있고 또 배워야 한다. 구제 사역에 기부할 때 우리는 언제나 요란하게 알리지 않으면서 조용히 기부한다. 섬길 때 인정받지 못해도 상관없다. 어쩌면 우리가 행하는 가장 선한 일은 남들 모르게 행하는 일일 것이다. 하지만 우리는 그리스도를 위해서, 타자의 필요에 반응하여 행하는 일로서 꾸준히 행할 것이다. 참되게 섬길 때, 타자는 섬기는 사람에게 어떤 종류의 의무감이나 채무 의식도 느끼지 않는다.

사랑과 섬김은 의무감이나 의존성을 만들어내지 않는다. 부모가 자녀를 섬긴다고 해서 자녀가 부모에게 의무감을 느끼지는 않는다. 우리는 교회를 섬긴다는 이유로 특권 의식을 느끼지는 않는다. 세상을 섬길 때 우리는 이제 세상이 우리에게 무언가 빚을 졌다고 생각하지 않고 거저 섬긴다.

셋째, 사랑한다는 것은 타자의 행복을 적극적으로 추구하는 것이다. 우리는 사랑하도록 부르심 받았다. 그러므로 세상 속에서 우리의 존재 방식은 언제나 모든 사람의 행복에 민감하다. 그렇기에 사랑과 정의 사이에는 밀접한 연관성이 있다. 하지만 사랑은 우리 가까이에 있는 사람들만 위한 것은 아니다. 이 점은 대단히 중요하다. 사랑은 언제나 보편적으로 적용된다. 나는 다른 이들을 희생시키면서 내 가족을 사랑하지 않고, 다른 민족들을 희생시키면서 나라를 사랑하지 않으며, 뒤에 올 세대를 희생시키면서 내 세대를 사랑하지 않는다. 나는 내 나라가 다른 이들을 희생시켜 부를 쌓는 것을 용납하지 않으며, 다른 민족을 희생시켜 내 나라의 행복을 추구할 수 없다. 애국심을 사랑과 혼동한다면 이는 성경적 이상을 왜곡할 뿐이다.

글렌 틴더는 사랑과 정치적 책임 사이의 밀접한 관련성에 대해 말할 필요성을 강조한다. 그는 정치적 책임이 다른 이들에게 주의를 기울이는 사랑의 행위, "동료 인간들 곁에 의식적으로 머무는 행위"이며, "그렇게 하기 위해서 지구상에 있는 모든 인간에게ㅡ그들이 하는 행동, 그들이 당하는 고통, 그들이 하는 말에ㅡ주의를 기울여야 한다"라고 말한다.[10] 이런 민감함은 타자에 대한 정치적 책임의 행위이며, 따라서 사랑의 행위이다. 사랑한다는 것은 이렇게 묻는 것이다. 내 이웃을 향해 정치적으로 책임을 지며 산다는 것은 무엇을 뜻하는가? 어떻게 나는 타자의 행복에 비추어 내 운명을 추구할 수 있는가? 어떻게 타자의 고통과 필요가 내 삶과 내 운명을 규정할 수 있는가?

그리고 국가 차원에서 다른 민족과 국가의 진정한 필요는 내 나라 시민으로서 내가 책임 있게 행동하는 방식을 어떻게 규정할 수 있는가? 개인적, 국가적 안전 문제에 관해 우리는 '범죄를 저지른 사람들의 필요ㅡ진정한 개인적 필요ㅡ는 무엇인가?'라고 묻는다. 우리는 안전한 거리를 유지해야 할 필요성을 누가 교도소에서

---

10   Glenn Tinder, *The Fabric of Hope: An Essay* (Grand Rapids, MI: Eerdmans, 1999), 151.

얼마나 오래 복역해야 할지를 결정하는 유일한 기준으로 삼지 않는다. 더 나아가 범죄자에 관해 우리는 '이 사람을 사랑하고 섬긴다는 것은 무엇을 뜻하는가?'라고 묻는다. 복역 기간을 늘리는 것은 구속의 관점에서 잘못을 저지른 사람에게 가장 적절한 대응이라고 보기 어렵다.

넷째, 가장 강력한 형태의 섬김은 중보적 기도이다. 우리는 서로를 위해 기도함으로 서로를 섬긴다. 조용히, 요란하게 알리지 않고 기도한다. 우리의 이웃과 친구, 세상을 위한 섬김의 행동으로 은밀히 기도드린다.[11] 교회는 주일 예배를 통해 우리의 직접적인 필요와 양식을 위해 기도할 뿐 아니라, 다른 교단에 속한 그리스도인들과 다른 종교 전통에 속한 사람들의 필요를 포함하여 세상의 필요를 위해서도 기도함으로, 적극적으로 세상을 섬긴다. 우리는 기도함으로 섬긴다. 섬김의 행위에 혼자서, 사적으로, '은밀히' 행하는 기도가 수반되지 않는다면 우리는 다른 사람을 참으로 섬기지 않는 것일지도 모른다.

마지막으로 섬김에 대해 말한다는 것은 결국 근본적 차원의 친절에 대해 말하는 것이다. 참된 섬김은 소망, 인내, 기쁨 안에서 행해진다. 타자를 위한 우리의 섬김은 부담이나 괴로운 의무가 아니라 자유롭게 주는 선물이다. 그것은 섬김을 받는 사람뿐 아니라 섬기는 사람에게도 선물이다. 타자를 섬기는 것은 영광이다. 섬김을 통해 우리는 세상을 향한 그리스도의 섬김에 동참하기 때문이다. 따라서 우리는 소망, 인내, 기쁨 속에서 섬긴다.

---

11   Bonhoeffer, *Life Together and Prayerbook of the Bible*, 86-87.

그리고 앞서 논했듯이 섬긴다는 것은 타자의 필요에 응답하는 것이다. 사랑한다는 것은 나에게 편하고 내가 좋아하는 것이 무엇인지 묻기보다는 무엇이 타자에게 최선인지 묻는 것이다. 이는 마치 자녀가 집에 더 머물기를 바라면서도, 아이가 다 자라 성인이 되면 새로운 도전과 기회를 향해 집을 떠나도록 자유롭게 놓아주는 부모의 마음과 같다. 혹은 새로운 목회 리더십의 필요성을 깨닫고, 비록 교회를 깊이 사랑하지만 자신 때문에 교회의 꼭 필요한 성장—후임 목회자를 통해서만 이루어질 수 있는—이 방해를 받지 않도록 하려는 목회자의 마음과 같다. 우리는 타자에게 최선이 되는 것을 행한다. 우리는 안정된 일자리와 편안함을 누릴 수 있는 직위에 머무르기보다 우리가 섬겨온 공동체나 교회, 조직을 위해 놓아주고 앞으로 나아간다. 이것은 우리가 타자를 위해 최선의 것을 행하는 일종의 엄격한 자비이다.

그것은 우리 기분을 상하게 하거나 우리에게 상처를 입히거나 우리를 억압한 사람에게도 친절을 베푸는 것을 의미한다. 로자 파크스(Rosa Parks)는 흔히 인권 운동의 어머니라 불린다. 조용하지만 강하고 단호한 이 여인은 1955년 앨라배마 주 몽고메리의 한 버스 안에서 백인 남자에게 자리를 내어주기를 거부했다. 하지만 무엇보다 그녀가 우리에게 감동을 주는 이유는, 파크스가 그 남자나, 자신에게 그토록 잔인하게 대한 사람들을 저주하기를 거부했다는 사실이다. 그녀는 체제가 불의하다는 것을 알고 있었지만 결코 냉담한 태도를 보이지 않았다. 그녀가 맹렬히 비난을 쏟아냈다 하더라도 우리는 쉽게 수긍할 것이다. 그러나 그녀는 불의에 맞서는 결연한 의지에 못지않게 친절한 성품을 보여주었다. 이처럼 로

자 파크스는 권력을 가진 사람들을 저주하고 싶은 유혹에 저항해야 함을 몸소 가르쳐주었다.

이것의 다른 한 면은, 사람들이 우리 앞에 있지 않을 때 우리가 그들에 대해 말하는 방식이다. 권력의 자리에 오르면 우리는 그 사람이 우리 앞에 있을 때에도 그 권력을 가지고 마음대로 해도 된다고 생각하는 경향이 있다. 우리는 식당 종업원을 부당하게 대하거나 비행기 승무원에게 고함을 지를 수도 있다. 그 상황에서 일정한 권력을 지니고 있다고—결국 우리는 돈을 낸다—생각하기 때문이다. 하지만 그 반대 입장일 때에도 우리는 상사와 동료에게, 버스 운전기사라면 하루 종일 버스에 태워 목적지까지 데려다주어야 사람들에게 가혹한 말을 할 수도 있다. 혹은 종업원이라면 너무나도 무례한 그 남자의 무릎 위에 음식을 '우연히' 엎지르는 짜릿한 상상을 몇 번이고 해본다. 친절하라는 부르심은 그 친절을 누릴 자격이 없는 사람에게조차 적용된다.

영성 형성과 사회적 성결: 예배, 교육, 전도

이상의 논의를 통해 사랑하라는 부르심이 영성 형성의 필수적이며 본질적 차원을 이룬다는 점이 명백해졌을 것이다. 우리는 그리스도 안에서 서로 사랑하라는 부르심을 성취하는 것이 무엇을 뜻하는지 함께 배우며 사람들을 제자 삼는다. 사랑하는 법을 배우는 것이 그리스도인의 삶에서 핵심 요소이기 때문에, 이는 교회 안에서 추구하는 영성 형성의 초점을 이룬다.

이 모든 것은 되풀이해 강조할 만한 가치가 있는 무언가를 전제로 삼는다. 즉, 우리는 공동체를 사랑하지 않는다. 공동체를 이루는 사람들을 사랑한다. 결국 우리는 이상을 사랑하지 않는다. 우리 이웃을 사랑한다. 우리가 속한 회중을 이루는 사람들을 사랑할 때에만 참으로 교회를 사랑할 수 있다. 우리는 사람들에게 좌절하려는 유혹을 경계해야 한다. 왜냐하면 그들은 기독교 공동체에 관한 우리의 이상을 흔들어놓기 때문이다. 우리는 함께 살며 일하고, 교회에서 함께 예배하는 바로 이 사람들을 사랑하도록 부르심을 받았다. 본회퍼는 기독교 공동체의 중요성과 서로 사랑하는 법을 배우는 일의 중요성을 믿었다. 하지만 그는 또한 공동체 자체를 사랑하거나 공동체를 최고의 가치로 삼지 말아야 함을 강조했다. 오직 그리스도만이 주실 수 있는 바를 기독교 공동체에 요구하는 것은 위험한 일이기 때문이다.[12] 달리 말해 하나님에 대한 우리의 사랑이 언제나 제일 먼저이다. 그리고 다른 이들에 대한 우리의 사랑은 하나님을 향한 우리 사랑의 표현일 뿐이다. 우리는 그리스도 안에서 다른 이들을 사랑한다.

어떻게 우리는 그렇게 하는 법을 배울 수 있을까? 먼저 그리스도인의 거룩함의 모든 차원이 시작되는 곳, 바로 예배에 대해 살펴보자.

예배: 기도, 예전, 영성 형성. 서로 사랑하며 사는 능력을 길러주는 영성 형성은 분명히 예배로부터 시작된다. 왜냐하면 그리스

---

12 같은 책, 27.

도의 사랑 안에서 사는 능력이 다른 이들에 대한 우리 사랑의 기초를 이루기 때문이다.

쇠렌 키르케고르(Søren Kierkegaard)는 적절한 이미지를 사용하여 다른 이들에 대한 우리의 사랑을 설명한다. 그는 다른 이들에 대한 사랑이 어디에서 오는지 묻는다. 사랑은 우리 마음속에서 생겨나지 않는다. 오히려 사랑은 하나님이 우리에게 계시하신다. 그리고 계속해서 물을 공급하는 수원이 없으면 말라버리는 호수처럼, 하나님의 사랑이라는 물줄기가 우리 마음으로 흘러들어오지 않는다면 다른 이들에 대한 우리의 사랑은 말라버릴 것이다.[13]

이 이미지는 성령께서 하나님의 사랑을 우리 마음속에 부으셨다는 로마서 5장 5절의 말씀을 떠올리게 한다. 구체적으로 이 사랑은 우리가 아직 죄인이었을 때 우리를 사랑하신 그리스도 안에 나타난 하나님의 사랑이다(롬 5:8).

앞서 이미 강조했고 이 책 전체에서 계속 말하겠지만, 예배는 우리가 그리스도 안에서 영적으로 형성되어가는 토대를 이룬다. 또한 우리가 서로를 사랑하는 능력에 관해서도 예배는 핵심적 요소이다. 우리는 탈중심화된 삶, 즉 첫째로 우주의 중심이신 그리스도와, 둘째로 우리 각자에 대한 그리스도의 사랑에 초점을 맞추는 삶을 살고자 겸손히 마음을 길러나갈 때에만 사랑할 수 있다.

예배는 우리에게 관점을 부여한다. 예배를 통해 큰 그림을 보

---

13   Søren Kierkegaard, *Works of Love: Some Christian Reflections in the Form of Discourses*, trans. Howard and Edna Hong (New York: Harper and Row, 1962), 26-27.《사랑의 역사》(다산글방).

게 되며, 이 모든 것이 우리가 아니라 그리스도와 세상 속에서 이루어가시는 그분의 목적에 관한 것이라는 깨달음을 적극적으로 길러나간다. 우리는 중심이 아니다. 우리는 겸손히 그리스도께서 우주의 중심이심을 발견하고 이해하고 그로 인해 기뻐한다. 또한 예배를 통해 그리스도께서 우리 모두를 사랑하시며 온 세상을 사랑하신다는 복음의 경이를 발견하고 새롭게 깨닫는다.

나는 이그나티우스 로욜라의 영적 훈련이 영성 형성에 중요한 역할을 한다고 생각한다. 이 훈련은 나의 기도 생활을 도와주었을 뿐 아니라, 기도에서 공동체를 통한 실천으로, 너그럽게 세상에 참여하는 삶으로 나아갈 수 있도록 이끌어주었다. 그리고 이그나티우스는 그의 책《영신 수련》의 중간 부분에서 바로 이 주제를 다룬다. 그는 "사랑은 말이 아니라 행동으로 드러나야 한다"라고 말한 다음 같은 장에서 "사랑은 더불어 선을 나누는 것을 뜻한다"라고 말한다.[14] 이그나티우스는 서로 사랑하라는 신약성경의 말씀을 그대로 반복한다. 하지만 우리는 이렇게 묻지 않을 수 없다. 이렇게 사랑하는 법을 어떻게 배울 수 있을까? 답은, 우리를 향하신 하나님의 사랑을 깨달을 때 이렇게 사랑할 수 있다는 것이다. 구체적으로 그리고 특별히 우리에게 주신 하나님의 은총과 복을 분별하고 이해할 때 이렇게 사랑할 수 있다.[15]

여기서 명시적이지는 않더라도 암시적인 주장은 다른 이들에

---

14 Louis J. Puhl, *The Spiritual Exercises of St. Ignatius* (Allahabad, India: St. Paul Publications, 1975), nos. 230-231.

15 같은 책, no. 234.

대한 우리의 사랑은 우리를 향한 하나님의 사랑 경험에서 파생된다는 것이다. 그리고 이그나티우스에게 이것은 하나님 사랑에 대한 정서적 앎이다. 혹은 칼 라너의 말처럼 "느껴진 지식"이다. 우리 마음속에 쏟아부어진 하나님의 사랑을 경험하고 그리스도 안에 있는 그 사랑의 길이와 높이와 너비와 깊이를 깨닫지 못한다면(엡 3:18-19), 우리는 결코 사랑하라는 부르심을 성취할 수 없을 것이다. 이렇게 예배는 겸손한 마음을 길러주며 하나님의 사랑을 더 깊이 깨닫게 해준다. 영성 형성에 이보다 더 큰 영향을 미치는 것은 없다. 물론 예배가 그리스도 중심적일 때에만—지나치게 구도자에게 초점을 맞추거나 예배를 단순화해서 그리스도 중심적이기보다는 자아중심적 성격을 띤 예배가 아니라—이런 영향력을 발휘할 수 있다. 그리스도 중심의 예배를 드릴 때, 다른 이들에 대한 우리의 사랑이 그리스도에 대한 우리 사랑의 한 양상이라는 중요한 현실을 경험할 수 있다.

이 점에 관해 주의 만찬만큼 강력하며 영성 형성에 큰 영향을 미치는 요소는 없다. 주의 만찬을 통해 우리는, 우리를 사랑하고 맞아들이고 용서하시는 분, 식탁으로 그분의 백성을 찾아오시는 그리스도와 실시간으로 만난다.

교회가 함께 행하는 예전인 공동 예배를 보완하는 실천도 필요하다. 즉, 우리가 행하는 개인적이며 사적인 기도는 신앙 여정에 필수적이다. 우리가 홀로 그리스도와 만나는 개인 기도는 공동체 안의 삶과 짝을 이루는 필수 요소이다. 우리는 중요한 일, 그리스도와의 관계를 가장 우선으로 삼는다. 기도를 통해 우리는 그리스도의 사랑 안에 머물며 성령께서 우리 마음속에 부어주시는 이 사랑의 은총을 깨닫는다(롬 5:5). 따라서 교회의 예배와 우리가 날마다 드리는 기도는 이웃을 사랑하라고 부르심 받은 이들의 마음과 영혼을 '형성'하는 데 꼭 필요하다.

가르침과 선포. 더 나아가 이 모든 것은 의도적으로 실천해야 한다. 위에서 지적했듯이 사랑은 그 누구에게도 자연스럽게 다가오지 않는다. 우리 모두는 사랑을 배우고 익혀야 한다. 말씀 선포와 모든 연령대의 교인에 대한 교육에는 서로 사랑하라는 부르심뿐만 아니라 이것이 무엇을 뜻하는지 설명해주는 구체적인 내용도 포함되어야 한다.

환대를 베풀고, 참아주고, 용서하고, 섬긴다는 것은 무엇을 뜻하는가? 기독교 공동체 안에서도 많은 회중이 심각한 갈등을 겪고 있다. 내재하는 갈등이 공동체 삶에 미치는 해악을 인식하기보다는 이를 정상적인 것으로 받아들이는 경우가 너무 많다. 따라서 설교와 교육에는 우리가 서로 다를 때, 특히 서로에게 잘못을 범했을 때 중요한 문제에 어떻게 접근해야 하는지에 관한 가르침과 지침이 반드시 포함되어야 한다.

우리에게는, 타자를 사랑하라는 기독교적 소명의 내용과 성격을 우리가 이해할 수 있도록 분명하고 구체적인 가르침이 절실히 필요하다. 이런 가르침을 받지 못한다면 **사랑**이라는 단어는 광고 산업에서 유래한 내용으로 채워지고 말 것이다.

하지만 교육과 선포가 구체화되어야 — 공동체의 삶 속에서 실천되고 예시되고 드러나야 — 한다는 점도 반드시 강조해야 한다. 우리는 교육과 경험을 통해 배운다. 서로 용서해야 할 필요성에 관한 말씀을 선포해야 하며, 그리스도 안에 있는 두 형제가 심각한 잘못이나 오해 이후에 화해하는 것을 보고 경험할 때 그 가르침이 우리 마음속에 뿌리를 내린다.

함께 주의 만찬을 행하는 것도 중요한 의미를 갖는다. 이 거룩한 식사는 우리 공동의 정체성과 그리스도 안에서의 연합을 상징할 뿐 아니라 우리 공동의 신앙, 우리가 공유하는 헌신, 그리스도와 서로에 대한 우리의 사랑을 고양시킨다.

전도와 교리 교육. 마지막으로, 전도와 교리 교육에 관한 논의는 요한복음 17장에 기록된 예수님의 기도에 담긴 놀라운 말씀을 떠올리게 한다. 예수님은 세상이 기독교 공동체의 일치를 보고 경험할 때 그리스도 예수께서 성부가 보내신 세상의 구원자이심을 알게 될 것이라고 말씀하셨다.

이 말씀은 성경에 거듭 등장하는 주제, 진리—구체적으로 선포된 진리—와 사랑 사이의 관계라는 주제를 상기시킨다. 한편으로 우리는 지혜 없이는 사랑이 없음을 기억한다. 우리는 진리와 지혜 속에서 사랑한다. 우리는 지혜 속에서 살고 서로를 향해 지혜롭게 행동함으로써 사랑한다. 따라서 이 순서는 의도적이며 중요하다. 즉, 지혜는 사랑의 기초이다.

하지만 이 원리는 역전될 수도 있다. 진리와 지혜 없이는 사랑이 없듯이, 사랑 안에서 선포되고 교육되며 교회의 사랑과 일치 안에서 드러나지 않는 진리나 지혜도 없다. 지혜는 사랑의 형식과 기초와 내용을 제공한다. 그리고 신앙을 받아들인 이들에게는 교리 교육이 필요하고, 이를 통해 그들은 교회, 즉 환대, 인내, 용서, 섬김에 대한 헌신으로 특징지어지는 공동체로 산다는 것이 무엇인지 배운다. 하지만 그리스도를 믿게 된 이들은 이런 가르침을 들을 뿐 아니라 교회 안에서 그 가르침이 실천되는 것도 보아야 한다. 더 구체적으로 그들은 기독교 공동체를 직접 경험함으로써 이 가르침, 이 말의 힘을 느낀다.

6장

정직한 기쁨을 누리라

주께서 나의 슬픔이 변하여 내게 춤이 되게 하시며
나의 베옷을 벗기고
기쁨으로 띠 띠우셨나이다
이는 잠잠하지 아니하고 내 영광으로 주를 찬송하게 하심이니
여호와 나의 하나님이여 내가 주께 영원히 감사하리이다.

시편 30편 11-12절

이제 그리스도 안에서 성숙한 사람을 가리키는 궁극적인 표지에 대해 다룰 차례이다. 우리는 정서적인 성숙과 사랑의 질서로의 부르심과 더불어 기쁨에 대해 말한다. 미국의 정교회 신학자인 알렉산더 슈메만(Alexander Schmemman)은 자신의 일기에 이런 묵상을 기록했다.

나는 기쁨의 결여, 즉 하나님이 세상을 창조하고 구원하셨음을 잊어버리는 것 외에는 하나님이 모든 것을 용서하실 것이라고 생각한다. 기쁨은 기독교의 '구성 요소'가 아니라 모든 것을 관통하는 기독교의 조성(調聲)이다.[1]

기쁨이 기독교 영성의 조성이며, 따라서 그리스도인 성숙의 조성이라는 말은 무슨 뜻인가? 기쁨이 그리스도인의 삶에 부수적인 요소이거나 괜찮은 첨가물이 아니라 우리 삶에서 일하시는 성

---

1 *The Journals of Father Alexander Schmemann, 1973-1983*, trans. Juliana Schmemann (Crestwood, NY: St. Vladimir's Seminary Press, 2000), 137. 또한 슈메만의 책 *For the Life of the World* (Crestwood, NY: St. Vladimir's Seminary Press, 1998), 25-26을 보라.《세상에 생명을 주는 예배》(복있는사람). 이 책에서 기쁨은 거듭 강조하는 주제이며, 특히 기쁨의 표현이자 기쁨이 유지되는 수단으로서 성만찬에 초점을 맞춘다.

령의 역사를 충만하게 경험(행 13:52)하는 토대가 된다는 것은 무엇을 뜻하는가?

신앙의 일차적 지표와 열매 중 하나는 혼란스럽고 깨어진 세상 속에서 누리는 기쁨이다. 하지만 기뻐하라는 성경의 부르심에서 가장 중요한 점은, 이 기쁨을 정직하게 얻어야 한다는 사실이다. 즉, 우리는 진리를 말하고, 세상의 아픔과 고통을 직시하며, 그 안에서 기쁨을, 장차 올 왕국의 선취(先取)인 기쁨을 아는 사람들이다.

다음 논의를 통해 이 점이 분명해질 것이다. 지혜 가운데, 선한 일에 대한 전망과 열정을 지니고, 우리가 사랑받고 있듯이 사랑하겠다고 결심하고 그 결심대로 실천하는 삶을 살 때 기쁨을 누릴 수 있다. 무엇보다도 나는 기쁨이 그리스도와 연합함의 결실이자 증거라고 주장한다. 하지만 나의 핵심 주장은 기쁨이 중요하며, 이 기쁨은 성숙한 기독교 신자로서 우리의 정체성에 단순한 케이크 장식 같은 요소가 아니라 필수 요소라는 것이다.

이를 위해 먼저, 영적 성숙을 말할 때 왜 정서적 삶이 중요한지 논해야 하며, 그런 다음 이런 성찰이 고대의 지혜에 견고히 뿌리내리게 해야 한다. 특히 우리는 '사랑의 질서'에 초점을 맞출 것이다.

정서적 성숙과 영적 성숙

이사야 35장 첫머리에서 예언자는 놀라운 선언을 한다.

광야와 메마른 땅이 기뻐하며 사막이 백합화같이 피어 즐거워하며 무성하게 피어 기쁜 노래로 즐거워하며…(사 35:1-2).

그리고 이 예언은 이렇게 끝을 맺는다.

여호와의 속량함을 받은 자들이 돌아오되 노래하며 시온에 이르러 그들의 머리 위에 영영한 희락을 띠고 기쁨과 즐거움을 얻으리니 슬픔과 탄식이 사라지리로다(사 35:10).

"기쁨과 즐거움을 얻으리니"라는 구절은 기쁨이 그들을 압도할 것이라고 번역하는 편이 더 낫다. 그들은 도적과 악이 아니라 기쁨에 압도될 것이다.[2]

이 예언에는 메시아가 오실 때 하나님의 기쁨을 알고 싶어 하는 인간 영혼의 갈망이 성취될 것이라는 전제가 깔려 있다. 이 기쁨은 세상을 향한 하나님의 목적에 부수적 요소가 아닌, 하나님의 선교의 핵심을 차지한다. 이 기쁨이 우리를 압도할 것이다.

우리는 이를 배경으로 삼아 요한복음 15장과 16장에 기록된 예수님의 말씀(요 15:11; 16:16-24)에 대해 생각해볼 수 있다. "내 안에 거하라 나도 너희 안에 거하리라"(요 15:4)라고 처음으로 말씀하시는 바로 그 본문에서 예수님은 자신이 오셨고 자신을 통해, 우리 삶 속에 행하시는 그분의 사역을 통해, 우리 기쁨이 충만해질 것이라고 선언하신다(요 15:11).

---

2   오래전 내가 속한 성경 공부반을 인도하며 이런 해석을 소개해준 이사야서 연구자이자 함께 일했던 동료 데이비드 베어(David Baer)에게 감사드린다.

많은 기독교 하위문화들에서는 인간으로서, 그리스도인으로서 우리 정체성의 정서적 측면에 여전히 양면적인 태도를 보인다. 영적 성숙을 말할 때 우리에게 시급하게 필요한 것 하나는, 그리스도인의 삶에서 정서와 감정, '마음'이 핵심적인 자리를 차지한다고 보는 성경적 관점을 회복하는 것이다. 이 회복은 사실 머리와 마음, 지성과 감정 사이의 관계의 문제이다. 지성주의와 감정을 무시하는 태도에 대한 해답은 감상주의가 아니다. 지성을 무시하는 태도는 그리스도인의 삶에서 정서가 차지하는 핵심 역할을 부인하는 것만큼이나 그릇된 태도이다. 따라서 기쁨을 다루는 이 장에서는 앞서 다룬 지혜로의 부르심을 전제로 삼는다. 이와 관련된 성경의 성취는 마음과 지성을 결합했다는 것이다.

하지만 나는 기쁨을 문제의 핵심으로 본다. 예수님은 매우 단순하고도 직접적으로 "내가 온 이유는 너희 기쁨이 충만해질 수 있게 하기 위해서이다"라고 말씀하신다. 우리는 행복하기를 갈망하는 사람으로서 이 말씀을 읽는다. 우리는 기쁨을 누리도록 창조되었으며 그리스도께서는 우리 기쁨이 온전해지게 하시려고 오셨다.

갈등과 어려움, 고통에 의해 파괴된 세상 속에서 이 말씀은 어떤 의미를 지니는가? 예수님은 다음 장, 특히 요한복음 16장 16-33절에서 이 주장을 더 분명히 설명하신다. 이 본문에서 예수님은 흥미로운 방식으로 말씀하시며, 처음 읽을 때는 그분의 의도나 그 말씀의 의미가 명백해 보이지 않는다. 실제로 본문에서는 예수님의 말씀을 이해할 수가 없어서 제자들이 당혹스러워하는 모습을 언급한다.

예수님은 제자들에게 그들의 슬픔이 기쁨으로 바뀔 것이라고 말씀하신다. 그분은 슬픔이 이 세상에서 살아가는 조건이라고 말씀하신다. 이 세상에서 너희가 환난을 당할 것이라고 그분은 강조하신다(요 16:33). 하지만 (33절에서 말씀하시듯) 그분이 이미 세상을 이기셨기 때문에 제자들은 자신들의 슬픔이 일시적이며, 한동안만 지속될 뿐이고, 결국에는 기쁨을 누리게 될 것이라고 확신할 수 있다.

또한 그분은 "조금 있으면"이라고 말씀하신다. 짧은 기간을 가리키는 말씀으로 보인다. "조금 있으면 너희가 나를 보지 못하겠고 또 조금 있으면 나를 보리라 하시니"(요 16:16). 그러자 제자들은 이를 의아하게 여긴다. 그들은 "'조금 있으면'이라는 말씀이 무슨 뜻일까?"라며 서로에게 묻는다. 그 이후 교회는 계속해서 이 질문을 던지고 있다. 예수님은 무슨 의미로 "조금 있으면"이라고 말씀하셨을까? 그 의미는 자명하지 않다.

어떤 주석가들은 타당한 이유를 들어 이 "조금 있으면"이 십자가와 부활 사이의 며칠을 가리킨다고 설명한다. 정말이지 이는 몇 시간에 불과했다. 물론 제자들은 십자가 때문에 슬퍼했지만, 예수님은 부활로 인해 그들의 슬픔이 기쁨으로 바뀔 것이라고 분명히 말씀하셨다. 이는 그리스도께서 세상을 이기실 행동이 될 것이다(요 16:33).

반대로 다른 이들은 "조금 있으면"이라는 말이 예수님이 떠나셔서 성부께 돌아가실 때와 그분이 다시 오셔서 하나님 나라를 성취하실 때까지의 기간이라고 주장한다. 이 관점에서 보면, 예수님의 제자들은 이 세상에서 슬픔을 겪겠지만 그들이 기쁨을 누릴 때가 올 것이며 이 기쁨은 그 누구도 빼앗지 못할 것이다(요 16:22).

그렇다면 어느 것일까? "조금 있으면"이라는 말이 예수님의 죽음과 부활 사이의 기간을 가리키며, 따라서 제자들은 부활 이후에 기쁨으로 충만하게 된다는 뜻인가? 아니면 "조금 있으면"이라는 말이 그리스도의 승천과 재림 사이의 기간을 가리키며, 따라서 이생에서 제자들은 슬픔을 겪지만 그리스도의 재림과 더불어 기쁨이 찾아온다는 뜻인가?

혹은 제3의 해석이 가능할까? 레슬리 뉴비긴(Lesslie Newbigin)은 요한복음을 묵상하면서 그리스도의 이 말씀이 이중적 의미를 지닌다고 주장한다.[3] 또한 이생에서 슬픔과 기쁨 사이의 관계를 이해하는 데 두 의미 모두가 중요한 역할을 한다. 물론 부활과 더불어 기쁨이 찾아온다. 그리스도인들은 기쁨 안에서 살 수 있으며, 어떤 의미에서는 기쁨 안에서 살아야 한다. 이는 그들이 그리스도께서 부활하셨다는 복음의 경이를 증언하는 일차적인 수단이다. 하지만 그리스도인들은 여전히 깨어지고 조각난 세상 속에서 살고 있다. 결코 빼앗기지 않을 온전한 기쁨은 그리스도 예수께서 만물을 회복하신 후에야 찾아올 것이다. 그 사이에—그리고 여기서는 이 점이 중요하다—이 심층적 분열 속에서 지금 우리가 누리는 기쁨은 장차 올 것에 대한 맛보기일 뿐이다. 우리는 깨어진 세상 속에서 살지만, 우리의 정서적 초점은 분열된 세상이 아닌 장차 올 현실에 의해 결정된다.

예수님은 우리의 슬픔, 우리의 깊은 슬픔과 우리의 기쁨에 대

3   Lesslie Newbigin, *The Light Has Come: An Exposition of the Fourth Gospel* (Grand Rapids, MI: Eerdmans, 1982), 218-219. 《레슬리 뉴비긴의 요한복음 강해》(IVP).

해 말씀하신다. 우리의 슬픔은 잠시 지속될 뿐이다. 이는 아직 모든 것이 회복되지 않았음을 상기해준다. 다시 말해서 우리의 슬픔은 적절하며 실제적이다. 슬픔은 그리스도인의 정체성을 위반하는 것이 아니라 아직은 모든 것이 회복되지 않았음을 인식하는 수단이다. 만물이 치유되고 회복될 날, 정의와 평화가 서로를 껴안을 날을 고대하고 있음을 상기시켜주는 수단이다.

하지만 슬픔은 우리를 규정하지 못한다. 슬픔은 우리가 살아가는 주된 정서적 공간이 아니다. 지적으로, 정서적으로 교회와 그리스도인을 규정하는 것은, 만물이 회복될 것이라는 철저한 깨달음이다. 이는 우리가 분노할 것임을 뜻한다. 우리는 두려움을 느끼고 낙심하게 될 것이다. 그리고 생명의 상실에 깊이 애도할 것이다. 하지만 슬픔은 우리의 본향이 아니다. 우리는 기쁨 안에서 살도록 창조되었다. 창조와 십자가를 통한 피조물의 구속, 부활을 통한 이 구속의 확신 때문에 우리의 '기본 상태'는 기쁨이다.

우리는 분노하지만, 분노의 집에서 살지 않는다. 해가 지도록 분을 품지 않는다. 우리는 두려워하지만, 두려움 가운데 거하지 않는다. 거기에 '진을 치지' 않는다. 오히려 우리를 돌보시는 그분께 우리 염려를 맡기고 이생에서도 모든 지각을 뛰어넘는 평화를 누린다(빌 4:7). 우리는 낙심하지만 낙심 가운데 살기를 거부한다. 낙심 가운데 산다는 것은 냉소주의가 삶 속에, 우리 마음속에 씨를 뿌리도록 내버려두는 것이다.

우리는 슬픔과 기쁨을 다 경험할 것이다. 이는 기정사실이다. 분노하지 않는다는 것은 우리가 이 세상에 참으로 관심을 기울이지 않는다는 것을 의미한다. 비현실 속에서 산다는 뜻이다. 세상은 심각한 악으로 가득하다. 하지만 의문은 여전히 남아 있다. 우리의 정서적 중심은 어디인가? 우리는 정서적으로 어디에서 살아가는가? 어떻게 우리는 하루하루를 시작하고 밤에 잠자리에 들 것인가? 우리의 정서적 중심은 무엇인가? 우리 삶의 정서적 상황은 분열된 세상에 의해 규정되는가? 아니면 그리스도께서 우주의 왕좌에 앉아 계시며—부활하고 승천하신 그리스도—언젠가 그리스도께서 만물을 회복하실 것이라는 사실을 우주와 우리 마음의 근본 현실로 삼을 것인가?

바로 이런 이유 때문에 승천은 그리스도인의 정체성과 예배에서 대단히 핵심적인 자리를 차지한다. 교회의 예전은 부활하고 승천하신 주님과 실시간으로 만나는 데 초점을 맞춘다. 또 사랑의 질서에 대해 말해야 하는 것도 바로 이 때문이다. 이에 대해서는 다음에서 논할 것이다. 하지만 먼저 이 점을 강조해야 한다. 거룩한 사람들은 행복한 사람들이다. 그들은 춤추는 법을 안다. 그들이 자신들의 종교적 하위문화 때문에 발로 춤출 수 없다면 적어도 눈으로 춤추는 법을 알고 있어야 한다.

물론 그들이 언제나 행복한 것은 아니다. 거룩한 사람들이 세상의 분열을 예리하게 느낀다는 점을 분명히 강조할 필요가 있다. 그들은 슬퍼하는 이들과 함께 슬퍼한다. 그들은 죄를 짓지 않으면서 분노하는 법을 안다. 그들은 낙심이 씨를 뿌리도록 내버려둠으로 스스로 냉소주의가 되지 않으면서도 깊이 낙심할 수 있음을 알고 있다. 그들은 애도의 고통과 슬픔을 안다. 상실을 경험해보았으며, 상실을 경험한 다른 이들과 더불어 걸어왔다. 하지만 그들을 규정하는 것은 정서적 중심, 정서적 활기, 정서적 성숙이며, 이는 깊고도 지속적인 기쁨 속에서 아마도 가장 분명히 드러날 것이다.

많은 사람들은 노리치의 줄리안이 이에 관해 특별한 지혜를 보여주었다고 인정한다. 그는 세상의 모든 고통과 아픔에도 그리스도인은 하나님이 계시며, 하나님이 선하시고, 결국 그분의 말처럼 "모든 것이 잘될 것이고, 모든 것이 잘될 것이고, 다 잘될 것이다"라는 깊은 신뢰와 확신 가운데 거할 수 있다고 믿었다.[4]

이 말은 문제의 핵심을 상기시켜준다. 즉, 기쁨의 토대는 믿음이다. 기쁨은 하나님이 선하시며 만물을 다스리신다는 확신 가운데 살 때 맺는 열매이다. 우리는 이 특별한 현실과 확신 가운데 거한다.

사랑의 질서

앞서 언급한 아서 홈즈의 짧은 책 《인격 형성: 기독교 대학의 도덕 교육》에 실린 '인격 계발'이라는 제목의 장—이 책에서 가장 결정적인 장—에서 홈즈는 이렇게 말한다. "의로움은 단지 바른 행동의 문제가 아니라 마음의 문제이다."[5] 그런 다음 계몽주의 이후의 윤리학에서는 이성과 의사 결정, 사고와 행위를 강조하는 경향이

---

4   Julian of Norwich, *Showings*, trans. James Walsh (New York: Paulist, 1978). 이 구절은 인용문의 출처인 225쪽을 포함해 줄리안의 글에 여러 차례 등장한다. 《하나님 사랑의 계시》(은성).

5   Arthur F. Holmes, *Shaping Character: Moral Education in the Christian College* (Grand Rapids, MI: Eerdmans, 1991), 58.

있다고 지적한다. 이에 대해 홈즈는 참된 도덕 교육은 그가 "마음의 습관"이라고 부른 것을 다루어야 한다는 인식을 기독교 공동체가 회복해야 한다고 강조한다.

홈즈는 1991년에 이 글을 썼는데, 이는 앞을 내다보는 성찰이었다. 그후 20년 동안 인격 계발이 무엇보다도 우리 내면의 가장 깊은 곳—흔히 '마음'이라고 부르는—에서 일어나는 일의 문제라는 점에 대한 논의가 활발하게 이루어졌다. 우리 중 많은 사람이 마음과 정신을 둘로 나눠 이해하는 종교적 공동체에서 자랐지만, 이제는 참된 영성이 마음의 지향, 욕망의 질서로부터 이루어진다는 주장이 떠오르고 있다.

이 논의에서 가장 중요한 목소리를 낸 사람은 알래스데어 매킨타이어(Alasdair MacIntyre)였다. 그는 도덕 형성에서 도덕성이 욕망에서 파생하므로, 인격 형성에 관심을 갖는다면 문제의 핵심은 도덕성이 아니라 욕망이라고 강조한다.[6]

교회의 영적 유산 속에서 고대인들은—시편에 관한 글을 쓴 성 아타나시우스(St. Athanasius)든, 이그나티우스 로욜라나 프랑수아 드 살(Frances de Sales) 같은 16세기와 17세기의 위인들이든—형성에 대해, 인격 계발에 대해 말한다는 것은 사랑의 질서에 대해 말하는 것으로 이해한다. 이는 존 웨슬리와 조나단 에드워즈의 성화 이해에서도 핵심적이었다. 이 전망은 죄가 잘못된 행동—생각, 말, 행동—이라기보다는 그릇된 애정이나 그릇된 욕망이라는 전

---

6   특히 Alasdair MacIntyre, *After Virtue: A Study in Moral Theory*, 2nd ed. (South Bend, IN: University of Notre Dame Press, 1984)을 보라. 《덕의 상실》(문예출판사).

제에 기초한다. 따라서 영성 형성의 목적은, 그것이 아무리 좋고 중요하고 본질적이라 해도 도덕성이 아니라 그리스도 안에서 정서의 질서를 바로잡는 것이다. 여기서 이 주장의 핵심은 인간의 문제가 이성에 의해 제어되어야 할 사나운 감정이 아니라는 사실을 덧붙일 필요가 있다. 그런 식으로 이해한다면 '이성'을, 즉 교리와 바른 사고를 영성 형성의 주된 동력으로 삼는 셈이다. 그와 반대로 정서의 질서를 바로잡는 데 초점을 맞춰야 한다.

랜디 매덕스(Randy L. Maddox)는 바로 이 지점에서, 즉 사랑의 질서를 바로잡는 것이 인간의 삶과 기독교 영성에서 가장 중요하다는 점에 관해서, 북미 감리교가 웨슬리의 사상과 실천이라는 토대로부터 이탈했다고 지적하며 탁월한 통찰을 제시한다. 그 결과 즉각적인 성화의 가능성에 대한 논쟁이 벌어졌고, "우리의 사랑에 능력을 부여하고 형성하는 데 은총의 수단"이 차지하는 핵심적 위치를 경시하게 되었다고 매덕스는 지적한다. 물론, 웨슬리는 완전하라는 성경의 부르심을 강조했으며, 우리의 의도를 완전하게 하는 법이 무엇인지 아는 것이 가능하다고 말했다. 하지만 이것은 언제나 지속적인 형성 — 사랑의 질서 바로잡기 — 이 이루어진다는 전제를 동반한다고 매덕스는 웨슬리의 후예들에게 상기시킨다. 웨슬리는 규율에 따른 실천을 통해 '정서의 제어', 즉 열정의 제어를 촉구했다.[7]

---

7 Randy L. Maddox, "Holiness of Heart and Life: Lessons from North American Methodism," *Asbury Theological Journal 50*, no. 2 (1995): 151-172; "Sanctification in the Benedictine and Methodist Traditions," *Asbury Theological Journal 51*, no. 1 (1996): 164.

애정은 제어하기 어렵다! 그렇다면 어떻게 정서의 질서를 바로 세울 수 있을까? 물론 이성이 중요하며 신학과 지혜도 나름의 역할을 한다. 그러나 관건은 이성으로 감정을 제어하거나 억누르는 것이 아니라 우리의 욕망을 가다듬는 것이다. 특히 선을 향한 욕망을 기르는 것이다. 애정, 깊은 사랑, 욕망 그리고 우리 삶의 기쁨이 바른 질서를 유지하게 하는 것이다.

사도 바울의 서신서에서 반복적으로 등장하는 믿음, 소망, 사랑의 3요소는 이 점을 잘 포착하고 있다. 예를 들어, 데살로니가 신자들에게 전하는 첫인사에서 바울은 "우리가 너희 모두로 말미암아 항상 하나님께 감사하며 기도할 때에 너희를 기억함은 너희의 믿음의 역사와 사랑의 수고와 우리 주 예수 그리스도에 대한 소망의 인내를 우리 하나님 아버지 앞에서 끊임없이 기억함이니"라고 말한다(살전 1:2-3).

사랑에 관해서는 앞에서 길게 논했으므로 여기서는 우리가 숨 쉬는 공기이자 기쁨의 토대인 믿음과 소망에 초점을 맞추고자 한다. 믿음은 부활하고 승천하신 그리스도에 대한 신뢰를 말하며, 소망은 하나님의 약속을 성취하시는, 승천하신 그리스도의 능력에 대한 확신을 말한다.

믿음과 소망―하나님의 임재와 선하심, 목적에 대한 확신―이 문제의 핵심이다. 따라서 영성 형성은 반드시 믿음과 소망을 기르는 데 초점을 맞춰야 한다. 물론 기쁨이 정점이자 결과물이지만 우리는 믿음과 소망을 길러냄으로써 이 기쁨에 이른다.

믿음은 두려움과 불안, 걱정으로부터 자유로운 태도를 통해 분명히 드러난다. 우리는 "목숨을 위하여… 염려하지 말라"(마

6:25)라는 그리스도의 부르심을 단순히 그리고 진지하게 받아들인다. 우리는 불안 속에서 살지 않고 우리의 이해력조차 넘어서는 평화 속에서 살 것임을 알고 있으며(빌 4장), 하나님이 우리를 돌보심을 알고 우리의 염려를 하나님께 맡기는 법을 배웠다(벧전 5장).

믿음이 두려움에 대한 해독제이듯이 소망은 우리가 절망과 냉소주의에 빠지는 경향을 상쇄시켜준다. 깊은 고통과 실망으로 점철된 세상 속에서 소망은 매우 중요하다. 소망 가운데 산다는 것은 비록 악이 강하지만 마지막에 승리하는 것은 악이 아니라고 믿고 그런 확신 속에서 행동하는 것이다. 따라서 기독교의 소망은 비합리적이거나 도피주의적이지 않으며 부질없는 희망 사항에 불과한 것도 아니다. 그리스도인으로서 우리가 가진 소망의 핵심은, 우리가 살며 일하는 현실에 대한 철저한 깨달음 가운데 소망이 찾아온다는 것이다. 이는 단순한 낙관론이 아니다. 우리는 악의 능력을 순진하게 생각하지 않는다.

소망은 우리가 공간과 시간 가운데 살아가는 과정에서 표현된 믿음이다. 소망은 시간 속에서 신실하게 살 수 있도록 우리를 자유롭게 해준다. 글렌 틴더는 소망이란 곧 인내라고 주장하며, 우리는 역사를 **위해서**가 아니라 역사 **속에서** 살 책임이 있다고 강조한다. 역사는 하나님의 손안에 있으며, 소망 가운데 우리는 그분이 그분의 때에 그분의 일을 하실 것이라고 믿고, 하나님과 다른 사람들에게 계속해서 실망하거나 조바심을 내지 않고 인내하며 살아가기로 결심한다. 따라서 틴더는 죄를 시간의 회피라고 말한다. 즉, 과거에 대한 향수이거나 미래에 관한 조바심이라는 것이

다. 우리의 소명은 시간 속에서 소망을 품고 사는 것이다.[8]

정서의 질서를 바로 세운다는 것은 간단히 말해서 우리 마음 속에—가장 중요한 것에 관심을 집중하는 욕망과 동경이 자리 잡은 곳에—깊은 사랑과 가장 큰 동경을 기르는 것이다. 그곳에서 우리는 선한 것, 고귀한 것, 탁월한 것, 칭찬할 만한 것에 대해 기뻐할 수 있는 능력을 기른다(빌 4:8).

그렇게 하기 위해서 정서적으로 우리에게 일어나는 일에—우리가 무엇에 분노하거나 두려워하는지, 무엇 때문에 낙심과 슬픔이 마음속으로 들어오는지—주의를 기울여야 한다. 이러한 부정적인 마음의 움직임은 악하거나 잘못된 것이 아니다. 우리가 경험하는 불의와 잘못, 상실에 대한 온당한 반응일 수도 있다. 하지만 또한 우리는 하나님의 선하심과 섭리적 돌보심을 반영하는 것에—창조와 세상에 대한 그분의 구속 계획에—기뻐하는 태도를 길러내야 한다.

그렇게 하기 위해서 우리는 하나님의 선하심에 관해 근본적인 무언가를 믿어야만 한다. 즉, 악은 일시적일 뿐이며, 악은 결국 승리하지 못할 것이고, 선이 승리할 것임을 믿어야 한다. 그리고 이것은 핵심적인 물음이다. 정말로 우리는 이를 믿는가? 우리는 이 확신 가운데 거하는가? 정말 그렇다고 믿는 확신에 기초하여 행동하는가?

다시 말해서, 우리는 믿음을 갖고 있는가? 우리는 보이지 않는 바를 신뢰하는가? 이미 강조했듯이 이것은 어떤 비인격적이며

---

8   Glenn Tinder, *The Fabric of Hope: An Essay* (Grand Rapids, MI: Eerdmans, 1999), 220.

알려지지 않은 힘에 대한 신뢰가 아니라 우리의 대제사장이시며 왕이신 그리스도 예수에 대한 확신이다. 이 믿음은 소망의 기초이며, 잘못된 많은 것이 존재하는 깊이 깨어진 세상 속에서 살아가는 삶의 토대이다. 히브리서의 말씀처럼 이 소망은 우리 영혼의 닻이다(히 6:18-19).

그리고 그 증거─우리가 믿음의 사람이라는 핵심적 표지─는 물론 기쁨이다. 기쁨은 잘못된 모든 것에도 불구하고, 악의 능력에 관한 직접적 증거에도 불구하고 그리스도께서 대제사장이시고 언젠가 그분이 왕으로서 만물을 회복하실 것임을 우리가 알고 있다는 증거이다.

기독교에서는 보통 행복과 기쁨을 구별하고, 행복은 긍정적인 것, 좋은 것, 선한 것에 의존하지만 그와 반대로 기쁨은 날마다 경험하는 실망과 좌절에 영향을 받지 않는 경향성이라고 가르친다. 하지만 이런 가르침은 핵심을 놓치고 있다. 기쁨은 이미 일어났으며 장차 일어날 선한 일─부활로부터 승천과 그리스도의 통치의 완성에 이르기까지─에 의존한다.

따라서 히브리서의 독자들은 재산을 약탈당할 때에도 기뻐했다. 물론 그들은 약탈 그 자체를 행복해하지 않았다. 하지만 히브리서 기자의 말처럼 그들의 기쁨─그들 마음의 정서적 상황─은 궁극적으로 더 낫고 더 오래 지속되는 재산에 근거했다(히 10:34). 베드로는 이 재산을 탁월하게 묘사하고 있다.

너희 믿음의 확실함은 불로 연단하여도 없어질 금보다 더 귀하여 예수 그리스도께서 나타나실 때에 칭찬과 영광과 존귀를 얻게 할 것이니라 예수를 너희가 보지 못하였으나 사랑하는도다 이제도 보지 못하나 믿고 말할 수 없는 영광스러운 즐거움으로 기뻐하니(벧전 1:7-8).

물론 상실과 불의가 존재할 것이다. 우리는 이런 상실을 슬퍼하고 불의에 적절히 반응할 것이다. 하지만 우리는 거기 머물지 않을 것이다. 그것은 우리의 참된 정서적 본향이 아니다.

우리는 또한 이렇게 물어야 한다. 믿음과 소망이 그토록 근본적이라면 어떻게 믿음과 소망을 길러내고 유지할 수 있을까? 다르게 말하자면, 어떻게 우리는 믿음과 소망 가운데 살 수 있을까? 어떻게 하면 그리스도께서 승천하신 주님이시라는 현실이 우리 삶의 정서적 상황을 형성하고 규정하도록, 질서를 잡도록 살 수 있을까? 혹은 히브리서의 매혹적인 구절을 사용하자면, "마음은 은혜로써 굳게 함"이라는 것은 무슨 뜻인가?(히 13:9) 나는 기쁨의 표현인 동시에 우리 마음과 삶이 형성되고 질서 잡히고 확장되는 수단인 삶의 세 가지 기본 요소를 제시하고자 한다. 이것은 예전과 예배, 우정, 안식일 준수이다.

예배에 관해. 예배는 우리가 누리는 기쁨에 대한 궁극적 표현인 동시에 우리의 기쁨을 만들고 길러내는 수단이다. 거룩함과 영적 성숙에 필수적인 애정의 질서 세우기를 마치자마자 우리는 예배―특히 예전, 즉 예배의 순서―에 의존하지 않을 수 없다. 하지만 특정한 요소와 경향, 지향이 제자리를 잡을 때에만 예배가 기쁨의 표현이자 정서의 질서 바로 세우기를 촉진하는 수단으로서 기능을 발휘할 수 있다.

첫째, 예배는 부활하고 승천하신 그리스도를 철저한 지향하라고 요구한다. 그럴 때 그리스도와 실시간으로 만나게 되며 예배는 단지 그리스도에 관해 말하거나 노래하는 행위가 아니라 그리스도와의 역동적 사귐이 된다.

더 나아가 예배는 철저한 정서적 정직성을 요구한다. 우리는 세상 및 우리 삶의 고통과 분열 상황을 인식하고 바르게 이해할 수 있는 능력을 전혀 제공하지 못하는, 손뼉 치며 기뻐하는 노래를 부르고 싶어 하는 마음을 피해야 한다. 정서의 질서 바로 세우기에는 "큰 풍파로 무섭고 어렵든지"라고 노래할 수 있는 능력이 포함되어야만 한다.

우리는 자기 탐닉을 부추기는 도덕주의적이며 심리요법적인 이신론만을 부추기는 현대적 예배의 심각한 위험을 경계해야 한다. 예배가 성경에 기초를 두고 성경으로 흠뻑 젖어 있을 때, 예배 안에서 그리스도의 임재 속으로 들어갈 때에만 우리는 애정의 질서를 바로 세울 수 있다. 이는 정서적으로 우리에게 일어나는 일이 예배에서 대단히 중요하지만 예배의 초점과 목적이 예배자를 '행복하게 느끼도록' 만드는 것이어서는 안 된다는 뜻이다. 이런 감정은 참된 예배를 드릴 때 얻는 결과지만, 만약 우리의 예배가 좋은 느낌이나 개인적 만족감에 초점을 맞춘다면 그 결과는 자기도취에 불과할 것이다.

그런 점에서 구약의 시편은 우리 예배에 대단히 소중한 요소이다. 따라서 교회의 오래된 예전이 다 '성경의 기도서'에 크게 의존하고 있다는 점은 전혀 놀랍지 않다. 시편은 참된 예배와 정서의 질서 바로 세우기에 대한 지침을 제공한다. 시편의 핵심 주제는 복된 삶이다. 구체적으로, 시편은 행복하다는 것이 무엇을 뜻하는지에 대한 예전적 지침서이다. 이것은 시편 1권인 1-41편에서 반복적으로 다루는 주제이기도 하다. 시편은 "복 있는 사람은… 오직 여호와의 율법을 즐거워하여"라는 말씀으로 시작된다(시 1:1-2). 그렇다면 율법과 말씀, 자유와 기쁨을 극단적으로 나눠서는 안 된다. 오히려 우리의 기쁨, 우리의 자유는 말씀을 통해 계시된 진리에 대한 복종과 그 진리를 기뻐하는 마음 안에서 발견된다.

시편 2편 12절에서는 하나님께 피하는 사람들이 누리는 행복에 대해 말한다. 시편 42편 5절에서도 신뢰에 대해 말하며, 시편 32편에서는 용서받은 기쁨에 대해 말한다. 시편 41편 2절과 106편 3절에서는 가난한 이들을 돌보는 사람들과 정의를 지키는 사람들에게 찾아오는 기쁨을 묘사한다. 시편 146편 5절에서는 하나님 안에 소망을 둔 사람들의 행복에 대해 말한다.

성경에서는 계속해서 하나님, 구체적으로 말씀(토라)을 통해 계시된 하나님의 율법에 따라 하나님께 철저히 의존하며 사는 이들에게 기쁨이 찾아온다고 거듭 말한다. 이것이 기쁨의 본질이다. 따라서 만물의 창조자와 구속자이신 그분에 대한 철저한 신뢰를 길러냄으로써 시편은 정서의 질서를 바로 세운다.

따라서 우리는 예배의 핵심적 위치에 대해서 말할 뿐만 아니라 구체적으로 시편에 지배된 예배의 필요성에 대해 말한다. 행복을 갈망하고 치열하게 행복을 추구하는 사회 속에서 우리에게는 이런 예배가 시급하게 필요하다.

우정에 관해. 예배와 기도 다음으로 중요한 우정은 자유의 행위이자 그리스도의 통치가 성취되는 일에 기쁘게 참여하는 행위이다. 우정은 유일하게 영원한 인간관계라고 말할 수 있다. 우정은 물론 시간과 공간 안에서 실천되지만 시간과 공간을 초월한다. 이런 의미에서 초월적이다. 즉 부모와 자녀, 고용자와 피고용자, 교사와 학생, 목회자와 교인, 심지어 아내와 남편의 관계조차도 한동안만 지속된다. 그것들은 본질상 일시적이다. 하지만 우정 안에서 우리는 장차 올 왕국을 미리 맛본다.

따라서 우리는 우정을 통해 또 다른 삶의 영역, 궁극적 현실과 심층적으로 조화를 이루는 영역으로 들어간다. 우정은 하나님의 기쁨에 참여하는 수단이다. 더 나아가 우정은 기쁨 안에서 사는 사람의 표지이다. 그리스도 안에서 성숙한 사람의 특징은 풍성하게 생명을 나누는 우정이다.

대개 이런 친구들은 수가 적다. 어쩌면 평생 두서너 명에 불과할지도 모른다. 사실 이 말은 우정과 동료애를 구별한 루이스(C. S. Lewis)의 주장을 되풀이하는 것일 뿐이다. 일하거나 놀거나 대화를 나눌 때 동료애는 분명 놀라운 선물이다. 그리고 루이스는 이 선물을 경시하고자 함이 아니라고 주장한다. 하지만 우정은 이를 넘어서 두 인간 영혼—전망과 직관, 내적 교감을 공유하는 동료 순례자들—사이의 형언할 수 없는 연결로 나아간다. 동료애는 우정의 필수적 전조이며, 우정은 동료애로부터 시작된다. 하지만 우정은 단순한 동료애를 훨씬 넘어선다.[9]

루이스는 사랑하는 이들이 서로에 대한 애정과 섬김 속에서

9   C. S. Lewis, *The Four Loves* (London: Collins, 1960), 61-62.《네 가지 사랑》(홍성사).

서로를 바라본다는 유익한 통찰을 제시한다. 한편 아가페의 사랑은 다른 이들을 후히 섬기기에 외부를 지향한다. 하지만 친구들은 나란히 서서 바깥을 바라본다.[10] 그들은 서로에게 힘이 되는 심층적이면서도 비슷한 감수성으로 세상을 보고 느낀다. 그리고 바로 그때 그곳에서 우리의 깊은 외로움이 극복된다. 삶 속에서 다른 누군가의 존재에 대한─영혼의 친구에 대한─우리의 깊은 갈망이 성취된다.

우리는 더 이상 가면 뒤에 숨어서 살지 않는다. 더 이상 거부당할까 봐 두려워하지 않는다. 더 이상 외모, 재능, 견해, 판단력, 존재 방식, 세상을 보는 방식에 근거해 판단되거나 비판받거나 평가받을까 봐 염려하며 살지 않는다. 나와 성향이 놀라울 정도로 비슷할 뿐 아니라 나를 있는 그대로 받아들이는 또 다른 누군가가 내 곁에 있다. 이것은 자유이다. 예배를 통해 경험하는 것과 비슷한 자유이다. 그리고 이 자유 안에 기쁨이 있다. 우정을 나눌 때 우리는 더 이상 자신이 낯설지 않다. 나와 같은 '부류'인 또 다른 누군가가 있기 때문이다.

또한 루이스는 우정이 배타적이지 않다고 말한다. 결혼은 반드시 배타적인 관계여야 한다. 사랑하는 이들은 그들의 사랑을 약화시키지 않은 채 또 다른 누군가를 그 사랑으로 끌어들일 수 없다. 하지만 친구들은 그들의 풍성한 동지애와 관점을 공유하는 또 다른 누군가를 불러들일 수 있다. 우정에는 질투가 없다. 예배 안에서 다른 이들이 나의 예배에 참여하듯이, 나의 친구가 다른 누군

---

10   같은 책, 63.

가의 친구가 될 때 잃어버릴 것이 전혀 없다. 우리는 친구를 소유하지 않으며, 따라서 우리의 친구가 자유롭게 다른 이들과 우정을 나눌 수 있게 한다.

많은 사람들이 우정과 알고 지내는 사이를 혼동한다. 그런 경우 '친구'는 거래처, 자주 보는 사람, 정치적 출세를 위한 연줄일 뿐이다. 이런 관계는 유용성에 의해 규정된다. 그리고 친구를 동료나 지인과 혼동한다면, 결국 우리가 더 이상 권력이나 영향력을 지닌 지위에 있지 않을 때 외로워하면 그 이유를 궁금해하게 될 것이다.

우정을 길러야 한다. 그렇게 하기 위해서는 시간이 걸린다. 우리에게는 함께 길을 걷는 동료, 함께 일하고 예배하고 노는 사람들이 있다. 그리고 여행을 하는 동안 우리는 더 깊이 교감하는 사람들, 우리가 덜 두려워하거나 이상적으로는 전혀 두려워하지 않는 사람들에게 관심을 기울인다. 우리는 기쁨을 나누고 더 깊은 동지애를 나눌 기회를 찾는다. 영혼의 교감을 나눌 사람을 찾는다.

그런 다음 우리는 타자와 더불어 동료애보다 더 깊은 우정이 존재하는지 알아보기 위해 모험을 나선다. 우리는 함께 식사를 하고 산책과 등산을 하고 서로를 알아가고 시간을 내어 타자와의 사귐을 누릴 기회를 찾는다. 여기서 **누리다**라는 단어가 중요하다. 타자와의 만남은 실용주의적이지 않다. 우리는 타자와의 사귐이 유익을 주기 때문이 아니라 그 자체를 위해서 그 사귐을 누린다. 아이러니한 것은 우리가 타자에게 내 자아의 욕구를 충족해달라고 요구하지 않는다는 점이다. 아무런 요구도 하지 않는다. 따라서 예배와 마찬가지로 그저 타자와 더불어 있음으로써 자유와 기쁨의 가장 심층적 필요가 성취된다. 직접적으로가 아니라 간접적으로 이 필요가 성취된다.

또한 우정은 형성한다. 우리는 친구를 신중하게 선택한다. 루이스의 말처럼 우정은 "덕의 학교"이기 때문이다. 우정은 우리를 더 좋거나 나쁘게 만든다. 그의 말처럼 "좋은 사람을 더 좋게, 나쁜 사람을 더 나쁘게 만든다."[11] 사실 우정의 관계에서 우리는 경계를 푼다. 다시 한 번 이는 예배드릴 때와 마찬가지이다. 친구와 더불어 우리는 빌립보서 4장 8절의 말씀처럼 우리 안에 선한 것과 고귀한 것, 탁월한 것을 길러낸다.

나는 사도 바울에게 이런 친구는 단 한 명뿐이었을 것이라고 본다. 여기저기에서 그 실마리를 찾을 수 있다. 나는 복음서 기자 누가가 바로 그 친구였을 것이라고 생각한다. 하지만 여기서 내가 표현하고자 하는 바를 포착해낸 또 한 사람이 머릿속에 떠오른다. 사도 바울의 삶에서 어떤 한 사건을 통해 예배와 우정이 결합되던 것 같다. 이 사건은 바울이 동역자이자 친구인 실라와 빌립보 감옥에 갇혔을 때 일어났다(행 16:22-29). 성경에서는 한밤중에 두 사람이 기도하고 찬송을 불렀다고 말한다! 그 순간 두 사람에게 아무것도 필요 없었다는 생각만 해도 웃음이 난다. 그들은 함께 길을 가는 순례자이자 친구로서 기쁨 넘치는 예배를 통해 믿음을 표현하는 것으로 만족하고 있었다. 어떤 의미에서 다른 그 무엇도 중요하지 않았다.

예배와 우정은 세상의 깊은 잘못과 분열에 맞서는 저항의 행위이다. 너무나도 잘못된 모든 것에도 불구하고 다 괜찮고 다 잘될

---

11   같은 책, 75.

것이라는 소망과 깊은 확신 속에서 살고 있다고 주장하는 저항의 행위이다. 그리스도 예수께서는 승천하신 주님이시다. 그리고 예배와 우정을 통해 우리는 이 현실 속에서 살아가는 법을 배운다.

거룩함의 추구는 우정을 길러가겠다는 결심을 통해 부분적으로 표현된다. 많은 사람들은 일이나 경력에 열중하는 사이에 점점 나이가 들고, 노년에 이른 후에야 비로소 자신이 혼자임을 깨닫는다. 사람을 어떤 목적―경력이나 사역, 일과 관련된 목적―을 이루기 위한 수단으로 보면서 평생을 산다면 갑자기 친구를 사귀기가 쉽지 않다. 노년이 될 때 예배와 우정―그리스도 안에서, 함께 여행하는 친구들 안에서 기쁨을 찾는 행위―이 우리 삶에서 점점 더 중요해진다.

다음 논점을 다루기 전에 우정과 관계있는 한 가지를 더 언급하고자 한다. 우리는 유머에 대해 논할 필요가 있다. 해리 블래마이어스는 고전이 된 책 《기독교 지성》(*The Christian Mind*)에서 "유머 감각은 우리의 균형 감각에, 우리의 합리성에 필수적이다… 절망과 광기에 맞서는 보루이다"라고 말한다.[12] 이는 유머를 기독교 지혜의 필수 요소라고 말할 수 있음을 암시한다. 하지만 여기서 나는 유머가―선한 것과 고귀한 것, 탁월한 것, 칭찬받을 만한 것으로부터 나오는 한(빌 4:8)―믿음의 표지라고 강조하고 싶다. 악이 한때일 뿐임을 알지 못한다면 어떻게 웃을 수 있겠는가? 믿음이란 현재에 대해, 친구들과의 사귐에 대해, 삶의 아이러니에 대해 웃을 수 있음을 의미한다. 우리는 웃을 수 있다.

---

12   Harry Blamires, *The Christian Mind: How Should a Christian Think?* (New York: Seabury, 1963), 9.

그렇기 때문에 어떤 이들은 극예술 중에서 희극이 실은 비극보다 더 심층적이며 더 심오하다고 주장한다. 희극의 가벼움은 창조의 심층적 질서를 전제한다. 우리는 다 괜찮고 다 잘될 것임을 알기에 웃을 수 있다. 하지만 최선의 유머, 참된 유머는 다른 사람이나 다른 집단을 절대로 비하하지 않는다는 점을 강조할 필요가 있다. 또한 성을 다룰 때에만 희극이 재미있다고 생각하는 것은 대단히 슬픈 일이다. 하나님을 존중하는 유머―어쩌면 더 나아가 우리와 더불어 하나님을 웃게 만드는―가 절실하게 필요하다.

안식에 관해. 앞서 소명적 거룩함에 대해 말하면서 안식을 언급했다. 여기서는 기쁨과 정서의 질서 바로 세우기와 관련해 안식을 논하고자 한다. 안식 역시 저항 행위이다. 해야 할 일이 이토록 많은데, 우리 주위에 이토록 많은 고통이 존재하는데, 어떻게 우리가 이 빈궁한 세상 속에서 안식을 지킬 수 있을까?

안식의 실천은 창조의 근원적 주기에 근거한다. 우리가 창조된 존재이며 노동과 안식의 주기가 창조 질서에 내재되어 있기 때문에 우리는 안식한다. 하지만 여기서 더 나아갈 수 있다. 안식이 언젠가 다 잘될 것이라는 우리의 소망, 우리의 깊은 확신의 표현이기 때문에 우리는 안식한다. 안식은 악에 맞서는 저항 행위이며 하나님이 약속한 일을 반드시 행하실 것이라고 믿는 철저한 신뢰의 행위이다.

안식을 통해 우리는 장차 이루어질 이 세상의 행복이 궁극적으로 우리 팔의 힘이나 우리의 능력, 우리의 지성에 달려 있지 않고 하나님의 은혜로운 목적과 이 목적을 성취하시는 그분의 능력에 달려 있다고 선언한다. 안식은 하나님을 신뢰함을 뜻한다. 그것은 믿음의 행위이다. 안식이란 곧 만족과 감사의 마음으로 이 시간과 공간 안에 존재함이다. 안식의 기쁨은 언제나 지역적이다. 우리가 자리 잡은 공간과 시간의 교차점에서 우리는 만족한다.

행복하기 위해 우리는 깊은 만족감을 느끼며 살아야 한다. 우리는 몸을 입은 영혼들이며, 우리에게 다른 곳으로 떠나고 싶은 마음이 가득하거나 이제 곧 더 나은 것을 갖게 될 것이라는 생각에 잡혀 있다면 우리는 늘 불행할 것이다. 정착하는 법, 쉬는 법, 즉 안식에 참여하는 법을, 지금 여기에서 이 장소와 이 시간에 만족하는 법을 배울 때까지 우리는 불행할 것이다. 그렇게 하기 위해서는 감사하는 마음이 필요하다.

하지만 이 역시 선택의 문제이다. 우리는 (그리스의 한 섬에서 살기를 늘 바라보다는) 이 지역에서, (산이나 바다를 동경하기보다 이 광대한 대평원을 즐기며) 이 지형에서, (더 이국적이거나 화려한 곳과 비교하기보다는) 이 마을이나 도시에서, (좋았던 옛날을 회상하거나 더 나은 미래를 갈망하기보다 현재에 집중하며) 이 시간 속에서 감사하며 살겠다고 결심할 수 있다. 만족한다는 것은 이 시간과 공간 속에서 살며 기뻐하는 것이다. 이것이 곧 안식이기도 하다.

안식을 통해 우리는 놀이—골프 경기를 하든, 배를 타고 낚시를 하든, 조용히 집중하여 장기를 두다가 묘사의 짜릿함을 맛보든—의 힘을 배운다. 또한 우리는 축제의 힘을 배운다. 친구들과 함께 먹고 마시며 하나님의 선하심과 섭리적 돌보심에 기뻐할 때 우리는 마치 시간이 멈춘 듯한 느낌을 받는다.

이런 시간의 틈을 통해 우리는 그리스도께서 정말로 우주의 왕좌에 앉아 계신 현실 속에서 살아간다. 우리는 음악을 듣고 코미디를 즐기고 야구 경기를 관람한다. 그때마다 시간이 멈춘 듯하다. 우리는 우리들 중에 있는 연예인들에게—춤출 이유를 주는 음악가들에게, 웃을 이유를 주는 코미디언들에게, 환호할 이유를 주는 운동선수들에게—감사한다.

하지만 안식은 우리가 내려놓으려 할 때에만 의미를 지닌다. 일이 하나님께 속했기 때문에 우리는 일을 잠시 멈춘다. 우리는 몸에 대해 염려하고 걱정할 필요를 내려놓는다. 더 많이 소비하고 구매할 필요를 내려놓는다. 그리고 우리는 안식한다.

사실 안식은 하나님의 거룩하심, 그리스도 안에 있음이라는 거룩함의 네 가지 차원 모두를 위한 은총의 수단이다. 지혜에 관해, 지혜 속에서 자라기 위해 여가, 즉 안식이 필요하다는 고대 유대교의 가르침이 있다. 말씀을 듣고 받을 공간을 마련하기 위해, 속도를 늦추고 받아들일 마음과 정신을 갖추기 위해 안식이 필요하다. 안식이 없다면 우리는 열광적이며 피상적인 속도로 살아가고 정신적으로 산만하고 분주하여 선포된 말씀에 온전히 주의를 기울일 수 없을 것이다. 안식은 삶의 속도를 조절한다. 그리스도의 말씀이 우리 안에 풍성히 거할 수 있도록 우리는 속도를 늦춘다.

안식은 소명적 거룩함의 필수 요소이다. 안식 가운데 우리는 일에서 물러나 쉬며, 쉼은 우리가 더 충실히 일할 수 있게 해준다. 따라서 우리는 하나님의 안식으로부터 우리의 소명을 성취한다. 안식은 참된 공동체를 위해서도 필수적이다. 또한 나는 안식이 하나님의 기쁨에 대해 우리 마음을 여는 핵심 수단이라고 주장한다.

예배. 우정. 안식. 이 각각은 세상의 악에 대한 저항 행위이며,

우리가 기뻐할 수 있는 능력을 확대해주는 행위이다. 이 각각은 심오한 지혜―진리 안에서, 하나님이 하나님이시라는 지혜 속에서 사는 삶―를 반영한다. 예배, 우정, 안식은 우리가 진리 안에서 살아가는 수단이다. 예배, 우정, 안식을 통해 우리 마음의 질서가 잡히고, 우리가 기뻐할 수 있는 능력이 확대되며, 기쁨을 지향하는 마음이 우리 DNA의 일부가 된다. 각각은 기쁨이라는 선물을 향해 우리 마음을 여는 수단이다. 즉, 은총을 통해 우리 마음이 강해진다(히 13:9).

이사야 35장의 말씀처럼 기쁨은 도적처럼 찾아온다. 기쁨은 꾸며내거나 조작된 것으로서가 아니라 선물로 주어진다. 기쁨은 속임수의 결과나 환상의 나라로의 도피가 아니다. 우리가 기쁨을 누리는 것은 짜릿한 놀이기구를 타거나 번지점프를 해서가 아니라, 우리가 마음을 열어 하나님의 심원한 기쁨을 받아들였기 때문이다. 이 기쁨은 우리 삶의 표면이 아니라―그것은 단조로운 일상으로 돌아가기 전 즐기는 '재미'나 '휴가'가 아니다―골수 조직까지 관통해 들어온다. 예배와 우정, 안식을 통해 우리 마음이 하나님이 주시는 이 선물을 받아들이는 능력이 커짐에 따라 기쁨은 느리지만 확실히 찾아온다. 예배, 우정, 안식을 통해 우리는 걱정, 냉소, 분노, 증오심으로부터 돌아선다.

그리고 선물로 찾아오는 기쁨은 우리 삶 전체에 방향성을 부여한다. 우리는 주일에는 행복하다가 주중에는 슬퍼지는 삶을 살지 않는다. 예배와 우정, 안식을 통해 얻는 심층적인 기쁨은 우리 존재 전체에 스며들어 우리를 강하게 하고, 깊은 슬픔―깨어진 세상 속에서 살아가는 삶의 아픔과 매우 실제적인 고통―속에서도 굳건히 살아갈 수 있게 해준다.

　이 점을 다시 한 번 강조한다. 우리가 이 세상의 고통에 정직하지 못한 태도를 취한다는 말이 아니다. 오히려 이 심층적인 기쁨의 핵심은 바로 우리가 정직하게 이 기쁨을 얻는다는 점이다. 이는 곧 정서적으로 우리에게 일어나는 일에 정직하다는 뜻이다. 그리고 이 점이 핵심이다. 우리는 슬픔을 인정한다. 슬픔이 없다는 것은 공감이 없다는—이 세상의 고통을 바라보며 진지하게 받아들이지 않는다는—말이다. 기뻐하라는 부르심은 세상의 고통을 부인하라는 말이 아니다.

　정말로 세상 속에 있다면—세상에 속하지 않지만 그럼에도 세상 속에 있다면—우리는 세상의 고통을 느낄 것이다. 불의가 존재할 때 우리는 분노할 것이다. 그리스도 안에서 우리가 소중히 여기는 바를—특히 우리가 사랑하는 이들의 생명을—잃어버릴까 봐 두려워할 것이다. 그리고 우리가 하는 일이 중요하다면, 진리와 정의와 평화를 향한 우리의 열정이 중요하다면, 우리는 낙심하게 될 것이다. 좌절이 있을 것이다. 심층적인 기쁨을 누리는 사람들은 슬퍼하거나 애도하기를 거부하는 사람들이 아니다. 오히려 그들은 슬퍼하지만 이곳이 그들이 살기로 선택한 곳이 아님을 깨달은 사람들이다. 그들은 중심으로 되돌아간다.

　다시 말해서, 그들은 정직하게 기쁨을 얻는다. 내가 속한 신앙 전통의 예배에 관하여 내가 반대하는 바는, 사람들을 행복하게 만들 것이라고 기대하는 노래만 부르는 경향이 있다는 것이다. 그 결과는 기껏해야 도피, 혹은 금세 사라져버릴 뿐 지속되지 못하는 기쁨이다. 반대로 시편에서는 인간의 모든 감정을 아우르는 철저한 정서적 정직성을 통해 기쁨을 촉진한다. 따라서 예배는 우리의 고통을 인정하지만 우리를 고통 가운데 머물도록 내버려두지 않는다. 승천하신 그리스도의 임재 속으로 이끈다. 참된 친구는 우리의 깊은 슬픔, 분노, 두려움, 실망을 나눌 수 있는 사람이다. 고통을 나눌 공간이 없다면, 은총 안에서 자랄 공간도 없다. 많은 목회자들은 거짓으로 꾸며낸 모습으로 살기 때문에, 정서적으로 일어나는 일에 관해 자신이나 다른 사람에게 정직하지 않기 때문에, 비현실적인 세상 속에서 살고 있다. 참된 친구는 우리의 슬픔에 귀를 기울이지만 우리를 그 슬픔 가운데 머물도록 내버려두지 않는다.

간주곡: 우울증의 문제

논의를 계속하기 전에 우울증—울적함이 아닌, 생체 주기 때문에 기분이 처지는 늦은 오후의 무기력이 아닌, 일이 잘 풀리지 않을 때 느끼는 실망감이 아닌—에 관해, 인간의 정신에 너무나도 깊이 자리 잡을 수 있는 어두움에 관해 몇 가지 지적해둘 필요가 있다. 이것은 십자가의 요한(John of the Cross)이 말한 "감각의 어두운 밤"이나 "영혼의 어두운 밤"이 아니다. 오히려 이것은 정서적 혼란 상태이다. 여기서—기쁨과 종교적 경험에 대해 말하면서—이 문제를 제기하는 까닭은, 독자들 중에 이런 종류의 기쁨을 누릴 수 없다고 느끼는 사람들이 있을 것이기 때문이다. 그들에게 기쁨은 도무지 손에 잡히지 않고, 우울함은 언제나 그들을 따라다닌다.

예를 들어, 불안 장애가 있는 사람에게 우리는 무슨 말을 할 수 있을까? 행복하라? 절대 그렇게 말해서는 안 된다. 그런 말을 하는 것은 잔인한 행동이나 다름없다. 하나님을 신뢰하고 치유하시는 그분의 손길을 깨달으라? 이런 말도 더 나을 게 없다. 그들은 정신적으로, 정서적으로 큰 벽에 부딪칠 수 있으며, 이런 벽은 신실한 믿음이나 신뢰로도 극복할 수 없기 때문이다.

첫째, 우리는 전문 상담자가 큰 선물을 제공한다는 사실을, 현재 상태를 평가하고 이 상태를 개선하기 위한 지침을 줄 수 있음을 인정해야 한다. 이런 전문가는 우울증의 원인을 가장 잘 이해하고 이를 해결하는 방향으로 나아가도록 도움을 줄 수 있다. 또한 정확한 진단을 제공하는 의사와 임상 심리사들에게도 큰 도움을 받을 수 있다.

둘째, 우울증이 다양한 요인의 상호작용에서 오는 결과임을 인정해야 한다. 우울증에 영적, 종교적 측면이 있을 수도 있지만, 생리학, 심리학, 관계적 요인의 상호작용에 관심을 기울이지 않고는 제대로 평가하거나 치료할 수 없는 경우가 많다. 예를 들어, 현명한 상담자는 환자의 삶에 중요한 영향을 미쳤을 가족 관계에 비추어 우울증을 바라볼 수 있도록 도울 수 있다.

셋째, 우리는 공동체가 즉 곁에 있는 사람들이 중요한 역할을 한다는 점을 강조해야 한다. 우울증으로 고통당하는 사람들에게 공동체―그들을 받아들이고 함께 아파하고 돕는 친구들―보다 더 중요한 것은 없다. 그들과 함께 여행하는 이들에게는 인내심과 이해, 소망이 꼭 필요하다.

여기서 기쁨―예배, 우정, 안식을 통해 얻는 심원한―에 대해 말하면서 나는 절대로 우울증을 겪는 사람들의 크나큰 고통을 무시할 의도가 없다. 하지만 나의 주장은 변함이 없다. 우리는 타락하고 깨어지고 부서진 세상 속에서도 기쁨 안에서, 그리스도 안에서 살도록 창조되었다. 이 기쁨은 하나님이 우리에게 주시는 선물이다. 따라서 우리는 기뻐할 수 있는 능력을 키우고, 이 능력을 잡는 것이 너무나도 어려워 보이는 사람들과 함께 아파하며 그들과 나란히 걷기 위해 우리가 할 수 있는 모든 일을 하도록 부르심을 받았다.

감사의 근본적 중요성

기쁨으로의 부르심은 예배, 우정, 안식으로의 부르심이다. 이 부르심은 그 자체로서 우리에게 주어진 선택이다. 이는 선택이 성경적 영성을 구성하는 주요 요소이며, 영적 성숙은 선택으로부터 시작된다는 뜻이다. 우리는 기뻐한다. 성경에서 기쁨은 존재의 방식, 행동하고 반응하는 방식이다. 우리는 믿음의 행위로서, 세상의 깨어짐에 저항하는 행동으로서 기뻐하기를 선택한다. 그렇게 함으로 자기 연민에 빠져들기를 거부한다. 낙심하며 절망 가운데 살기를 거부한다.

우리는 기뻐하는 사람들이 되기를 선택한다. 나이가 듦에 따라 기뻐할 수 있는 능력을 키우겠다고 결단한다. 삶에 대해, 정부에 대해, 자녀에 대해, 하나님에 대해 냉소적인, 불만에 가득한 노인이 되지 않을 것이다. 우리는 날마다 부활하고 승천하신 그리스도를 믿는 믿음 가운데 자람으로써 기쁨의 능력을 키우겠다고 결단한다.

그리고 이를 위해 감사만큼 중요한 것은 없다.

간단히 이렇게 말할 수 있다. 거룩한 사람들은 감사하는 사람들이다. 감사하겠다는 결단만큼 하나님의 기쁨을 아는 우리의 능력을 확장해주는 것은 없다. 이는 당연히 큰일에 대해, 우리 삶의 큰 성공에 대해 감사하는 것을 뜻하지만, 감사의 능력을 지닌 이들은 날마다, 자주 감사를 드리는 사람들이다. 우리는 하루를 시작하며 오늘에 대해, 우리 앞에 놓인 것―오늘 우리에게 주어진 삶과 일, 인간관계라는 선물―에 대해 감사한다.

불평하기는, 없는 것과 잘못된 것을 알아채기는 너무나도 쉽다. 솔직히 지능이나 창조성이 거의 필요 없다. 비가 온다고 불평하거나 햇볕이 너무 뜨겁다고 불평하기 쉽다. 도로가 움푹 패여 생긴 웅덩이를 불평하고, 보수공사하는 인부들 때문에 출근길이 정체된다고 불평하기 쉽다. 어떤 이들은 그렇게 반응할 수밖에 없다고 생각한다. 이들은 불행한 사람들이다. 가장 불평이 많은 사람들은 많이 가진 사람들인 경우가 많다. 하지만 감사하는 사람들은 없는 게 많아 보이지만 가진 것에 대해 감사하겠다고 선택한 사람들인 경우가 많다.

죽음을 직시하기

성도가 되기 위해서 어떻게 사는지뿐만 아니라 어떻게 죽는지에 대해서도 은혜가 넘치는 접근법을 취해야 한다. 잘 죽는 것은 잘

사는 삶의 표지이며, 아이러니하게도 우리가 그리스도인의 소명을 살아내는 능력을 지니고 있음을 보여주는 핵심 지표이다.

토머스 라이언(Thomas Ryan)은, 죽음을 직시하는 법을 배우고 그 깨달음을 통해 삶의 소중함, 이 날과 이 순간의 소중함을 새롭게 인식해야만 우리가 참으로 기쁨 안에서 사는 법을 배울 수 있다고 주장한다. 이 깨달음을 통해 매 순간과 매일이 온전히 살 수 있는 기회로 바뀔 때 비로소 우리는 삶을 음미할 수 있다.[13]

언젠가 죽음은 찾아올 것이다. 죽음이 불가피하다는 사실이 우리 삶을 규정할 필요가 있다. 시편 90편 12절의 말씀처럼, 살날이 계수되고 있다는 사실과 조화를 이루는 방식으로 살 때 비로소 우리는 진리 안에서 살 수 있다. 지혜 속에서 산다는 것은 인간 생명의 한계와 연약함을 인식하며 하루하루 살아간다는 뜻이다. 이를 깨달을 때 우리는 병적으로 두려워하지 않고 오히려 진리 안에서 살 수 있다. 이는 곧 우리가 노화 과정과 우리 몸(그리고 우리 정신)의 한계에 놀라거나 허를 찔리지 않는다는 뜻이다. 이는 은혜롭게 노년으로 넘어갈 수 있다는 뜻이다.

우리는 미숙하게 늙어가지 않는다. 노화를 나태함의 핑계로 삼지 않는다. 우리는 여전히 활동하고 참여하고 시간과 에너지를 사용하여 후하게 베푼다. 숙명론이나 노인 차별을 거부한다. 하지만 우리는 늙어갈 것이며, 지혜는 은혜롭게 나이를 먹고 매력적인 노인이 되라고 촉구한다.

더 나아가 우리는 죽음이라는 현실을 받아들이지만 죽음이

---

13 Thomas Ryan, *Remember to Live! Embracing the Second Half of Life* (Mahwah, NJ: Paulist, 2011).

비정상이라고 주장하며 산다. 따라서 여기에는 아이러니가 있다. 우리는 나이 듦과 죽음을 받아들인다. 하지만 이를 은혜롭게 받아들인다. 죽음이 끝이 아님을 알기 때문이다. 다시 말해서, 우리는 죽음이 하나님의 창조의 영광과 아름다움을 근원적으로 파괴한다는 것을 인식하면서 죽음을 마주한다. 우리는 죽음의 힘을 느끼며, 죽음에 상실이 존재함을 인식한다. 죽음은 행복한 시간이 아니다. 그리스도인으로서 우리는 죽음이라는 현실 앞에서 애도할 것이다. 믿음의 여정을 걸어가며 우리는 삶에서 마주칠 수밖에 없는 크고 작은 상실에 대해 애도하는 법을 배운다.

하지만 우리의 애도는 제한적이다. 최종적이지 않다. 우리 삶을 궁극적으로 규정하지 않는다. 근본적으로 우리는 애도하는 사람들이 아니다. 왜 그런가? 바로 부활 때문이다. 바울의 말과 같이 우리는 소망 없는 사람처럼 고통당하지 않는다(롬 8:18-21). 물론 너무 일찍 세상을 떠난 사람의 죽음이나 '비극적' 죽음 앞에서 이는 결코 쉽지 않다. 희귀병으로 자녀를 잃어버린 경우, 교통사고로 어린 자녀를 잃은 아버지, 창작의 전성기에 암에 걸린 예술가 등이다. 하지만 원칙은 여전히 동일하다. 우리는 소망 없는 사람들처럼 고통당하지 않는다.

죽음은 찾아올 것이다. 죽음이 잘못된 것임을 알고 있지만 우리는 담대하게 죽음을 마주할 수 있다. 죽음이 최종 결론이나 마지막 행위가 아님을 알기 때문이다. 상실 속에서 우리는 애도할 것이다. 그렇게 하는 게 좋고 옳다. 이런 상실은 실제적이다. 하지만 애도하면서 우리의 애도가 기쁨으로 바뀌는 것을 깨닫게 될 것이다.

또한 죽음이 찾아올 테지만 그것이 끝이 아님을 알기에 침착하게 우리 자신의 죽음을 맞을 것이다. 그동안 우리에게 주어진 삶을 즐길 수 있으며, 즐겨야 한다. 오늘을 지금 우리에게 주어진 생의 선물로 즐기며, 언젠가 승천하신 그리스도께서 다시 오셔서 만물을 회복하실 것임을 안다.

따라서 죽음의 전망 때문에 우리의 기쁨이 약해지지는 않는다. 반대로 그로 인해 기뻐할 수 있는 능력이 더 넓어진다. 그리고 이 기쁨은 성결과 영적 성숙에 대한 기독교 신학의 절정일 뿐 아니라 삶 전체를 가득 채워 우리의 인간관계와 우리가 하는 일에 근원적인 의미와 방향성을 부여한다. 기쁨은 지혜와 이해의 능력을 자라게 하며, 깊은 배움과 도덕적 리더십을 촉진한다. 우리는 우리 앞에 마련된 기쁨—깊은 바람과 갈망—을 위해 일할 뿐 아니라 우리가 하는 일이 세상 속에서 기쁨을 누리는 행위이다. 서로에 대한 사랑과 그리스도인의 사귐 안에서 우리는 기쁨을 나눈다. 많은 점에서 사랑은 서로와 나누는 기쁨이다.

그리스도와의 연합: 도돌이표

이제 우리는 완전한 원을 그릴 수 있다. 여기서 다시 한 번 그리스도인의 삶 속에 있는 핵심 동력, 즉 그리스도와의 연합에 대해 말할 필요가 있다.

지금까지 나는 기쁨 그 자체를 목적으로 삼아 추구하지 않는다고 강조해왔다. 이를테면 우리 문화의 거대한 거짓말은 이렇다. 우리는 행복하기를 원하기 때문에 우리를 행복하게 만드는 것이 무엇이든지 그것을 추구해야 한다는 것이다. "행복하게 살고, 당신을 행복하게 만드는 일을 하라"라고 흔히들 말한다. 당연히 그 결과는 자기도취적 쾌락 추구이다.

하지만 나는 기쁨은 선물이며 다른 무언가로부터 파생된 것임—따라서 예배, 우정, 안식, 감사를 통해 기쁨의 능력을 강화하는 법을 배우는 것이 중요함—을 강조했다. 기쁨의 능력과 가장 직접적으로 연결된 것은 하나님 안에서의 능력—구체적으로는 그리스도와 연합한 상태로 사는 능력—이다.

물론 예수님은 우리 기쁨을 충만하게 하기 위해 오셨다고 말씀하셨다(요 15:11). 하지만 이 말씀을 하시기 전에 그분이 우리 안에 거하시듯 우리도 그분 안에 거하라고 말씀하셨다(요 15:4). 그리스도 안의 상호 내주, 이것이 우리의 기쁨이다.

하나님이 우리에게 주시는 선물은 찾아오기도 하고 떠나가기도 한다. 우리는 달리기를 좋아할지 모르지만 언제나 달릴 수 있는 것은 아니다. 친구와 함께 있기를 좋아할지 모르지만, 그들에게 집착하거나 우리에게 하나님만 되실 수 있는 그런 존재가 되어달라고 요구해서는 안 된다. 우리의 정원을 사랑할 수 있지만 나무나 과목, 꽃이 주는 기쁨을 언제나 누릴 수는 없다.

그리스도인들이 2천 년 동안 깨닫고 주장해온 바는, 성숙해가는 그리스도인들은 바로 하나님 안에서 가장 깊고 큰 기쁨을 발견한다는 것이다. 하나님이 우리에게서 기쁨이 되는 것들을 가져가 버리실 때, 이 점이 가장 분명해질지도 모른다. 하나님의 섭리 가운데 어쩌면 친구나 사랑하는 사람을 데려가실 수도 있고, 사랑하는 직업이지만 하나님의 섭리 가운데 더 이상 우리가 그 일을 하지 못할 수도 있다. 어쩌면 우리가 사는 집이나 깊이 사랑하고 즐기던 공간을 가져가실 수도 있다.

이 과정에서 우리는 기쁨이 궁극적으로는 돈이나 명예, 다른 사람들의 인정, 권력과 연결되어 있지 않음을 깨닫는다. 오히려 우리는 그분 안에서 참된 기쁨을 찾아야 한다. 기쁨이란 사회적 지위나 경제 구조, 정치적 동맹, 영향력에 대한 신뢰가 아니다. 자크 엘륄(Jacques Ellul)의 말처럼, 이러한 거짓 평안의 근거를 거부할 때에야 비로소 "그리스도 안에" 있음이라는, 유일하게 참된 평안을 찾음으로써 누리는 해방과 자유를 얻을 수 있다.[14]

우리 자신의 능력을 의지하여 살거나 다른 사람에게 혹은 하나님에게 우리 자신을 옹호하거나 정당화하기를 그칠 때 이런 기쁨이 찾아온다. 우리는 그리스도 안에서 안식하며, 기쁨은 이 안식의 자연스러운 부산물이다. 우리는 예수님 안에서 우리 영혼의 갈망을 적시는 생명의 떡과 생명의 물을 발견한다. 이를 깨닫고 이 길을 걸을 때에만 참으로 자유로워져서 기쁨 안에서 성숙할 수 있다. 하나님의 선물을 받지만 그 선물에 집착하지 않을 수 있다. 예수님이 우리의 생명, 우리의 힘, 우리의 기쁨이시라는 놀라운 진리를 아무것도, 말 그대로 아무것도 흔들 수 없음을 알기에 두려움 없이 슬픔을 마주할 수 있다.

나는 12세기의 신학자이자 수도자인 클레르보의 베르나르(Bernard of Clairvaux)보다 이를 탁월하고 아름답게 포착해낸 사람은

---

14 Jacques Ellul, *The Ethics of Freedom*, trans. and ed. Geoffrey W. Bromiley (Grand Rapids, MI: Eerdmans, 1976), 97.

없다고 생각한다. 그가 지은 것으로 알려진 찬송가 두 곡은—비록 번역을 통해서이지만—거의 모든 기독교 공동체의 예배음악에 포함되어 있다. 첫 곡은 〈구주를 생각만 해도〉라는 명곡이다.[15]

구주를 생각만 해도
내 맘이 좋거든
주 얼굴 뵈올 때에야
얼마나 좋으랴

참 회개하는 자에게
소망이 되시고
구하고 찾는 자에게
기쁨이 되신다

예수의 넓은 사랑을
어찌 다 말하랴
그 사랑 받은 사람만
그 사랑 알도다

사랑의 구주 예수여
내 기쁨 되시고

---

15 에드워드 캐즈월(Edward Caswall, 1814-1878)의 번역. 대개 보통운율(common meter)인 성 아그네스의 곡조를 붙여서 부른다.

이제와 또한 영원히

영광이 되소서.

베르나르가 지은 〈참 기쁨 되신 예수〉도 마찬가지로 중요하다.[16] 이 곡은 그 어떤 곡보다도 여기서 강조하는 바─그리스도 안에서 우리의 기쁨을 찾을 수 있음─를 가장 잘 포착하고 있다. 이 곡의 가사를 생각해보라.

예수, 사랑하는 마음의 기쁨이시며

생명의 근원, 만물의 빛이십니다

세상이 주는 최고의 축복을 누려도

우리는 만족하지 못하여 다시 당신께 돌아갑니다

당신의 진리는 변치 않고 영원합니다

당신을 부르는 사람들을 구원하십니다

당신을 구하는 이들을 자비를 베푸십니다

당신을 찾는 이들을 넘치도록 채우십니다

우리는 생명의 떡이신 당신을 맛보며

더 풍성히 맛보기를 갈망합니다

우리는 생명의 물이신 당신을 마시며

---

16 레이 파머(Ray Palmer, 1808-1887)의 번역. 장운율(long meter)의 헤스페루스(퀘벡)의 곡조를 붙여서 부른다.

당신께서 우리 영혼의 갈증을 채워주기 원합니다

불안한 우리 영혼은 당신을 갈망합니다
우리는 한 치 앞도 알 수 없지만
당신의 은혜로운 미소를 뵈올 때 기뻐합니다
믿음으로 당신을 붙잡을 때 행복합니다.

오 예수님, 언제나 우리와 함께하소서
언제나 우리가 평안과 기쁨을 누리게 하소서
죄의 어둔 밤을 몰아내시고
당신의 거룩한 빛을 세상에 비추소서.

그리스도께 드리는 이 아름다운 찬송가에는 강조할 만한 것
이 많다. 여기서는 그리스도 안에서 기뻐하라는 부르심과 연관이
있는 두 가지만 언급하고자 한다.

첫째, 두 찬송가는 기독교 전통의 핵심을 이루는 무언가를 포
착해낸다. 즉, 그리스도의 사랑 안에 거하는 법을 배울 때, 그리스
도 예수 안에 나타난 우리를 향한 하나님의 사랑이 얼마나 길고
넓고 깊은지를 깨달을 때(엡 3:18-19) 가장 근원적인 기쁨을 찾을
수 있다는 것이다.

둘째, 〈참 기쁨 되신 예수〉의 3절에서 주의 만찬을 아름답게
그려내고 있는 점을 놓치지 말라. 주의 만찬은 이 모든 것을 하나
로 묶어낸다. 특히 승천하신 주 그리스도 예수―우리 소망이 그분
안에 있다―와 인간 영혼의 가장 근원적 성취로서의 그리스도 예

수를 하나로 묶어낸다. 알렉산더 슈메만은 성만찬이 "교회가 주의 기쁨 속으로 들어가는 입구이며, 그 기쁨 속으로 들어감으로써 세상에서 그 기쁨을 증언하는 행위"라고 말한다.[17]

주의 만찬은 부활하고 승천하신 그리스도와 그분의 백성이 나누는 최고의 만남이다. 그리스도께서 기념하고 기대하며 베푸시는 기쁨의 잔치에 우리를 실시간으로 초대하시는 사건이다. 이 식사를 나누며 우리는 악이 최종 결론이 될 수 없고 언젠가 예수님이 만물을 회복하실 것이라고 선언한다.

그리스도께서 이 식사의 주인이시다. 식탁에서 그분을 만날 때마다 우리는 다시 한 번 그분으로 인해 기뻐하고, 다시 한 번 우리의 슬픔을 은총의 보좌 앞으로 가져가고, 다시 한 번 그분이 주시는 좋은 선물에 기뻐하고, 우리에게 없어서는 안 될 깊은 소망을 새롭게 받겠다고 결단한다.

그런 다음 그리스도께서 우리를 먹이신다. 그분은 성령의 은혜로운 능력을 통해 그분 자신을 우리에게 주시며, 우리가 평화와 기쁨 가운데 담대하게 타락하고 깨어진 세상 속으로 나아가게 하신다. 따라서 우리가 예배를 마치고 다시 세상으로 돌아갈 때, 기도를 마치고 하루의 일과로 돌아갈 때, 유다서의 축복기도는 우리에게 꼭 필요한 말씀이 된다. 우리의 분노와 실망, 두려움을 정직하게 대면하면서 우리는 다시 한 번 하나님의 기쁨 안에서 이 날을 살아가겠다고 다짐한다.

---

17   Alexander Schmemann, *For the Life of the World* (Crestwood, NY: St. Vladimir's Seminary Press, 1998), 26.

능히 너희를 보호하사 거침이 없게 하시고 너희로 그 영광 앞에 흠이 없이 기쁨으로 서게 하실 이 곧 우리 구주 홀로 하나이신 하나님께 우리 주 예수 그리스도로 말미암아 영광과 위엄과 권력과 권세가 영원 전부터 이제와 영원토록 있을지어다 아멘(유 1:24-25).

교회를 향한 부르심

한 사람을 성숙한 그리스도인으로

여호와여 주의 장막에 머무를 자 누구오며
주의 성산에 사는 자 누구오니이까?
정직하게 행하며 공의를 실천하며
그의 마음에 진실을 [말하는 자이니].

시편 15편 1-2절

앞서 이야기한, 그리스도인의 삶에 대한 전망이 실현되도록 통로 역할을 할 가능성이 큰 기관이 두 군데 있다. 바로 지역 교회와 기독교 대학이다.

교회를 말할 때, 우리가 영적 성숙에 대한 성경적 기대와 부르심을 진지하게 받아들인다면 이는 회중의 삶을 이해하고 목회 리더십을 세우는 데 심대한 영향을 끼칠 것이다. 교회가 변화를 위한 공간이 될 때 이는 어떤 모습일까? 회중의 삶의 근본 전제가, 회심을 통해 하나님의 백성과 사귐을 나누는 삶을 시작하고 더불어 형성의 여정, 그리스도의 형상으로 변화되는 여정을 시작하는 것이라면, 그런 교회는 어떤 모습일까? 물론 모든 것은 우리가 말하는 '교회'가 무엇을 뜻하는지에 달려 있다.

목회 사역이 이 헌신을 중심으로 이루어질 때 그것은 어떤 모습으로 드러날까?

이는 교회에 대한, 모든 회중에 대한 바울의 전망이다. 이 주제에 관해서는 그의 글 전반에 나타나 있지만, 에베소서 4장에 특히 뚜렷이 나타난다. 한 가지만큼은 분명하다. 바울은 모든 회중이 성숙해가는 공동체가 될 것을 기대한다. 이것은 교회에 선물을 주시는, 승천하신 그리스도께서 하시는 일이다.

그가 어떤 사람은 사도로 어떤 사람은 선지자로 어떤 사람은 복음 전하는 자로 어떤 사람은 목사와 교사로 삼으셨으니 이는 성도를 온전하게 하여 봉사의 일을 하게 하며 그리스도의 몸을 세우려 하심이라 우리가 다 하나님의 아들을 믿는 것과 아는 일에 하나가 되어 온전한 사람을 이루어 그리스도의 장성한 분량이 충만한 데까지 이르리니(엡 4:11-13).

물론 목회자들, 즉 11절에서 말하는 사도, 선지자, 복음 전하는 자, 목사, 교사는 교회를 통해 우리가 그리스도 안에서 성숙해가는 이 목적을 이룰 준비를 시키도록 보냄 받았다.

내가 여기서 에베소서 4장을 인용한 까닭은, 신앙 공동체를 훈련하고 그리스도 안에서 성숙해가는 것을 돕도록, 하나님이 교회에 선물로 주신 이들에게 모든 것이 달려 있음—이는 과장된 말이 아니다—을 강조하기 위해서이다. 모든 것이 복음 전하는 자와 목사와 교사에게 그리고 사도와 선지자에게 달려 있다. 교회의 지도자로 부르심 받은 이들이 복음을 전하고, 이 열정과 목적을 중심으로 사역 계획을 세우지 않는다면, 영적 성숙은 이루어질 수 없다. '나는 왜, 어떤 목적을 위해 부르심 받았는가?'라고 물으며 소명을 다시금 생각해보는, 복음 전하는 자와 목사와 교사에게 모든 것이 달려 있다.

복음 전하는 자와 목사와 교사 모두에게 주어진 목적은 바로 교회를 그리스도 안에서 성숙하게 하는 것이다. 이것이 사도 바울이 마음속 깊이 품고 있던 열정이다. 그는 이러한 헌신을 골로새서 1장에서 가장 분명하고도 날카롭게 설명하고 있다. 여기서 바울은 자신의 소명을 자전적으로 묘사한다.

> 우리가 그[그리스도]를 전파하여 각 사람을 권하고 모든 지혜로 각
> 사람을 가르침은 각 사람을 그리스도 안에서 완전한 자로 세우려 함
> 이니 이를 위하여 나도 내 속에서 능력으로 역사하시는 이의 역사를
> 따라 힘을 다하여 수고하노라(골 1:28-29).

목회자들이 자신의 사역과 회중의 삶에 대해 이와 비슷한 전
망을 가지고 있을까? 청빙 위원회와 목회 후보자들을 선발하는 과
정에 참여하는 이들이 이런 문제의식을 가지고 있을까? 그들은 이
것을 회중 안에서 목회 지도자로 섬길 사람들을 찾고자 할 때 가
장 중요한 기준으로 삼을까?

영적 성숙으로의 부르심을 받아들이기 원하는 모든 그리스도
인을 위해 이 책을 쓰고 있기는 하지만, 평신도 지도자들과 더불
어, 특히 목회자들이 이 전망을 회중의 삶에서 결정적인 목표로 받
아들이는 것이 대단히 중요하다.

우리는 회중의 삶의 본질과 목회 소명의 성격을 새롭게 이해
해볼 수 있을까? 하나님의 백성이 믿음 안에서 성숙해가고 공동체
적으로, 개인적으로 자라는 것을 교회의 본질적 목적으로 이해할
수 있을까? 그리고 이것이 회중의 삶에 대한 근본적 전망이라면
그것은 어떤 모습일까?

먼저 우리는 교회의 소명뿐 아니라 각 교인에게 교회가 필요
하다는 사실을 인식할 필요가 있다. 제임스 데이비슨 헌터는 "실
제 존재하는 공동체, 복잡한 사회적 관계와 그들이 나누는 이야기

를 떠나서는 인격 계발이 불가능하다"라고 정확히 지적한다.[1] 정말 맞는 말이다. 인격, 곧 영적 성숙은 공동체 안에서만 형성될 수 있다. 이것은 공동체를 위한 인격이 형성될 때에만 개인의 인격이 형성될 수 있다는 뜻이다. 에베소서 4장에서는 이렇게 설명한다.

> 오직 사랑 안에서 참된 것을 하여 범사에 그에게까지 자랄지라 그는 머리니 곧 그리스도라 그에게서 온몸이 각 마디를 통하여 도움을 받음으로 연결되고 결합되어 각 지체의 분량대로 역사하여 그 몸을 자라게 하며 사랑 안에서 스스로 세우느니라(엡 4:15-16).

본문에서는 그리스도의 몸, 즉 교회와 사귐을 나누지 않는다면 우리를 변화시키는 그리스도의 은총을 경험할 수 없다고 강조한다. 물론 우리는 각자 자신의 삶에 책임을 져야 한다. 믿음, 소망, 사랑 안에서 나아가는 우리의 여정에 개인적으로 책임을 져야 한다. 하지만 우리에게는 하나님의 백성과 나누는 교제가 필요하다. 스티븐 닐은 성결에 대한 고전적인 성찰을 담은 책에서 다소 자전적이지만 중요한 주장을 제시한다. 이 믿음의 여정 속에서, 영적 성숙으로의 부르심을 받아들이기 위해 노력하면서 우리는 이 길을 혼자 걷지 않는다. 사실 혼자서는 할 수 없다. 우리에게는 다른 이들과의 사귐이 필요하다. 신앙 공동체의 지지와 격려가 필요하다. 그는 이렇게 말한다.

---

1   James Davison Hunter, *The Death of Character: Moral Education in an Age Without Good or Evil* (New York: Basic, 2000), 227.

성도가 되도록 부르심을 받았다면, 내가 그리스도인임을 다른 사람들이 즉시, 분명히 알 수 있을 정도로 예수 그리스도를 닮도록 부르심을 받았다면⋯ 나에게는 얻을 수 있는 모든 도움이 필요할 것이다. 나는 혼자서 이 언덕을 오를 수 없음을 안다. 마찬가지로 씩씩하게 이 언덕을 오르고 있는 삶들의 도움과 격려, 이해가 매 순간 필요하다. 성만찬은 특별히 경건한 사람들에게 주어지는 존경의 증명서에 그치지 않는다. 성만찬은 *Esca Viatorum* (에스카 비아토룸), 즉 여행자의 양식이며, 그것 없이는 광야를 건널 수 없다. 내가 실패할 때 다른 이들의 훈계가 필요하고, 지칠 때 격려가 필요하고, 상황이 나빠질 때 공감이 필요하다. 몇 미터 못 가서 내가 나보다 다른 이들을 훨씬 더 걱정하고 있으며, 내가 그들을 섬길 수 있는 방법을 찾는 것이 그리스도인의 삶에서 중요한 부분임을 깨닫게 될 것이다.[2]

물론 영적 성숙을 다양하게 설명할 수 있지만, 나는 첫째, 영적 성숙이 그리스도와의 연합으로 정의되며, 그분 안에서, 그분을 통해 삼위일체 하나님의 삶에 역동적으로 참여하는 것으로 이해하면서 논의를 진행하고 있다. 둘째, 영적 성숙은 네 가지로 표현되며, 각각은 구별되지만 상호 의존적이다.

- 지혜: 성숙한 그리스도인은 성경의 증언을 통해 진리를 깨달아 아는 마음과 정신을 지닌다.
- 선한 일: 성숙한 그리스도인은 자신의 소명을 명료하게 이해

---

2   Stephen Neill, *Christian Holiness* (New York: Harper and Row, 1960), 114-115.

하며, 이 소명을 성취할 용기와 겸손, 능력을 지닌다.

• 다른 이들을 사랑하는 능력: 성숙한 그리스도인은 그리스도께서 우리를 사랑하시듯 다른 이들을 사랑하는 법을 안다.

• 기쁨: 성숙한 그리스도인은 깨어진 세상 속에서도 깊고도 강력한 기쁨 가운데 살아간다.

회중의 삶이 그리스도 안에서의 영적 성숙에 대한 이러한 전망을 중심으로 이루어진다면, 그것은 어떤 모습을 띠게 될까? 회중의 삶을 구성하는 세 가지 차원, 즉 예배, 배움-가르침, 선교에 대한 함의를 생각해보라.

• 교회는 예배하도록 부르심 받은 예전적 공동체이다.

• 교회는 지성을 새롭게 하도록 부르심 받은, 가르치고 배우는 공동체이다.

• 교회는 말과 행동으로 그리스도의 다스리심을 증언하는 선교 공동체이다.

우리는 이 세 가지 활동에 역동적이고도 반복적으로 참여함으로 믿음, 소망, 사랑 안에서 성장한다. 그리고 이 세 활동은 서로 사랑하고 기쁨의 능력 안에서 자라겠다는 결심과 헌신으로 가득 차 있다. 그렇다면 우리는 각 그리스도인에게 "믿음 안에서 성숙해지기 위해 당신은 하나님의 백성과 더불어 살아야 합니다"라고 말할 수 있다. 하지만 구체적으로 신자에게 필요한 것은 단지 그리스도인들의 모임, 혹은 가까이 사는 동료 그리스도인들이 아니다. 그리스도인에게는 교회다운 교회가 필요하다.

회중에게 목회적, 종교적 리더십을 발휘하는 이들에게 나는 이렇게 말한다. 교인들의 영성 형성과 성숙에 깊이 헌신하고 있다면, 목회자로서 당신은 이 세 요소, 즉 신앙 형성을 위해 하나님이 은총의 수단으로 사용하시는 회중의 삶의 세 차원에 시간과 에너지를 집중해야 한다. 또 이 세 가지에 더해 종류가 다른 네 번째 요소가 있다. 나는 개인적 형성과 영성 지도의 중요성도 논할 것이다. 하지만 먼저 회중의 삶의 세 차원, 즉 예배, 가르침-배움, 선교에 대해 다루고자 한다.

예배와 예전의 형성적 힘

첫째로 그리고 근본적으로 그리스도 안에서 영적 성숙을 이루겠다는 다짐은 예배를 진지하게 받아들임을 뜻한다. 교회의 삶에서, 각 그리스도인에게 예전보다 더 형성적인 요소는 없다. 그렇기 때문에 나는 교회에 예배 담당 목사와 영성 형성 및 제자도 담당 목사가 따로 있다는 사실이 아이러니라고 생각한다. 아이러니라고 여기는 까닭은, 예배 담당 목사는 반드시 영성 형성에 집중하는—영성 형성에만 집중하지는 않더라도—사람이어야 하기 때문이다. 더 나아가 회중 안에서 예전적 리더십을 발휘하도록 부르심 받은 이들이 신앙 형성에서 핵심 역할을 맡고 있음을 바르게 이해하지 못한다면, 그들은 예배의 본질을, 즉 교회의 삶 속에서 예배의 역할을 바르게 이해하지 못한 셈이다.

여기서 주장하는 바는, 목회자 팀 전체가 신앙 형성에 대한 전망을 공유해야 한다는 것이다. 모두가 '영성 형성과 제자도 담당 목사'이다. 어떤 이들은 특정 영역에 더 큰 책임을 맡고 있을지도 모르지만, 회중의 삶을 이루는 모든 차원은 이 목적을 위한 것, 즉 그리스도 안에서 자랄 수 있게 하기 위한 것이다.

예배가 하나님 백성의 삶에서 결정적이며 형성적인 사건인 이유는, 그것이 하나의 '만남'이며 이 만남이 형성적이기 때문이다. 예배는 부활하고 승천하신 그리스도와의 실시간 사귐이다.

우리가 추구하는 지혜는 관념이나 개념의 지혜가 아니라 그리스도의 인격 안에서 발견되고 알려진 지혜이다. 교회의 소명과 세상 속에서 우리 개인의 소명은 모두 예배로부터 시작되고 예배에서 주시는 하나님의 복을 통해 생명력을 얻는다. 서로를 향한 사랑은 하나님이 그리스도 안에서 우리를 사랑하심을 깨달을 때 맺는 열매이다. 물론 예배는 심원한 기쁨, 우리에게 임하시는 부활하신 그리스도를 실시간으로 만나는 것이다. 그 어떤 것도 그리스도 예수만큼 인간 영혼의 갈망을 온전히 만족시키지 못한다.

따라서 그리스도인의 거룩함과 영적 성숙의 모든 차원은 예배를 통해 정점에 이르고 의미를 부여받는다. 그러므로 영적 성숙으로의 부르심을 진지하게 받아들이는 회중은 예배를 진지하게 받아들인다. 달리 표현하자면, 그런 회중은 영성 형성에 관해 그 어떤 것도 예배만큼 형성적이지 않음을 이해하며, 예배 인도자 혹은 예전 담당자는 예배를 통해 그들이 '제자를 만든다'는 것을 알고 있다. 그들은 변화를 이해하는 눈을 지니고 있다.

예배가 사람을 변화시킨다는 것은 무슨 뜻인가? 이 물음을 다루기 전에 분명히 해두어야 할 점이 있다. 예배의 형성적 효과는 미묘하며 점증적이다. 그 영향력은 조금씩 누적된다. 반복과 의례, 꾸준함의 결과이다. 새로움은 주의를 산만하게 할 뿐이다. 물론 우리는 창의성을 인정한다. 예배 안에는 다양성이 있어야 한다. 하지만 형성적 예배의 증거는 수년에 걸쳐 꾸준히 이루어질 때 반복의 힘을 통해 나타난다.

우리에게, 특히 복음주의 교회에서 예배를 드리는 이들에게는 큰 어려움이 있다. 한 세대가 넘는 기간 동안, 우리는 신학적 깊이와 너비에 관해 의도적으로 최소주의적이며 욕망에 관한 훈련에서 진부한 예배 방식을 채택해왔다. 나는 이것이 교회의 유아화(幼兒化)일지도 모른다고 생각하고는 했지만, 최근에 나온《미국 기독교의 청소년화》(*The Juvenilization of American Christianity*)[3]라는 책에서 더 나은 용어를 사용하고 있다. 바로 **청소년화**라는 단어이다! 이 단어가 우리의 딜레마를 정확히 포착하고 있다.

주일이나 주말 예배에 참석하면 젊은이들이 예배를 주도한다는 인상을 받는다. 성숙하고 지혜로운 사람들, 예배 인도의 경험이 많은 사람들이 아니라 20대가 예배를 인도한다. 노래는 부르기 쉽고 가벼우며 십대의 감수성에 부응한다. 말하자면 콜라 같은 쾌감이 예전적 미각을 자극한다. 기분 좋은 음악, 힙합 비트, 즉각적으로 느끼는 필요에 초점을 맞춘 쉬운 가사. 모두들 캐주얼웨어를 입고 가르침도 쉽고 편안한 접근법을 취한다. 설교라는 용어도 세련

---

3   Thomas E. Berger, *The Juvenilization of American Christianity* (Grand Rapids, MI: Eerdmans, 2012).

되지 않은 취급을 받아서 '이야기'로 대체되었다. 더 이상 성경 본문을 진지하게 다루라고 촉구하지 않으며, 청중을 즐겁게 하는 사람, 카리스마로 무리를 끌어모을 수 있는 강사를 찾는다.

이른바 예배 전쟁은 완전히 핵심을 놓쳤다. 흔히들 예배 전쟁을 옛것과 새것, 고대적인 것과 현대적인 것 사이의 전쟁으로 이해했다. 정말로 중요한 문제는 우리의 예배가 청소년의 감수성에 부응하는지, 아니면 그리스도 안에서 참된 성숙을 돕고자 하는 더 심층적인 방향성을 촉진하는지의 물음이다. 여기서 이 점을 강조할 필요가 있다. 즉, 나는 예배 인도에 젊은이들이 참여하는 것을 반대하지 않는다. 중요한 점은, 회중의 삶의 모든 차원—가르침과 치리, 선교를 비롯해—에 지혜와 성숙이 필요하다는 것이다. 젊은 사람들은 반드시 더 나이가 많은 사람들에게서 배워야 하고, 더 나이가 많은 사람들은 앞 세대에게 전달받은 지혜를 전해주어야 한다. 회중의 삶을 이루는 가장 형성적인 차원, 즉 예배와 예전에서 이 점은 특히 더 중요하다.

우리의 과제는 성숙한 예배를 드릴 수 있도록 습관을 들여야 한다는 것이다. 미각을 즉각적으로 자극하는 소다 같은 예배를 계속 드려왔다면, 성경적이면서도 형성적인 예배를 드리고자 하는 열망과 그런 예배를 드릴 수 있는 능력을 키우기 위해서 꾸준하고도 견고한 가르침이 필요할 것이다.

그것은 어떤 모습일까? 아무런 망설임 없이, 나는 우리보다 앞서간 이들에게서 배워야 한다고 주장한다. 예배는 동시대적이지만 동시에 고대의 모티프와 관점, 실천을 활용한다. 우리는 대가들, 이전 세대의 영적 스승에게서 배운다. 우리는 뭔가를 다시 만들거나 없던 것을 새로 만들어내거나 스스로 해결해보려고 노력할 필요가 없다.

교회에 대한 고대의 관점에서 배울 때 예전이나 형성적 예배의 다섯 가지 특징을 발견한다. 첫째, 그것은 의식적이고 의도적으로 삼위일체적이며 그리스도 중심적이다. 교회의 위대한 신조적 유산에 든든히 뿌리를 내리고 있으며, 대단히 의도적으로 성령의 은총과 능력 안에서 그리스도를 통해 성부를 예배한다.

이런 예배에서는 그리스도와 세상과 우주 안에서 이루어지는 그분의 통치에 분명히 초점을 맞춘다. 우리는 부활하고 승천하신 그리스도와 실시간의 만남으로 인도된다. 예배의 초점은 우리가 아니며, 내가 아니다. 물론 위대한 복음주의 전통에서 예수님의 은총, 우리를 향한 그분의 사랑, 우리를 위한 그분의 은혜로운 공급하심―"나 같은 죄인 살리신 주 은혜 놀라워"―을 찬양한다. 하지만 근본적인 것은 그리스도와의 만남이다.

둘째, 형성적인 예배는 참회하는 예배이다. 계속적인 재배열, 혹은 재정향이 이루어진다. 예배에서 우리는 그리스도의 다스리심에 대한 경험적 인식으로 새롭게 인도된다. 찬송과 말씀 읽기, 말씀 선포를 통해 그리스도의 다스리심이 선언될 때 우리의 이해가 깊어진다. 뿐만 아니라 우주의 보좌 위에 앉아 계신 그리스도의 능력과 경이를 느낄 때 사랑의 질서가 바로 세워진다. 따라서 우리 마음과 정신이 점진적이지만 확실하게 더욱더 그리스도의 통치와 조화를 이루게 된다.

또한 이런 예배에는 죄의 고백이 반드시 포함된다. 회개를 통해 우리는 자비의 필요성과 믿음, 소망, 사랑 안에서 자랄 필요성을 인정한다. 죄의 고백을 통해 우리는 그저 용서를 구할 뿐 아니라 믿음의 여정을 걷기 위한 힘을 새롭게 얻는다. 고백의 행위는 자비에 대한 탄원이다. 또한 영적 성숙을 위한 바람의 표현이다.

셋째, 형성적인 예배는 참여적이다. 우리는 단순한 관찰자가 아니다. 단순히 노래를 따라 부르지 않는다. 관람하러 예배당에 오지 않았다. 회중이 찬양대이다. 우리는 형제자매와 더불어 성소로 들어간다. 예배 인도자가 회중의 목소리가 들리지 않게 만드는 악기나 음향 시설을 사용한다면, 사실상 그들은 사람들을 기쁘게 하려는 연예인이 되고 만다. 좋은 예배 인도의 핵심은, 하나님의 사람들의 예배를 촉구하고 돕고 장려하고 촉진하는 것이다.

넷째, 우리는 공간과 예전의 상호작용도 생각해봐야 한다. 공간은 중요하다. 우리는 몸을 입은 영혼이며, 예배 장소와 공간은 그 자체로 형성적이다. 이 점에 관해 핵심은 이렇다. 우리의 예배 장소와 공간은 예배와 교회의 본질에 관한 우리의 신학적 신념을 반영하는가? 공간과 그리스도의 다스리심에 대한 증언이 조화를 이루는가?

다섯째, 다시 한 번 시편을 말할 필요가 있다. 기쁨에 관한 장에서 지적했듯이, 기독교 예배는 구약의 시편으로 가득 차 있을 때 가장 좋은 예배가 된다. 시편은 예수님의 기도서였다. 따라서 우리가 그리스도를 예배하고 그분과 더불어 기도할 때, 시편을 적극적으로 활용하는 것이 합당하다. 본회퍼가 잘 말했듯이, 예배가 시편으로 가득 차 있을 때 우리는 성경에 따라 기도하는 법을 배우고, 무엇을 어떻게 예배해야 하는지 배우며, 함께 예배하는 것이 무엇을 뜻하는지 배운다.[4] 시편과 더불어 우리의 예배는 그리스도와 함께, 서로 함께 드리는 예배가 된다.

여섯째, 형성적인 예배의 형식, 즉 말씀과 성례전의 고대 형식에 대해 말해야 한다. 성례전과 말씀이라는 이중적 요소는 교회의 삶과 그리스도 안에서 행하시는 하나님의 사역과 관련해 근본적인 중요성을 지닌다. 예를 들어, 이 점은 예수님이 마태복음 28장에서 그분을 따르는 이들에게 사명을 주시면서 하신 말씀을 통해 분명히 드러난다. 예수님은 사람들에게 세례를 베풀고, 가르쳐 순종하게 함으로써 제자를 삼으라고 명령하셨다. 성례전과 말씀. 말씀과 성례전.

예를 들어, 사도행전 2장 42절에서 묘사하는 회중의 삶을 생각해보라. "그들이 사도의 가르침을 받아 서로 교제하고 떡을 떼며 오로지 기도하기를 힘쓰니라." 기준은 이것이다. 성경의 증언과 초대교회의 실천과 일치하는 방식으로 영적 변화에 힘쓰는 회중은 예배에서 두 가지에 힘쓴다. 하나는 사도들의 가르침과 교제이며, 다른 하나는 떡을 떼고 기도하는 것이다.

초보 설교자였을 때 나는 이 본문이 네 가지를 말한다고 설교하곤 했다. 나중에야 나는 본문의 구문이 네 가지 구별된 활동을 가리키지 않으며, 본문에서 열거한다고 생각한 '네' 활동이 같은 종류의 활동이 아님을 깨닫기 시작했다. 말하자면 나는 사과와 귤을 섞어서 생각했다. 초대교회가 헌신한 활동은 근본적으로 두 가

---

4   Dietrich Bonhoeffer, *Life Together and Prayerbook of the Bible*, Dietrich Bonhoeffer Works vol. 5, trans. Daniel W. Bloesh and James H. Burtness (Minneapolis: Fortress Press, 1996), 55-61.

지뿐이었다.

이 본문에서는 초대교회 공동체가—성령의 교제 안에서 함께 나누는 삶 속에서, 그 일부로서—사도들의 가르침에 헌신했다고 묘사한다. 실제로 사람을 변화시키는 예배는 이를 통해 분명해진다. 선포된 말씀은 '이야기'를 들려주는 사람이 지닌 똑똑한 통찰이나 흥미진진한 스토리가 아니라 예언자와 사도들의 가르침(글), 즉 구약과 신약을 쉽게 이해할 수 있게 해주는 것이다. 이에 관해서는 이후에 더 자세히 다루겠다.

그런 다음 본문에서는 떡을 떼고 기도하는 활동에 대해 말한다. "기도"는 복수형이며, 이는 하나님의 사람들이 함께 드리는 예배를 암시한다. "떡을 떼며"는 주의 만찬 혹은 성만찬을 가리킨다. 증거에 따르면, 초대교회는 예배를 위해 모일 때마다 주의 만찬을 행했다고 한다. 매달 첫째 주일 한 달에 한 번—이것은 신학적으로 거의 정당화될 수 없다—이 아니라 매주 예배를 위해 모일 때마다 행했다.

마지막 주장에 대해서는 조금 더 자세히 설명할 필요가 있다. 앞서 2장에서 나는 거룩함의 신학과 실천이 온전한 기독론에 달려 있다고 말했다. 잘려나간 복음은 집을 짓는 토대가 될 수 없다. 그리스도의 사역을 다루는 신학은 우리를 위해 이미 완료된 거래에 대해 가르칠 뿐 아니라 우리가 승천하신 그리스도의 생명에 참여할 수 있도록 도와주어야 한다.

하지만 이 점 역시 덧붙일 수 있다. 거룩함의 신학과 실천은 특별한 **교회론**을 요구한다. 너무나도 많은 것이 우리가 교회의 본질과 증언, 목적을 어떻게 이해하는지에 달려 있다. 그러므로 거룩함의 경륜에 대해 생각해보라.

거룩함과 영적 성숙에 대한 우리의 이해는 삼위일체적이어야
한다. 우리는 성부의 부르심, 삶 속에서 이루어지는 성령 사역의
열매인, 그리스도와 연합하라는 부르심을 말한다. 참으로 삼위일
체적이기 위해 우리는 성령의 사역에 대해 말해야 한다.

하지만 여전히 이렇게 물어야 한다. 어떻게 성령께서 변화의
사역을 행하시는가? 이를 위해 교회와 은총의 수단을 말해야 한
다. 간단히 그리고 직접적으로 말하자면, 신약에서 영적 성숙과 거
룩함에 대한 전망은 명백히 교회적이다. 하나님의 변화는 교회의
은혜와 증언을 통해 우리 삶 속에서 이루어진다.

교회는 단지 종교 활동을 위해 정기적으로 만나는 다양한 개
인들의 모임이 아니다. 교회가 사람을 변화시키는 하나님의 은총
의 수단이 되기 위해서 무엇이 교회를 교회로 만드는지, 교회가 행
하는 어떤 행위가 성령께서 사역을 행하시는 수단이 되는지 생각
해봐야 한다. 답은 간단하다. 말씀과 성례전이다.

• 예수님은 자신을 따르는 이들에게 세례를 베풀고 가르침으로
  제자를 만들라고 명령하셨다(마 28:19).
• 예수님은 하나님의 온전한 뜻을 설명하고 떡을 떼심으로 그들
  에게 자신을 계시하신다(눅 24:13-35).
• 신자들은 사도들의 가르침과 교제, 떡을 떼고 기도하기에 힘
  썼다(행 2:42).

따라서 거룩함과 그리스도 안의 성숙에 대한 우리의 전망은

삼위일체적인 동시에 철저히 교회적이다. 교회는 삼위일체 하나님이 성령을 통해 세상 속에서, 우리 삶 속에서 일하시는 수단이다. 따라서 우리는 교회가 성령의 교제라고, 구체적으로는 성령의 교제로서 말씀과 성례전을 위한 공간이라고 말한다.

어느 하나라도 빠진다면—철저히 삼위일체적이지 않거나 교회의 삶에서 말씀과 성례전 모두를 중시하지 않는다면—거룩함에 대한 우리의 신학과 실천은 부족한 상태로 남게 된다. 성경적이지 않으며 초대교회의 증언과도 일치하지 않을 것이다.

복음주의 교회는 성경의 가르침은 강조하지만 성례전의 역할을 축소한 채, 제자를 삼고 그리스도 안에서 성숙해가라는 부르심에 응답하고자 노력해왔다. 은총의 수단인 세례를 경시하고 주의 만찬을 가끔씩만 행했다. 하지만 말씀의 능력은 거룩한 식사와 짝을 이룰 때 비로소 온전히 드러난다. 문제는 우리가 은총의 두 수단 중 하나만 가지고 있다는 것—없는 것보다 하나라도 있는 게 더 낫고, 선택해야만 한다면 성경을 택하는 게 최선이라는 식으로—이 아니다. 오히려 이 둘은 결합되어 서로를 강화하면서 작동한다. 우리는 단지 '그 책의 사람들'이 아니다. 우리를 규정하는 것은 성경의 본문이 아니라 부활하고 승천하신 그리스도이시다.

그리고 성경 본문과 부활하신 주 사이의 상호작용에 대해 생각하는 것이 중요하다. 바울은 성경을 설교하고, 쉽게 풀어 설명하고 그리스도(십자가에 달려 죽으신 그리스도)를 선포하는 것을 동시에 말한다. 우리는 그리스도 예수를 선포할 때에만 참으로 성경을 선포한다. 따라서 성경에 대한 강력하고도 분명한 기독론적 해석이 존재한다. 우리는 성경을 읽고, 대제사장이자 왕이신 그리스도 예수의 성육신과 삶, 죽음, 부활, 승천에 비추어 그 의미를 해석한다.

이는 곧 우리가 모든 본문을 그리스도의 사건에 비추어 설교함을 뜻한다. 우리는 복음서를 정경의 중심으로 삼아 성경을 읽으며, 창세기에서 계시록까지 모든 것을 그 중심으로부터 읽고 선포한다. 이것은 훌륭하며 중요하지만, 문제의 핵심은 아니다.

성경이 교회 안에서, 세상 안에서 하나님의 목적에 필수적으로 중요하며, 성경의 가르침 없이는 지혜 속에서 자람도 없을 테지만, 궁극적으로 우리는 그 책의 사람들이 아니라 예수를 바라보는 사람들이다. 하나님의 지혜에 대한 우리의 이해는 철저히 기독론적이다. 우리는 그리스도에 비추어 모든 것을 바라보며 이해한다. 하지만 승천하셨기에 그리스도는 이제 매 순간 대제사장이자 왕이시다. 만물이 그분으로 말미암아 창조되었으며(히 1:2), 이제 만물이 그분을 통해 구속되고 있다.

따라서 우리는 예수를 바라본다. 예수를 생각한다. 그분을 보고 묵상한다. 어쩌면 이렇게 말할 수 있을지도 모르겠다. 영성 형성과 인격 계발의 핵심은 이중적 집중의 문제이다. 우리는 믿음을 시작하고 완성하시는 예수를 바라보면서 간절하고 열린 마음과 생각으로 성경에 귀를 기울인다. 물론 성경은 우리가 그리스도 안에서, 오직 그분 안에서 믿음 가운데 자랄 수 있도록 우리에게 주어졌고 선포되었다.

그렇다면 이 그리스도는 누구신가? 그분은 십자가에 달려 죽으셨다. 우리의 지혜는 십자가의 지혜이다. 그리고 그분은 승천하셨다. 우리의 지혜, 우리가 가르치는 지혜는 다스리시는 그리스도의 지혜, 세상 속으로 뚫고 들어온 하나님 나라의 지혜이다. 이 이

중적 렌즈, 즉 그리스도의 십자가와 그리스도의 다스리심을 통해 삶 전체를 바라본다.

이것이 모든 효과적인 설교—사람을 변화시키는 모든 설교—의 근본적 성격이다. 핵심은 화술이나 탁월한 주석, 카리스마와 위엄, 설득력 있는 예화와 일화가 아니라, 십자가에 달려 죽으시고 부활하시고 승천하신 그리스도에 비추어, 그분의 임재 안에서 고대의 본문을 성실하게 펼쳐 보이고 이해하기 쉽게 설명하는 것이다. 우리는 예배에 충만하게 퍼져 있는 그리스도에 대한 철저한 인식을 통해, 말씀과 성례전이라는 두 필수 요소를 통해, 승천하신 그리스도의 임재에 대한 역동적 깨달음을 유지한다.

성령에 대한 신학이 불완전할 때, 우리는 성령과 말씀, 성령과 세례 및 주의 만찬이라는 성례전적 행위 사이의 관계를 제대로 이해하지 못한다. 사도 바울은 분명히 말했다. 성령을 통해서가 아니면 우리는 그리스도를 알 수 없고 그분 안에서 살 수 없다(특히 롬 8:1-16을 보라). 하지만 바울은 세례와 주의 만찬의 중요성도 똑같이 강조한다. 로마서 6장에서 강조하듯이, 세례는 우리가 그리스도의 죽음과 부활 안에서 그분과 강력하고 역동적으로 연합함을 상징한다. 그리고 고린도전서 10장 16-17절에서 바울이 강조하듯이, 주의 만찬은 그리스도의 생명, 그분의 몸과 피에 우리가 참여함을 말한다.

그렇다면 우리는 말씀과 성령 사이에서, 혹은 성례전과 성령 사이에서 하나를 선택할 수 없다. 말씀과 성례전이 바로 성령께서 우리를 그리스도와의 연합으로 이끄시는 수단이다.

핵심은 여기에 있다. 이제 우리는 교회 안에서, 교회를 통해 사람을 변화시키시는 하나님의 사역에 대한 성경적 이해를 회복하고 받아들여야 한다.

말씀과 성례전이 중심이 되는 예배를 통해 교회는 부활하고 승천하신 그리스도와 역동적 연합을 이루며 살아간다. 하지만 우리가 성령 안에서 이를 실천할 때에만 이런 실천이—사실 모든 영적 실천이—의미를 지니고 유효하다. 따라서 우리는 분명 성령을 더 철저히 의존해야 한다. 그리스도가 중심이며 초점이다. 승천하신 그리스도는 우리의 존재를 품으신 분으로서, 우리가 그 안에 살며 거하는 분으로서 우리 가운데 계신다. 하지만 우리는 성령을 통해 훈련받고 힘을 얻고 능력을 얻을 때에야 비로소 그리스도 안에 살고 진리 안에서 예배할 수 있다. 말씀과 성례전이라는 핵심적 행위와 관련해, 이것은 곧 우리가 말씀으로 다가갈 때나 세례와 주의 만찬에 참여할 때 그 의도를 더 분명히 자각해야 한다는 뜻이다.

이는 공동 예배의 순서를 가리키는 용어에서 명백히 드러난다. 모든 고대의 예전에는 성경을 설교하기 전에 '성령의 조명을 위한 기도'(prayer for illumination)가 포함된다. 이는 곧 성령께서 우리의 생각을 비추시고 우리 마음을 다시 불타오르게 하시고 성경을 통해 우리 의지를 강하게 해주시기를 간구하는 기도이다.

세례에도 성령에 대한 분명한 언급이 반드시 포함되어야 한다. 우리가 세례 받은 사람으로서의 정체성을 삶 속에서 실천할 수 있다는—그리스도 안에서 흔들리지 않고, 그분 안에 뿌리내리고, 그분 안에 세워져, 그리스도의 죽음과 부활 안에서 그분과 연합된 사람이라는 정체성 안에서 자라갈 수 있다는—소망은 오직 성령을 통해서만 이루어질 수 있다. 우리는 성령을 통해서 기독교 신앙을 삶 속에 실천하고 있음을 분명히 드러낼 수 있다. 이를 어떻게 상징적으로 보여줄 수 있을까? 초대교회는 세례 받은 사람에게 기름을 바르는 것으로 이를 보여주었다.

또한 주의 만찬을 행할 때 반드시 성령의 임재를 위해서 기도해야 한다. 이것은 성령께서 모임 가운데 임하시고 우리를 채워주시며 우리를 그리스도의 임재 안으로 인도하시고 성만찬의 빵과 포도주가 참으로 우리에게 그리스도의 몸과 피가 되게 해달라고 간구하는 기도이다.

말씀이나 세례, 주의 만찬에 관해 성령의 사역을 말하지 않는다면, 우리는 계속해서, 어쩌면 우리도 모르는 사이에 우리 힘으로 이 일을 한다는—우리 능력으로 그리스도인이 되어 그리스도인의 정체성을 삶 속에서 실천할 수 있다는—생각을 조장하게 될 것이다. 하지만 우리가 말씀과 교회의 성례전적 활동 속에서 우리에게 임재하시는 그리스도 예수를 만나는 것은 바로 성령의 은총을 통해서이다.

말씀과 성례전은 그 자체가 목적이 아니다. 이 둘은 우리가 그리스도와 실시간으로 만나는 수단이다. 예를 들어, 주의 만찬은 그리스도와 그분의 사역을 단지 기억하는 행위가 아니라 그리스도의 생명에 실제로, 역동적으로, 실시간으로 참여하는 행위이다(다시 한 번 고전 10:16-17을 보라).

요한복음에서는 이것을 특히 강력한 방식으로 설명한다. 요한복음은 우리가 그리스도와의 연합 가운데 살 수 있도록 하시는 성령의 역할을 강조하는 동시에—요한복음 14장과 16장을 보라—이 연합을 촉진하는 다른 두 핵심 수단을 강조한다. 첫째, 말씀에 관해, 그리스도께서 바로 신적 로고스임을 상기시킨다. 그분을 따르는 데에는 그분의 말씀이 필수적이며, 하나님의 메시지에는 사귐이 필수적이라고 앞에서 지적했다. 요한복음 10장에서는 예수님의 목소리에 귀를 기울이는 양에 초점을 맞춘다. 요한복음 15장에서는 우리가 그분 안에, 그분의 말씀이 우리 안에 거해야 한다고 강조한다(요 15:7). 우리와 그리스도의 연합이 성례전적 성격을 지님을 이해하는 이들은 요한복음에 있는 동일한 주제를 강조한다. 그들은 요한복음 1장 14절("말씀이 육신이 되어")과 요한복음 15장 4절("내 안에 거하라 나도 너희 안에 거하리라"), 예수님이 "내 살을 먹고 내 피를 마시는 자는 내 안에 거하고 나도 그의 안에 거하나니"라고 주장하신 요한복음 6장 56절의 놀라운 말씀이 직접적으로 연결되어 있다고 지적한다.

다시 말해서, 그리스도 안의 상호 내주는 은사적이며(성령) 복음적이고(말씀) 성례전적이다(주의 만찬). 교회는 이 중 하나를 선택하지 않는다. 우리는 은사적이며 복음적이고 성례전적일 수 있다. 온전한 거룩함의 신학은 셋 모두를 아우른다.

그리스도인은 그리스도와 연합된 사람으로서 세상 속에 존재하는 능력을 강화하는 영적 실천―물론 개인 기도와 성경 공부를 포함해―을 하면서 세상 속에서 살아간다. 하지만 개인의 삶에 꼭 필요한 방향성을 부여하는 것은 바로 교회의 사역―예전, 말씀과 성례전을 통한 그리스도와의 실시간 만남―이다. 그리고 우리는 이 둘 모두를 우리 삶 속에 드러나는 성령의 역동적인 은총의 차원으로 받아들인다.

가르치고 배우는 공동체로서의 교회

교회는 학교가 아니지만 학교와 거의 비슷하다. 교회는 가르치고 배우는 공동체이다. 학교와 달리, 이것은 교회의 본질이나 근본 성격이 아니다. 하지만 가르침과 배움이 없다면 참된 교회가 아니다.

일차적으로 회중은 예배하는 공동체 그리고 하나님 나라의 표지이자 구현체로서 세상 속에서 섬기며 선교하도록 부르심 받은 공동체이다. 나는 예배가 반드시 우선되어야 하며 선교에 계속해서 헌신해야 하기 때문에 교회가 학교는 아니라고 말한다. 하지만 예배라는 선한 일과 선교 참여가 배움에 기초하고 마음을 새롭게 하는 참된 배움을 통해 활기를 얻지 못한다면 교회는 예배와 섬김으로서의 부르심을 성취할 수 없다.

예배와 선교에 대한 지향이 핵심적이지만—교회로서 우리의 정체성과 목적에 필수적이지만—우리가 가르치고 배우는 공동체라는 점에는 이론의 여지가 없다. 회중으로서 우리는 마음[지성]을 새롭게 함으로 변화를 받았음(롬 12:2)을 깨닫고 기독교 지성을 배양하겠다고 결심했다. 우리는 배우는 사람이 되기로 결심했다. 교회로서 우리는 공동체의 삶에서 가르침의 우선성을 인식하는 공동체이다.

목회 리더십에는 하나님의 백성을 예배 가운데로 이끄는 예전적, 제사장적 기능이 포함된다. 뿐만 아니라 목회 리더십에는 말과 행동으로 그리스도의 다스리심을 증언하도록 신앙 공동체를 격려하고 훈련하는 선교적 역할도 포함된다. 하지만 목회자의 일차적인 책무는 가르치는 책임이다. 목회자는 가르치는 사람이며,

가르침을 통해서 하나님의 백성이 예배와 선교에 임하도록 그들을 훈련한다.[5]

성경 전체가 진리에 대한 올바른 이해와 영적 성숙 사이에 깊은 연관성이 있다고 말한다. 이는 히브리서 전체의 기본 전제이다. 독자들은 그리스도에 관해 무언가를 보고 이해해야 하며, 이 이해가 다른 모든 것을 규정하고 결정한다. 영성의 삶 전체는 십자가에 달려 죽으시고 승천하신 그리스도에 대한 특정한 전망이라는 렌즈를 통해 실천된다. 이 관점에서, 이를테면 이 '세계관'으로 모든 현실을 바라본다. 여기서 분명하고도 명백한 점은, 그리스도 안에서 성숙하기 위해서는 반드시 이런 이해가 필요하다는 것이다. 그리고 이런 이해는 좋은 가르침의 결과이다.

여기에 놓치지 말아야 할 핵심이 있다. 도덕적 지능과 온전성은 영성 형성과 인격 계발이라는 더 넓은 전망 안에 자리 잡고 있다. 그리고 이 더 넓은 전망이란 바로 세상을 향한 하나님의 목적에 대한 신학적 이해이다. 따라서 에베소서 1-3장은 에베소서 4-6장에서 설명하는 인격과 도덕적 성숙의 구체적인 요소에 도달하

---

5 독자들 중 성공회 교인은 목회자의 일차적 소명이 회중을 예배로 인도하는 것이라고 주장할 것이며, 내가 속한 기독교연합선교회(Christian and Missionary Alliance)의 교인들은 목회자의 일차적 소명은 선교와 섬김을 위해 회중을 훈련하는 것이라고 주장할 것이다. 하지만 여기서 나는 목회자를 '가르치는 장로'라고 부르는 장로교인들의 직분 이해가 옳다고 생각한다. 결국 세 가지 모두가 신앙 지도자가 하는 사역의 토대를 이루지만, 목회 지도자에 대한 신약의 증언에서는 가르치는 사역을 강조하는 것처럼 보인다. 이것이 (세례를 베풂으로써, 마 28:19) 사람들을 제자로 만드는 방법이며, 목회 서신에서도 일차적으로 이 사역을 강조하는 것으로 보인다. 디모데와 디도가 하는 모든 일 중에서 가르침은 그들 사역의 핵심이자 근본이다.

기 위한 기초이다. 에베소서 4장은 "너희가 부르심을 받은 일에 합당하게 행하여"(엡 4:1)라는 말로 시작되며, 이는 1장부터 3장에서 제시한 위대한 전망에 기초를 둔다. 그리스도인들은 부르심 받은 삶에 관한 신학적 전망과 토대 없이 그리스도인의 삶을 실천할 수 없다. 1장부터 3장에서 제시하는 위대한 신학적 전망을 말하지 않고서는 4장부터 6장까지의 내용을 설교할 수 없다.

우리가 접하는 교회의 모든 활동 속에서 '인격 계발'이 필요하다는 말을 듣는다. 우리는 교회의 영적 성숙도에 관심을 기울이며 어떻게 변화가 일어날 수 있는지 궁금해한다. 흔히 듣는 대답은 기도를 더 많이 해야 한다는 것이다. 우리는 갱신과 부흥의 필요성을 말하며, "내 이름으로 일컫는 내 백성이 그들의 악한 길에서 떠나 스스로 낮추고 기도하여 내 얼굴을 찾으면…"(대하 7:14)이라는 역대하의 말씀을 즐겨 인용한다. 교회에 큰 갱신이 일어나기 원한다면 무릎을 꿇고 하나님께 이를 구해야 한다고 결론 내린다. 반나절 혹은 하루 종일 기도를 이어가는 '기도 합주회'를 하고, 새롭게 하시는 하나님의 은총을 구한다.

물론 기도는 교회의 삶과 증언에 필수이다. 또한 기도는 교회 갱신을 일으키시는 하나님과 그분의 은총에 대한 철저한 의존을 촉진한다. 하지만 놓치지 말아야 할 점은 이것이다. 하나님은 그분의 백성을 성숙하게 하고 그들의 인격을 계발하고 그들이 도덕적 지능을 기를 수 있도록 가르치는 이들을 보내셨다. 우리는 가르침으로써 제자를 만든다. 디모데는 때를 얻든지 못 얻든지 설교하고 가르치라는 권면을 받았다. 교회 갱신, 그리스도 안에서의 형성은 그리스도의 마음을 기름으로써 이루어진다. 바로 이를 통해 교회는 든든히 서고 새로워지고 강해진다. 이를 통해 교회는 세상 속에서 하나님 나라의 표지가 되도록 훈련받는다.

가르침 없는 기도는 좌절과 무력감으로 이어질 뿐이다. 가르침 없는 기도는 교묘한 불순종에 불과하다. 예수님은 우리에게 사람들을 가르침으로써 그들을 제자 삼으라고 말씀하셨다. 쉬운 탈출구 같은 것은 존재하지 않는다. 기도하면 '부흥'을 통해 우리 공동체와 교회가 무언가 극적인, 혹은 흔히들 생각하듯이 '기적적', 인격적, 사회적 변화를 경험할 것이라는 생각을 피해야 한다. 물론 부흥을 위해서 기도해야 한다. 하지만 부흥은 우리가 가르치고 배우는 과정, 하나님의 지혜에 몰입하는 과정에 집중할 때 천천히 점진적으로 일어난다. 우리는 성령께서 만물을 새롭게 하시기를 갈망하지만 성령께서 만물을 새롭게 하시는 근본 수단―교회의 가르치는 사역―을 무시하는 경우가 많다.

이런 가르침과 배움의 목적은 하나님의 백성이 삶과 일, 인간관계에 대해 신학적으로 사고하도록 훈련하는 것이다. 좋은 출발점은, 교회가 된다는 것, 구체적으로 예배하는 교회, 선교하는 교회가 된다는 것이 무엇을 뜻하는지 견고한 신학적 지향을 갖추는 것이다. 이것은 기독교 지성의 계발을 촉진하는 방법으로 좋은 출발점이 된다. 먼저 하나님을 향한 지향성 안에서 예배를 바라보고, 그리스도의 다스림을 향한 지향성 안에서 선교를 바라보아야 한다. 그렇지 않다면 예배는 감상주의에 불과하고 선교는 실용주의에 불과할 것이다.

하지만 우리가 신학적 전망을 지닐 때 예배와 하나님의 선교에 대한 참여는 우리가 하는 공부와 배움에 핵심적인 지향점을 제공한다. 우리는 예배 안으로 들어가고 예배로부터 나온 사람으로서 공부하고 배운다. 우리는 세상 속에서 후하게 베풀고 섬기도록 부름 받은 사람으로서 공부하고 배운다. 그리고 우리는 세상 속에서 사는 우리의 경험을 가르침과 배움의 공간으로 되가져온다. 이것이 가르침과 배움을 통해 마음과 정신의 통합을 촉진하는 예배와 선교 참여이다.

성경과 기독교 교육. 그렇다면 우리는 무엇을 함께 공부하는가? 앞에서 교회 안에서 가르침과 배움의 목적은 삶과 일, 인간관계에 대한 신학적 전망을 길러내는 것이라고 강조했다. 이 목적을 이루기 위해 가장 중요한 자료는 성경이다. 우리는 성경을 가르친다. 신구약 공부보다 더 근본적이고 더 핵심적이며 더 중심적인 것은 없다.

하지만 '우리는 성경을 가르친다'라는 말은 지혜가 형성되는 방식, 신학적으로 사고하는 능력을 기르는 방식을 묘사하는 방법으로는 그다지 정확하지 않다. 너무 광범위한 표현이므로 미묘한 차이를 더 확실히 구별할 필요가 있다. 성경의 중요성을 인정하는 것으로는 충분하지 않다. 어떻게 성경을 읽는지, 어떻게 성경을 대하는지, 어떤 점에서 성경이 교회에 지혜의 근원, 즉 변화시키는 은총의 근원이 될 수 있는지 논해야 한다. 성경을 형성적으로 만드는 것은 무엇인가?

한편으로는 설교의 중요성에 대해, 다른 한편으로는 렉시오 디비나(*lectio divina*)의 중요성에 대해 말할 수 있지만, 나는 단지 다음의 내용을 하나의 지침으로 제시하고자 한다. 첫째, 우리는 성경의 권위와 통일성을 인정한다. 성경은 하나님의 지혜, 하나님의 이야기, 하나님의 방식에 대한 증언이다. 지혜롭고자 하는 사람들과 지혜 속에서 자라고자 하는 공동체는 성경을 읽고, 성경을 선포하거나 설교하고, 성경을 삶으로 실천하는 능력을 기를 것이다.

둘째, 우리는 두 가지 핵심적이며 필수적인 해석, 즉 서사 속에 있는 하나님의 이야기—창조, 타락, 구속이라는 렌즈를 통해 대단히 유익하게 표현된—와 교회의 삼위일체적이며 신조적인 신앙의 틀에 비추어 성경을 읽어야 한다. 성경을 하나님의 은총과 구속에 관한 이야기 속으로 이끌려 들어가기 위한 수단으로서가 아니라 도덕 법전 혹은 종교적 진리를 담은 교과서나 백과사전으로 취급한다면 얻을 것이 거의 없다. 많은 사람들이 성경을 잘 알지만, 그들이 규칙적으로 읽어 성경을 아는 경험이 그들의 생각과 정신, 관점을 변화시키지 못했다.

셋째, 교회의 신조적 역사는 우리가 성경을 읽고 지혜 속에서 자라는 것이 교회의 삶과 밀접하게 연결되어 있음을 상기시켜 준다. 성경은 우리의 개인적인 책이 아니다. 교회의 거룩한 문서이다. 우리는 혼자 힘으로 지혜로워지지 못하며, 교회의 지혜를 성경을 읽는 '신앙의 규칙'으로 겸손히 받아들인다. 하나님의 권위를 받아들이지 않는다면 지혜도 없다. 그리고 하나님의 권위는 성경과 하나님이 세우신 교회를 통해 계시된다.

따라서 우리는 다른 이들과 더불어 다른 이에게 서로 복종하며 성경 말씀을 듣고, 공동체 안에서 성경 읽는 법을 배운다. 위대한 전통의 권위, 특히 교회의 신조적 유산의 권위를 인정하면서 오래된 교회의 증언과 역사적 연속성 안에서 성경 읽는 법을 배운다.

우리는 언제나 특정한 전통에 비추어 성경을 읽는다. 외견상 '전통'을 성경 읽기에 관한 자료나 지침으로 삼기를 거부하는 것처럼 보이는 이들은 자기 자신을 권위 있는 전통으로 삼고 있을 뿐이다. 공동체 안에서 겸손 가운데 이루어지는 참된 배움은 역사적 교회의 지적, 도덕적, 영적 권위와 스티븐 파울(Stephen E. Fowl)과 그레고리 존스(L. Gregory Jones)가 "사회적으로 구체화된 전통"[6]이라고 부른 것을 통해 계발된 지혜를 인정한다.

넷째, 우리는 본문의 사회적, 경제적, 종교적 맥락 안에서 성경을 읽어야 한다. 이것은 위의 내용만큼이나 중요하다. 성경과 교회의 신조적 유산—물론 그리스도 자신—이 공교회에 일관된 목소리와 통일성을 부여한다. 하지만 그렇다고 해서 복음과 다문화적인 상황에서 성경을 읽을 때 드러나는 지혜의 근원적인 특수성을 약화해서는 안 된다. 우리는 아프리카에서 아프리카인들이 성경을 읽을 때 드러나는 기독교 지혜에 대해 말할 수 있으며, 같은 확신으로 핀란드에서 드러나는 지혜에 대해 말할 수 있다.

따라서 우리는 현대 교회가 교회사의 앞선 세대와 대화를 나누고 있음을 인정한다. 교회는 언제나 성경에 대해 생각하고, 성경을 읽고, 대화하고, 조금 더 생각하고, 이 시간과 공간 속에서, 이 특수성 속에서 지혜롭게 사는 것이 무엇을 뜻하는지 숙고한다. 예를 들면, 크와메 베디아코(Kwame Bediako)는 아프리카 그리스도인들과 다른 동시대 그리스도인들 사이의 대화에 대해, 뿐만 아니라 아

---

6   Stephen E. Fowl and L. Gregory Jones, *Reading in Communion: Scripture and Ethics in Christian Life* (Eugene, OR: Wipf and Stock, 1998), 10.

프리카 그리스도인들과 2세기 신학자들 사이의 대화에 대해 말할 수 있다.[7] 기독교 지혜는 언제나 공교회적(보편적)인 동시에 지역적이고 특수하다.

나는 또한 우리가 자신의 종교적, 지적 유산이 전해주는 지혜와 대화하며 성경을 읽는다고 덧붙이고 싶다. 언제나 성경이 가장 중요하며 배타적인 권위를 지니지만, 영국인은 셰익스피어에 익숙한 사람으로서 성경을 읽지 않겠는가? 혹은 필리핀의 그리스도인은 자신의 문화유산이 전해주는 전통적인 격언에 익숙한 사람으로서 구약의 잠언을 읽지 않겠는가? 다시 말해서, 지혜로운 사람들이 성경만 읽지는 않는다. 하지만 우리가 지혜 속에서 자라는 데 성경의 우선성은 아무리 강조해도 지나치지 않는다.

여기서 나는 베디아코가 한 말을 지적하고 싶다. 그는 기독교 성경은 각국의 말로 번역되어도 여전히 "모든 면에서 하나님의 말씀"이라고 강조한다. 즉, 성령의 증언과 오순절에 일어난 사건 덕분에 모든 그리스도인들은 자신의 언어로 성령의 증언을 통해 예수 그리스도를 이해할 수 있다.[8]

교리문답과 세례. 가르치고 배우는 회중에 관한 이 전망을 성취하기 위해서는, 한 사람이 가르치고 배우는 과정을 통해서 ─ 구체적으로는 교리문답을 통해서 ─ 그리스도를 믿게 된다는 관점을

---

7   Kwame Bediako, *Theology and Identity: The Impact of Culture upon Christian Thought in the Second Century and in Modern Africa* (Oxford: Regnum, 1992).

8   Kwame Bediako, *Jesus and the Gospel in Africa* (New York: Orbis Books, 2004), 32.

촉진시켜야 한다. 마태복음 28장과 예수님이 주신 위임의 말씀은 회심과 세례, 가르치고 배우는 공동체로서의 교회를 어떻게 이해해야 하는지 유익한 지침을 제공한다.

> 예수께서 나아와 말씀하여 이르시되 하늘과 땅의 모든 권세를 내게 주셨으니 그러므로 너희는 가서 모든 민족을 제자로 삼아 아버지와 아들과 성령의 이름으로 세례를 베풀고 내가 너희에게 분부한 모든 것을 가르쳐 지키게 하라 볼지어다 내가 세상 끝날까지 너희와 항상 함께 있으리라 하시니라(마 28:18-20).

회심과 세례를 이해하는 방식에 관해 이 말씀이 무엇을 의미하는지 생각해보라. 첫째, 가르침과 배움에 대한 일차적인 준거점은 그리스도의 권위이며 하늘과 땅에 만물에 대한 그리스도의 통치가 임했다는 사실이다(18절). 승천, 혹은 승천하신 그리스도 예수가 지혜와 신학적 형성에 대한 우리 전망의 핵심을 이룬다. 이것은 복음에 대해 묻는 이들을 초대하는 일과 선교에 대한 접근방식 전체를 떠받치는 토대이다. 믿음의 공동체 안으로 들어오고 복음에 응답한다는 것은 그리스도의 은혜로운 권위나 다스리심 아래로 들어가는 것이다.

둘째, 우리는 세례라는 성례전적 행위를 통해 그리스도에 대한 믿음과 그리스도의 다스리심 아래서 사는 삶으로의 전환을 표현한다. 우리는 세례를 통해 제자 삼는다고 말할 수도 있다. 따라서 사도행전 2장 37-38절에서 베드로의 오순절 설교 이후 사람들이 "우리가 어찌할꼬?"라고 물었을 때, 베드로와 다른 사도들은

"회개하여 각각 예수 그리스도의 이름으로 세례를 받고 죄 사함을 받으라"라고 대답했다. 그렇다면 세례는 그리스도와 연합하고, 죄 사함을 받으며, 우리를 채우시는 그분의 성령을 선물로 받고, 우리가 스스로를 그리스도 예수의 권위 아래에서 사는 삶을 증언하고 체현하는 신앙 공동체와 동일시한다는 상징, 즉 성례전이다. (물론, 세례는 명백히 **삼위일체적**이다. 이에 관해서는 뒤에서 더 자세히 다룰 것이다.)

셋째, 가르침을 통해, 구체적으로 순종에 대한 가르침을 통해 사람들은 제자가 된다. 그리스도께서 마태복음 28장 18절에서 언급하신 권세를 고려할 때 순종을 통해 제자가 된다는 점은 전혀 놀랍지 않다. 가르침은 분명한 목적을 지닌다. 그 목적은 제자 삼기이다. 전도와 교육을 분리하는 우리의 경향성에 대해 이 본문보다 더 강력히 이의를 제기하는 성경구절은 없을 것이다. 사실 이 본문을 읽어보면 전도가 곧 가르침이라는 인상을 받을 정도이다. 사람들은 가르치고 배우는 과정을 통해서 그리스도를 믿게 된다. 물론 우리는 교회 공동체 자체가 배우고 가르치는 공동체임을 이미 인정했다. 따라서 믿음을 시작하는 과정 자체가 곧 '교리문답'을 의미한다. 사람들은 가르치고 배우는 과정을 통해, 특히 그리스도께 순종하는 믿음을 배우는 교리문답의 과정을 통해 그리스도인이 된다.

여기서 한 가지 생각해볼 문제가 있다. 아마도 지금까지 많이 다루지 않은 문제일 것이다. 세례의 성격과 형식을 규정하는 삼중적 선언은 그저 세례를 정당화하는 공식 정도로 취급되는 경우가 많다. 하지만 '성부와 성자와 성령의 이름으로'라는 이 말은 단순한 공식이라기보다 세례의 의미를 담은 신학적 전망으로 이해해야 하지 않을까? 더 나아가, 여기서 '제자 삼기'가 세례와 순종에 대한 가르침이라는 두 행위로 제시되고 있다면 이 둘의 관계, 세례와 교리문답의 관계에 대해 물어야 하지 않겠는가?

이에 관해 나는 이렇게 주장한다. 기독교 입문 과정에서 세례와 교리문답은 둘 다 필수이며, 각각은 서로 필수적인 보완책이다. 가르침 없는 세례는 공허한 상징이다. 세례가 의미를 갖는 까닭은 거기에 가르침이 동반되기 때문이다. 이에 대한 논리적 귀결은 다음과 같다. 가르침의 내용은—형식까지는 아니더라도—삼위일체적일 수 있으며, 어쩌면 삼위일체적이어야 한다. 다시 말해서, 세례에 대한 신학적 전망은 세례라는 상징에 의미를 부여하는 가르침을 요구한다. 하지만 그 반대도 참이다. 교리문답은 세례에 근거하며 세례를 통해 구체적으로, 감각적으로, 성례전적으로 표현된다. 우리는 순종을 가르치고, 이 순종을 보여주는 최고의 표지는 세례이다. 하지만 더 나아가 세례는 전인적 행위이며, 처음 신앙을 갖게 된 사람이 교리문답 과정에 배워왔고 배우고 있는 바를 몸으로 받아들이는 행위이다.

삼위일체적 가르침을 통해 우리의 교리문답을 위한, 즉 지혜 속에서의 성장을 위한 형식과 문법을 제공하는 고대 신조에 우리가 철저히 의존하고 있음을 다시 한 번 깨닫는다. 하지만 신조 자체는 목적이 아니다. 오히려 신조는 변화로 이끄는 삶에 대한 전망을 말한다. 우리는 변화시키는 가르침, 지혜와 영적 성숙으로 이끄는 가르침, 더 나아가 그리스도와의 연합을 촉진하는 가르침을 갈망한다. 우리는 지식 자체를 목적으로 삼는 데에는 전혀 관심이 없으며, 순종, 변화, 지혜, 그리스도께서 우리 안에 거하시듯 우리가 그리스도 안에 거할 수 있게 하는 은총(요 15:4)에 대한 가르침에만 관심이 있을 뿐이다. 세례가 이것을 주는 것은 아닐까? 우리의 가르침이 일차원적이고 지적이기만 하고 전인적이지 못한 것이 되지 않도록 막아주는 것은 바로 교회의 성례전적 삶이 아닐까?

신앙 공동체는 가르치고 배우는 공동체이다. 우리는 함께 지혜 속에서 자라기 위한 여정 가운데 있다. 기독교 입문 과정—교회의 전도 사역, 사람들을 신앙 공동체 안에 구현된 그리스도의 생명 속으로 인도하는 사역—자체가 가르치고 배우는 과정, 새로운 그리스도인이 지혜를 향한 이 여정을 시작하는 과정이라고 나는 주장한다.

이 점에 관해, 물론 우리는 새로운 그리스도인들에게 많은 도구를 제공한다. 하지만 그중에서도 그들에게 성경을 소개하고 스스로 성경 읽는 법을 가르치는 것이 가장 중요하다. 이것이 토대이다. 이것이 모든 교회의 전도 과정 중 일부가 되어야 한다. 그렇게 함으로써 새로운 그리스도인들이 성경을 읽고 개인 기도를 할 때 성경을 통해 기도할 수 있고, 선포하고 가르치는 교회의 사역에 동참할 수 있도록 훈련해야 한다.

또한 다음과 같이 덧붙일 필요가 있다. 욥기와 전도서가 가르치듯이, 복음을 전하고 그리스도의 다스리심을 증언하는 과정에서 우리는 이 세상의 악에 대한 안이한 답변을 거부해야 하며, 이 세상 문제가 복잡할 뿐만 아니라 쉽게 답하거나 해결할 수 없다는 인식을 유지해야 한다. 신뢰할 만한 증언을 하기 위해 악의 현실 앞에서 '지혜'로운 척 가장하지 않는다. 오히려 우리는 십자가의 지혜를 증언한다.

선교하는 교회

교회는 무엇보다도 예전적 공동체이다. 영과 진리 안에서 하나님을 예배하는 행위보다 하나님 백성의 정체성을 결정적으로 규정하는 요소는 없다. 더 나아가 교회는, 사람들이 그리스도께서 명령하신 모든 것을 지키도록 가르침으로 그들을 제자로 만들라고 부르심 받은, 가르치고 배우는 공동체이다. 하지만 또한 선교의 공동체로서의 교회에 대해 말할 수 있다. 영적으로 성숙한 신자들을 위한 전망 안에서 이것은 적어도 두 가지 방식으로 분명히 드러난다.

첫째, 교회는 세상 속에서, 우주 안에서 그리스도의 다스리심을 증언하는 공동체이다. 하나님의 선교에 협력하고 동참함으로써 공동체가 공유하는 정체성이 분명히 드러난다. 우리는 긍휼의 행위를 통해 그리스도의 다스리심을 지역적으로, 전 세계적으로 증언하고, 정의를 추구하고, 사람들에게 그리스도를 예배하라고 촉구하는 회중의 일부이다. 영적 성숙을 위해서는 세상을 향한 하나님 나라의 목적을 예리하게 인식해야 하며, 교회 공동체 안에서 우리는 이 선교에 동참하도록 초대받는다.

교회의 구성원들은 관찰자가 아니라 참가자이다. 우리는 교회 선교사들이라고 생각하는 이들에게서 선교 보고를 받는 대신, 형제자매와 더불어 이 선교에 적극적으로 참여한다. 기독교 선교를 목적으로 다른 지역과 민족에 선교사를 보내면 안 된다는 뜻이 아니다. 그들 안에서, 그들을 통해 하나님이 하시는 사역을 보고받으면 안 된다는 뜻이 아니다. 교회의 본질 자체가 선교적이라는 뜻이다. 우리가 선교사를 '보낸다'기보다는 공동체로서 말과 행동으로 하나님 나라 사역에 주의를 기울이고 동참한다는 뜻이다. 이는 곧 하나님이 지역적으로 행하시는 일과 전 지구적으로 행하시는 일에 이중적으로 헌신함을 뜻한다. 지역 사회 안에서 살면서 말과 행동으로서 증언하겠다는 결단을 뜻한다.

흔히 우리는 선교를 전 지구적이며 국제적인 것, 저 너머의 지역으로 가서 하는 사역으로 이해한다. 하지만 선교가 본질적으로 말과 행동으로 하는 증언인 것처럼, 선교는 지역적인 동시에 전 지구적이며, 전 지구적인 사역도 지역적 헌신 때문에 신뢰성을 얻는다. 우리는 회중에게 "말과 행동을 통한 지역적 차원의 증언과 헌신은 무엇인가? 또한 말과 행동을 통한 전 지구적 차원의 증언과 헌신은 무엇인가?"라고 물을 수 있다.

하지만 여기서 핵심은 교회의 선교 참여가 형성적이라는 것이다. 선교 참여는 단순히 믿음, 소망, 사랑 안에서 이루어진 성장의 결실이 아니다. 오히려 그것은 우리가 믿음 안에서 자라나는 수단이다. 함께 선교에 참여할 때, 말과 행동으로 후히 베풀고 함께 섬길 때, 우리는 세상을 향한 하나님의 목적에 대한 전망으로 이끌려 들어간다.

여러 해 동안 나는 한 선교 기관의 상임이사로 섬겼으며, 이 기간 동안 내가 맡은 이사회 보고 업무가 여전히 기억에 남아 있다. 놀랍게도 이사회에서 함께 일한 경험이 대부분의 사람들에게—모든 사람들까지는 아니더라도—은총의 수단이었다. 다른 이들과 더불어 적극적으로 섬기고 후히 베풂으로, 함께 부르심 받은 일을 하면서 우리는 보고 배우고 지혜와 믿음 안에서 자라고 강력한 소망을 만들어갔다. 그리고 우리가 하나님의 일에 참여하는 사람일 뿐임을 깨달을 때 이런 일이 일어났다. 우리는 이사회와 집행부로서 선한 일을 한다고 생각하고 싶었지만, 사실 우리가 하는 사역의 주된 유익은 이 사역에 동참함으로써 각자에게 그리고 공동체 전체에 찾아오는 영적 갱신과 성장이었다. 우리는 믿음, 소망, 사랑 가운데 함께 자랐다.

섬김은 형성적이다. 선교하는 교회는 세상을 향한 하나님의 선교 목적에 동참함으로 형성적—믿음, 소망, 사랑 안에서 자라는—경험을 한다. 따라서 교회로서 우리는 선교할 뿐 아니라, 교인들에게 교회가 하는 일을 인정하고 지지하라고 권면할 뿐 아니라, 젊든 나이가 많든 새로운 그리스도인이든 성숙한 그리스도인이든, 모든 사람이 선교에 동참할 수 있는 방법을 가능한 한 많이 제공해야 한다.

첫째, 선교하는 교회는 교인들이 하나님의 선교에 동참할 수 있게 한다. 하지만 둘째, 선교하는 교회는 교인들이 하나님이 주신 자신의 소명을 성취할 수 있도록 돕는다. 개인의 소명은 언제나 교회 공동체의 소명과 짝을 이룬다. 교회의 소명은 개인의 소명을 흡수해버리지 않는다. 예수님은 어떤 사람들을 종교적 사역으로 부르셨지만 (삭개오의 경우처럼) 모두를 부르지는 않으셨다. 그리고 바울은 회심한 사람들에게 직업을 버리고 교회 사역에 헌신하라고 말하지 않았다. 다시 말해서, 그리스도인 각자에게 소명이 있으며, 이 소명은 그 자체로 중요하며 의미가 있다. 우리는 회중의 삶과 교회 선교에 동참하지만, 그것만이 우리의 소명적 정체성이나 헌신인 것만은 아니다.

따라서 교회의 다른 전망은 각 교인이 각자의 소명적 정체성을 완성하거나 성취하도록 힘을 주고 훈련하는 것이다. 이에 대해서는 다음 항목에서 더 자세히 다룰 것이다. 여기서는 교회의 설교와 교육 사역을 통해서 어떻게 이를 성취할 수 있는지 생각해보자.

하나님 나라는 사람들이 예배하러 모인 주일 아침에 세상 속으로 뚫고 들어오지 않는다. 오히려 말씀과 성례전을 통해 교제와 상호 격려로 힘을 얻은 사람들이 사회 각 영역과 부문 속으로—학교로, 회사로, 병원으로, 건설 현장으로, 미술 작업실로, 자녀를 양육하고 가사를 돌보는 일상으로—들어갈 때 하나님 나라가 세상 안으로 뚫고 들어온다.

이것은 많은 그리스도인들을 긴장하게 만든다. 그들은 "무엇이 먼저인가?"라고 묻는다. 세상 속으로 들어가 회사에서, 예술계에서, 교육계에서 일하라는 부르심, 자녀를 잘 양육하라는 부르심이 먼저인가? 아니면 교회가 내 삶에서, 나의 시간 활용에서 우선되어야 하는가? 무엇이 우선인가? 나 개인의 삶에 대한 하나님의 부르심, 즉 나의 직업인가? 아니면 내가 속한 교회 공동체의 일과 사역인가?

혹은 이런 물음 자체가 잘못된 것은 아닐까? 물론 우리는 세상 속에서 교회의 구성원으로서 교회 사역에 동참한다. 하지만 기독교 신자로서의 정체성이 교인으로서의 정체성으로 환원될 수 없다. 우리가 단지 교회의 구성원이기만 한 것은 아니다. 세상 속에서 우리의 존재는 반드시 교회에 참여하는 사람—하나님의 백성—으로서 삶에 영향을 받는다. 교인으로서 우리의 정체성은 우리 삶에서 부수적인 요소가 아니다. 반대로 교회는 우리의 존재 방식을 규정한다. 그것은 우리 삶에 대해, 세상 속에 있지만 세상에 속하지 않을 수 있는 우리의 능력에 대해 유기적이며 본질적인 차원이다. 하지만 교회는 우리나 우리 시간을 소진해버리지 않으며, 교회의 선교와 공동체적 소명은 우리 각자가 받은 개별적이며 개인적인 소명을 흡수해버리지 않는다.

하나님은 사람들을 사회의 모든 영역과 분야로 부르신다. 그리스도의 다스림이 뚫고 들어오는 때는 주일 아침이 아니라 교인들이 세상 속에서 하나님이 주신 소명을 성취하기 위해 흩어지는 월요일이다. 불행하게도 대부분의 목회자들은 하나님 나라의 성장을 자기네 교회의 성장과 동일시한다. 그들은 더 많은 사람들이 자기네 교회로 와서 활동하면 자신의 사역이 성공한 것이라고 생각하는 경향이 있다.

하지만 가장 효과적인 교회는 얼마나 크고 얼마나 빨리 성장하는지가 아니라, 교인들이 세상 속에서 하나님의 백성으로 살도록 힘을 얻고 훈련을 받고 있는지에 따라 결정될 수 있지 않을까? 목회자와 지도자들이 출석 인원과 예산과 건물에 관심을 기울이기보다는, 교인들이 소명을 분별하고 용기와 지혜와 후히 베푸는 마음으로 그 소명을 성취하도록 힘을 주고 훈련하는 데 관심을 기울이는 교회의 일원으로 살아간다면, 그것은 어떤 모습을 띠고 어떤 느낌을 줄까? 목회자가 교인에게 이렇게 말한다면 그런 목회 사역은 어떤 모습일까? "당신은 나를 위해―내 사역을 뒷받침하고 이 교회 사역을 돕기 위해 헌금하고 열심히 일하기 위해―교회에 나온 것이 아닙니다. 오히려 내가 당신을 위해―회사에서, 병원에서, 가정에서, 학교에서 당신이 부르심 받은 그 일을 할 수 있도록 당신을 훈련하고 격려하고 힘을 주기 위해―여기 있습니다.

당신이 예술가라면, 각 교인에 대한 우리 헌신의 필수 요소로서 이 교회의 사명과 목적은 당신과 함께 예술가로서의 당신의 소명을 생각하고, 당신의 일을 위한 신학적 기초와 방향성을 제공하고, 어려울 때마다 당신을 격려하고, 세상을 향한 하나님 나라의 목적을 이루는 데 필수적인 기여를 하는 당신의 예술 작품으로 인해 당신과 더불어 기뻐하는 것입니다."

이런 태도는 우리의 설교와 가르침, 기도를 통해 분명히 드러나야 한다. 회중으로서 우리는 교인들이 세상 속에서 어떻게 살고 있는지 깊이 인식하는 가운데 살아간다. 이것은 그들이 교회에 얼마나 시간을 투자하고 재정 지원을 하는지를 기준으로 판단하거나 평가하지 않는다는 뜻이다.

규모가 큰 대형 교회도 이렇게 할 수 있을까? 어쩌면 할 수 있을 것이다. 하지만 한 사회 안에서 효과적인 변화를 끌어내는 수단이 되기에 적합한 교회는 200~300명 규모의 더 작은 회중일 것이다. 그런 교회가 교인 한 사람 한 사람의 소명을 훨씬 더 잘 읽어 낼 수 있기 때문이다. 어떤 경우든 우리는 주일 예배 참석자 수가 아니라 더 정교하며 의미 있는 기준으로 교회를 판단하는 법을 배워야 한다. 이 사람들이 하나님의 선교 안으로 이끌려 들어가고 있으며 세상 속에서 그들의 소명을 통해 그리스도를 섬길 수 있도록 훈련받았는가?

그렇게 하기 위해 가능한 한 자주 이 소명에 대해 말해야 한다. "당신이 사업을 한다면, 우리는 당신을 믿습니다. 우리는 사업이 그저 교회 일을 뒷받침하는 수단이 아니라 그 자체로 선한 일이라고 믿습니다."

"당신이 고등학교 역사 교사라면, 우리는 당신이 예수를 위한 증인이라고 믿을 뿐만 아니라 당신이 고등학교에서 역사를 가르치는 일이 선한 일이라고 믿습니다."

사람들이 소명을 성취하도록 훈련한다고 말할 때 적어도 다음과 같은 내용이 포함된다. 첫째, 우리는 선한 일에 대한 신학적 기초와 방향성을 제공하며, 설교와 기도, 교회의 가르침을 통해 하나님이 사람들을 사회 각 영역으로 보내시며 사업, 예술, 교육, 가사가 모두 선한 일―하나님의 일―이라고 분명히 말한다. 또한 교회와 연관된 활동을 가리켜 말할 때 '하나님의 일'이나 '주의 일'이라는 표현을 더 이상 사용하지 말아야 한다. 그리스도인이 은행, 치과 병원, 학교, 정원 설계 사무실로 부르심 받을 때, 그들은 '하나님의 일'을 하도록 부르심 받는다. 그들에게 시급하게 필요한 것은 이를 이해하고 느끼며 세상을 향한 하나님 나라의 목적과 조화를 이루는 방식으로 그 일을 할 수 있게 해주는 신학적 전망이다.

둘째, 우리는 분별하는 공동체가 될 것이다. 또한 교인들에게는 자신의 잠재력과 더불어 불가피하게 소명적 분별의 한 부분을 이루는 경제적, 사회적 상황(과 한계)에 비추어 자신의 소명을 분별하는 능력을 제공할 것이다.

셋째, 이것은 규칙적으로, 계속해서 교인들을 격려하기 위해 힘쓴다는 것을 뜻한다. 모든 사람들이 깨어진 세상 속에서 살아가며 일한다. 우리 모두에게 격려가 필요하다. 운동선수들은 그들의 코치와 트레이너가 교사이자 멘토이며 그들의 역량을 이끌어내는 사람들이기도 하지만 무엇보다도 먼저 격려하는 사람이라는 것을 잘 알고 있다.

그래서 나는 교회 목회자에게 이렇게 말한다. 예술과 사업, 교육 분야로 부르심을 느끼는 젊은이가 있는가? 그렇다면 그의 소명이 세상을 향한 하나님의 목적에서 필수 요소임을 깨닫도록 교사이자 친구로서 그를 도와주라. 이것이 정말로 그의 소명인지 분별하도록 도우라. 마치 당신이 하는 일이 더 영적이거나 거룩하다는 듯이 그가 '종교적인 일'을 하도록 만들고 싶은 마음을 피하라. 그런 다음 설교와 기도, 예배 중에 부르는 찬송가를 통해, 목회 사역의 필수 요소인 개인적인 만남을 통해, 교인들이 부르심 받은 일을 잘하도록 가능한 모든 방법으로 그들을 격려하라.

그리고 도덕적 개혁에 대해서뿐 아니라 어떻게 그리스도의 다스리심에 참여할 것인지에 대해서도 설교하라. 우리는 하나님의 백성을 부활하고 승천하신 그리스도의 경이로 이끌기 위해 설교한다. 최선의 설교는 성경의 신실한 선포이며, 그런 설교에서는 그리스도가 선포되고 하나님의 백성이 그분의 현실 속으로 이끌려 들어간다. 우리는 하나님 나라를 선포하며, 설교를 통해 하나님의 백성이 복음의 힘을 보고 느끼고, 부활하고 승천하신 그리스도의 영광의 무게를 깨닫고, 골로새서의 말씀처럼 "위의 것을 생각"하여 이 전망을 가지고 세상 속에서 살며 그리스도께서 만물을 다스리심을 아는 사람으로서 행동하고 반응할 수 있도록 돕는다.

설교는 공적인 치료 요법이나 조언—예를 들면, 어버이날을 위한 '좋은 부모가 되는 법'에 관한 이야기처럼—이 아니다. 좋은 설교는 세상을 향한 하나님의 목적에 대해 큰 그림을 그리고, 우리의 삶이 하나님의 이야기, 세상 속으로 뚫고 들어오는 그리스도의 다스리심 안에 자리 잡게 한다. 그리스도의 다스리심이라는 큰 그림을 배경으로 삼아, 어떻게 우리 교회의 각 교인이 세상 속에서, 그리스도 안에서 공동 창조자이자 공동 구속자이신 하나님의 사람이 되도록 부르심 받았는지 생각해볼 수 있다. 이것이 우리의 사명이다. 우리는 각 사람이 자신의 소명으로 받은 그 일을 하도록 하나님이 주신 능력과 은총을 깨닫기를 바란다.

세상 속에서 하나님의 백성이 그들의 소명을 성취하도록 훈련하는 이 과정은 신앙 여정 초기에 시작되어야 한다. 가르치고 배우는 과정이나 지혜 속에서 자라는 과정과 마찬가지로 이것은 사람들이 교회의 삶에 참여하자마자 시작될 수 있다. 신앙 공동체에 처음 들어온 사람들은 모두 세상 속에서 이루어지는 하나님의 선교에 관한 복음을 들어야 한다. 또한 모든 사람에게 소명이 있다는 것과, 교회는 그것을 믿으며 그들이 그 소명을 성취하도록 돕기 위해 노력한다는 것을 깨닫게 해주어야 한다.

새신자가 교회의 삶과 믿음 안으로 들어올 때 하나님의 선교가 최전방이자 중심이 되어야 한다. 새로 회심한 사람이 자신의 소명을 생각해보게 하고, 새로 회심한 사람이 자신의 소명에 관해 그리고 이 소명이 자신의 삶과 세상을 향한 하나님의 목적을 어떻게 반영하는지 생각해보도록 도와주어야 한다. 예배는 도피가 아니며 세상에 대한 부인도 아니고 세상 속에 살도록 부르심 받은 이들을 위해 사랑의 질서를 바로 세우는 행위임을 그들이 보고 느낄 수 있어야 한다.

세례는 이 점을 명확히 드러내야 한다. 우리는 세례받는 사람이 그리스도의 죽음과 부활 안에서 그분과 연합되었고, 이제 세상 속에서 그리스도의 다스리심을 증언함으로써 세례받은 사람으로서 자신의 정체성을 삶 속에 실천하도록 부르심 받았다고 선언한다. 이는 분명하고도 명시적어야 한다. 이 사람은 세례를 통해 죄를 용서받을 뿐 아니라 세상 속에서 하나님이 주신 소명을 성취하도록 성령으로 충만해지고 기름 부음을 받는다.

소명을 알고 인식한다면, 그것에 대해 구체적으로 말하는 게 어떨까? 그 사람이 예술가, 의료인, 목수, 전업주부, 아버지로 부르심 받았다면, 그가 세례를 받을 때 이 소명에 대해 말하는 게 어떨까? 그 사람이 이제 막 소명을 깨닫기 시작했거나 아직 알지 못한다면, 우리는 그가 세례를 통해 세상 속에서 자신의 소명을 발견할 것이라고 말할 수 있다.

영성 지도와 목회적 돌봄

교회는 예전적 공동체, 가르치고 배우는 공동체, 선교하는 공동체이다. 이 각각은 교회가 교인의 삶에서 행하는 형성적 사역의 필수 요소이며, 이들 사이의 관계는 상호 의존적이며 반복적이다. 하지만 한 가지를 덧붙여야 한다. 영성 지도나 영적 인도, 영적 교제라는 개인적, 목회적 사역에 대해서도 말할 필요가 있다. 이 사역은 회중의 삶의 세 가지 차원을 통합하는 촉매 작용을 한다.

개인적인 일대일 목회적 돌봄과 양육을 받지 않고 한 사람이 그리스도 안에서 성숙할 수 있을까? 물론 이론적으로는 가능하다. 하지만 그런 경우는 예외적일 것이다. 대부분의 경우 그리스도 안에서 성숙하기 위해서는 개인적 영성 형성이라는 노동 집약적인 과정이 필요하다. 예배, 가르침, 선교 동참 등 많은 일은 집단적으로 이루어진다. 또한 우리는 다른 사람들과 교제하며 믿음 안에서 형성된다. 교회의 역사적 증언은 형성에서 공유된 경험의 중요성을 분명히 인정한다. 그러나 한 사람의 인격 형성에 다른 누군가의 형성적 영향력이 꼭 필요하다는 견해 역시 존재한다.

오래전부터 이 사역을 가리키는 말로 영성 지도라는 말을 사용해왔다. 이 용어를 사용하느냐 마느냐는 중요하지 않다. 핵심은 이것이다. 믿음 안에서 성숙해가고 그리스도 안에서 자라기 원한다면, 우리는 목회자이며 영적 친구이자 상담자인 누군가와 인격적 관계를 맺고 있어야 한다.

목회 사역에 대한 대부분의 고대 모형에서는 설교라는 공적 사역이 심방이라는 더 친밀하고 인격적인 사역—시간과 에너지를 투자해야 하며 각 교인의 삶 속에서 일대일로 만나는—으로 보충되어야 함을 인정했다. 교회들이 수적으로 성장함에 따라 목회자가 전적으로 이 책임을 떠맡는 것이 불가능하거나 불합리해졌다. 하지만 이것은 본질적인 문제가 아니다. 교회 안에서 나이가 더 많고 더 지혜롭고 더 성숙한 사람이라면 누구나 다른 사람의 삶에 개인적으로, 넉넉히 시간을 투자할 책임이 그리스도인의 소명과 정체성의 한 부분을 차지하는 요소임을 알 것이다. 예수님도 니고데모를 위해 시간을 낼 수 없을 정도로 바쁘지는 않으셨다. 바울의 사역을 제대로 이해하기 위해서는, 바울이 디모데에게 그러했던 것처럼, 다른 사람들에게도 개인의 시간을 할애했음을 인식해야 한다. 이런 형태의 사역은 참으로 제자도와 영적 성숙에 헌신하는 교회의 삶을 구성하는 필수 요소이다. 이 사역은 회중의 삶을 이루는 구조 자체와 결합된다.

이 사역은 조용히 이루어진다. 이력서에 기록되지 않는다. 이것은 축복과 격려의 사역이다. 먼저 듣고, 잘 듣고 난 다음에야 조언을 하는 사역이다. 이것은 가르침과 훈계, 유익한 조언의 사역이다. 아버지나 어머니가 영적인 딸이나 아들에게 행하는 사역, 한 세대에서 다음 세대로 성숙한 신앙을 물려주는 사역이다. 지혜를 권하는 사역이다. "내 아들아 네 아비의 훈계를 들으며 네 어미의 법을 떠나지 말라"(잠 1:8). 이것은 판단하는 마음이 아니라 인내심과 긍휼로 행하는 사역이다.

이 사역의 정수는 특수성이다. 이때, 신앙 여정의 이 시점에 이 사람을 위한 사역이다. 항상 그런 것은 아니지만 이 인격적이고 목회적이며 집중적인 사역은 위기의 때나 통과의례 기간―출생, 성인의 신앙으로의 전환, 세례, 결혼, 죽음―에 이루어지는 경우가 많다. 이런 전환은 이 시각과 이 시간을 위한 삶의 은총을 돌아보고 그 은총을 받아들일 수 있는 기회이다.

이는 곧 이런 종류의 인간관계를 촉진하고 그것이 교회의 삶을 이루는 필수 요소가 되도록 시간과 공간을 제공하는 것이 교회 사역의 핵심적 차원임을 암시한다. 또 믿음 안에서 성숙한 사람들이 다른 사람들의 삶에 이런 종류의 개인적 투자를 제공하도록 격려하고 훈련할 필요가 있음을 뜻한다. 그들은 노년기에 접어듦에 따라 다른 사람의 삶에 투자하도록 부르심 받았음을 점점 더 깨닫게 된다. 그리고 젊은이들은 엉망진창이며 복잡하고 혼란스러운 세상 속에서 삶과 일, 인간관계에 방향을 잃어버리지 않고 앞으로 나아갈 수 있는 유일한 희망은 곁에 와서 끈기 있게 들어주고 격려하고 조언을 줄 수 있는 사람들이라는 사실을 깨닫게 된다.

따라서 이것이 회중의 삶의 네 번째 차원이다. 교회와 교인들의 영적 성숙에 헌신하고자 한다면 우리는 이 네 가지, 예배, 가르침과 배움, 특히 성경에 대한 가르침과 배움, 선교와 소명, 통합적이며 인격적이고 영적인 형성에 에너지를 쏟아야 한다. 물론 이 네 차원은 서로 사랑하고(친교) 기쁨 가운데 함께 여행하겠다는 결단과 다짐으로 그 특징을 규정할 수 있다.

사랑 없이는 공동체도 없다. 따라서 영성 형성과 인격 계발에는 타자를 사랑하는 능력을 기르는 노력이 포함될 것이며 포함되어야 한다. 그것은 가정에서 시작되며, 교회─사랑으로 특징지어지는 공동체─의 삶을 통해 결정적으로 표현된다. 그런 다음 우리가 세상에 참여하는 모든 차원─동료, 지역 사회에 속한 사람들, 가까이 있는 사람들과 멀리 있는 사람들, 적을 대하는 방식─을 특징짓는다. 교회는 우리 삶의 모든 영역에서 사랑한다는 것이 무엇을 뜻하는지를 배우는 사랑의 학교이다.

그리고 교회는 기쁨─예배드리는 기쁨, 가르치고 배우는 기쁨, 하나님의 선교에 동참하는 기쁨, 교회의 격려를 받아 선한 일을 하는 기쁨─의 공동체이다. 이는 대단히 중요한 무언가를 암시한다. 실제 회중의 삶에서 중요한 것은, '더 많이 기도하고, 더 많이 주고, 더 많이 섬기라'라는 구호처럼 더 많이, 더 많이, 더 많이 일하는 게 아니다. 사실 우리는 더 적게 일해야 하는 대신 옳은 일을 해야 한다. 교회 활동이 모든 에너지를 소진할 정도로 교회의 삶을 바쁘게 만들어서는 아무런 유익이 없다. 놀고 함께 식사하고 안식할 시간을 남겨두어야 한다.

결론

마지막으로 교회와 관련해, 신학 교육의 성격 몇 가지를 언급하고 자 한다. 앞서 나는 교회의 지도자로서 바울의 자기 정체성과 열 정, 열심은 "각 사람을 그리스도 안에서 완전한 자로 세우는 것"이 었음을 강조했다(골 1:28). 그렇다면 종교 지도자로서 목회자들을 길러내고자 할 때 핵심 목표는 교회의 체계적 관리, 새로운 교회 개척, 교회 성장을 촉진하는 기술 습득이 아니라 "각 사람을 그리 스도 안에서 완전한 자로 세우는 것"이어야 한다.

교회의 체계적 관리나 교회 개척, 교회 성장이 중요하지 않다 는 말이 아니다. 신학교 졸업생이 갖춰야 할 가장 중요하고 결정적 인 능력은 신자들이 교회 안에서, 교회를 통해서 그리스도 안에서 성숙해가도록 도울 수 있는 능력이어야 한다는 말이다.

이는 곧 다음과 같은 근본적이며 필수적인 능력이며, 각각 이 번 장에서 다룬 회중의 삶의 네 차원과 짝을 이룬다. 첫째, 회중 예배의 성격에 대해 균형 잡힌 시각을 가져야 한다. 예배의 역사 와 이스라엘 백성이 사용한 고대 자료를 알아야 하고, 이제 새 언 약 안에서, 그리스도 안에서 예배한다는 것이 무엇을 뜻하는지 이 해해야 한다. 물론 여기에는 예배를 인도하는 능력—이는 기타의 코드 진행을 아는 것에 그치지 않는다—도 포함된다.

둘째는 설교하고 가르치는 능력이다. 교회는 가르치고 배우는 공동체이며, 특히 이를 위해서는 성경을 설교하고 가르치는 능력 이 필요하다. 목회자는 말씀의 사역자이다. 셋째, 목회자는 훈련하 는 사람이다. 회중이 '선교'에 임할 수 있는 능력을 길러주며, 그리스도인 개개인이 자신의 소명을 인식하고 그 소명에 응답할 수 있도록 도와주는 사람이다. 넷째, 신학교 졸업생은 목회적 돌봄과 영성 형성의 사역을 위해 훈련받아야 한다.

이 밖에도 목회 사역에 필요한 것이 있을까? 완전한 신학 교육 프로그램에 필요한 요소가 더 있을까? 물론 더 있다. 내 주장은 이것이다. 신학교가 영적 성숙과 철저한 제자도에 헌신한다면, 그 졸업생들은 이 네 가지 능력을 꼭 갖추게 될 것이다.

교육 현장을 향한 부르심

한 사람을 영향력 있는 그리스도인으로

청년이 무엇으로 그의 행실을 깨끗하게 하리이까?
주의 말씀만 지킬 따름이니이다
내가 전심으로 주를 찾았사오니
주의 계명에서 떠나지 말게 하소서.

시편 119편 9-10절

영적 성숙으로의 부르심에 대해 생각할 때 교육자들, 고등교육 기관, 특히 기독교 대학교와 대학, 신학교 교수와 교직원의 잠재적 영향력에 대해서도 논할 필요가 있다. 기독교 대학과 대학교—교양 과정과 과학, 경영, 예술, 목회자 양성을 위한 학부와 대학원 프로그램—만큼 실제적, 잠재적 영향력이 큰 단체나 기관은 거의 없다. 달라스 윌라드는 "오늘날 교회가 직면한 가장 중대한 문제는, 기독교 학교들이 비기독교 학교에는 없는 본질적 지식이 자기들에게는 있다고 당당하고 분명하게 말할 수 있는가이다."[1]

나는 우리가 직면한 가장 중대한 문제가 교회와 회중의 삶이라고 생각하지만, 윌라드의 말은 분명 경종을 울리는 주장이다. 공립 대학교나 비기독교 대학에서 일하는 사람의 입장에서 그는 기독교 고등교육 기관을 이끌거나 그곳에서 가르치는 이들을 격려하며 이렇게 주장했다. 그는 기독교 대학교와 대학의 형성적 영향을 분명히 인식한다. 그는 두 영향력—대학교가 사회와 문화에 미칠 잠재적 영향력과 기독교 고등교육 기관이 교회와 교회가 자리

---

1   Dallas Willard, "The Failure of Evangelical Political Involvement," in *God and Governing: Reflections on Ethics, Virtue, and Statesmanship*, ed. Roger N. Overton (Eugene, OR: Pickwick, 2009), 90.

잡은 사회적 환경, 더 나아가 공적 영역에 미칠 잠재적 영향력—
을 모두 인식한다.

오늘날 교회가 영향력을 극대화할 수 있는 지점은 회중과 고
등교육 기관일 것이다. 물론 회중은 목회자를 길러내는 기관인 신
학교의 영향을 많이 받기 마련이다. 따라서 고등교육에서 이루어
지는 가르침과 배움에 대한 우리의 접근방식은 이 전망 전체에 대
해—그리스도 안에서 성숙해지라는 부르심을 진지하게 받아들이
는 모든 사람들에게—결정적으로 중요하다.

왜 기독교 고등교육인가?

기독교 고등교육은 교차로에 서 있다. 특히 복음주의권과 개신교
계에서 이렇게 묻고 있다. 어떤 목표를 향해, 어떤 목적을 이루기
위해 교육을, 특히 고등교육을 하는가? 기독교 대학교나 대학을
위한 자리가 있는가? 있다면 무엇이 그런 기관을 독특하게 기독교
적인 기관으로 만드는가? 윌라드가 말하는 "본질적 지식"이란 무
엇인가? 하나님의 선교에서, 즉 교회의 선교에서 기독교 고등교육
의 위치는 무엇인가?[2]

---

2   현재 이에 관한 논의는 로마 가톨릭 교계와 복음주의 개신교계 안에서 풍성하고 다
     채롭게 이루어지고 있다. 특별히 복음주의 대학에 관한 주목할 만한 논의로는 Stanley
     Hauerwas, *The State of the University: Academic Knowledges and the Knowledge of God* (Oxford,
     UK: Blackwell, 2007), 특히 92-107과 James K. A. Smith, *Desiring the Kingdom: Worship,
     Worldview, and Cultural Formation* (Grand Rapids, MI: Baker Academic, 2009)이 있다.

나는 지난 30년 동안 신학교에 교직원, 상담자, 교수로 몸담았던 사람으로서 이 문제를 다루고자 한다. 신학 교육을 하는 사람들과 교양 교육을 하는 사람들 사이의 논의를 보면서, 나는 양쪽 영역의 교육자들이 대단히 비슷한 어려움에 직면해 있다는 생각이 들었다. 양쪽은 대체로 같은 문제와 씨름하고 있다. 기독교 대학교와 신학교들 모두 무엇이 기독교적인 교육을 가능하게 만드는지, 무엇이 결국 그들이 하는 일에 일종의 통일성, 결정적인 원칙이나 목적을 제공하는지 묻고 있다.

신학 교육에서든, 인문학과 과학에서든, '왜?'라는 물음—왜 고등교육이나 형성적 신학 교육을 받는가? 혹은 도대체 왜 고등교육을 받는가?—에 대해서는 대개 두 가지로 대답할 것이다. (1) 이해와 지식을 위해서, (2) 소명을 준비하고 일정한 자격을 갖추기 위해서.

지식에 관해서는, 대학교에 가면 공부를 하고 뭔가 배우게 될 것이라고 흔히들 주장한다. 기독교 대학에 간다면, '기독교적인' 지식을 기독교 세계관으로, 혹은 과목이나 주제에 대한 기독교적 관점에서 배울 것이다. '왜'라는 물음에 대한 두 번째 대답에서는 장차 입학할 학생을 향해 특정 직업을 위해 훈련받고 자격을 갖추게 될 것—물론 신학교의 경우 종교 지도자로 훈련받고 능력을 갖추게 될 것—이라고 말한다.

대개는 영성 계발의 필요성도 인정한다. 하지만 기본 전제는 학생들이 학문 분과의 전문화된 지식을 배양하는 데 교수들이 책임을 진다는 것이다. 그들은 학생들에게 지식을 전달해주도록 부르심을 받았다는 것이다. 훈련 모형에서 가르치는 사람이 능력과 역량을 전달할 것이라고 기대한다. 양쪽 모두 별개의 조직을 만들어서 학문 공동체의 영성 형성을 책임지게 하고 이를 통해 학과 과정을 보완하려 한다. 교수들은 가르치며 훈련하고, 학생처나 교목실이 영성과 인격 계발의 책임을 맡는다.

기독교 고등교육의 본질은 학문 분과에 대한 기독교적 관점이나 특정한 책무를 맡을 자격을 갖추게 하는 것(혹은 둘 다)이라는 전제는 그대로 남아 있다. 학생들은 생물학에 대한 기독교적 관점이나 기업 경영에 대한 기독교적 관점을 배우게 될 것이다.

고등교육을 비판할 때 둘 중 하나에 초점을 맞추는 경향이 있다. 예를 들어, 신학교에 대해서는 졸업생들이 교회가 '필요로' 하는 필수적인 능력을 갖추지 못했다고 비판한다. 그 때문에 일부 대형 교회에서는 별도의 신학교—아마도 지하실에—를 만들고 자기네가 필요로 하는 기술을 가르친다. 그러면서 신학교가 이론만 가르치고 실천에 대해서는 가르치지 않는다고 비판한다.

하지만 이런 비판은 교양 교육에 초점을 맞추는 학부 중심 대학(liberal arts school)에도 그대로 적용된다. 학생들은 두 가지를 다 얻을 기대 속에 기독교 대학에 간다. 즉, 공립이나 세속 대학교에서 배울 수 있는 지식의 기독교화된 형태를 배울 것이며, 모든 일이 잘 풀린다면 공부를 마친 뒤 급여가 높은 직업을 얻을 수 있으리라고 기대한다. 그들은 이 학교가 신앙과 학문을 통합할 것이라고 기대한다. 기독교 신앙을 진지하게 받아들이고, 비판적 성찰과 이성에 위협받지 않는 대학교나 대학을 찾는다. 신앙과 이성의 통합을 자랑하는 기독교 대학들이 많다.

이런 학교에 입학한 학생들은 교회나 시장으로 들어가서 좋은 직업을 얻고 그 직업에서 성공할 수 있기를 바란다. 그리고 기독교 대학교들은 졸업생들이 정치계, 교계, 기업계, 전문 직종에서 높은 지위에 오를 때 더없이 기뻐한다. 이 경우 교육의 목적은 지식(바라기는 기독교적 지식)이나 능력과 자격 획득으로 환원된다.[3]

하지만 이것이 기독교 교육기관들이 가졌다고 윌라드가 주장한 '본질적 지식'일까? 이것이 정말로 그런 학교들을 기독교적으로 만들고 그 사명을 규정하는 것일까? 기독교 교육기관들은 이것만 제공하면 되는 것일까?

두 가지 다 중요하다. 우리는 현실에 대한 기독교적 전망, 기독교 세계관을 계발해야 한다. 기독교 고등교육 기관의 강점 중 하나는 보고 이해하고 믿는 기독교적 관점을 촉진한다는 것이다. 신앙과 이성은 통합되어야 한다. 돈을 잘 버는 직업을 얻을 수 있는 능력을 길러주는 것 역시 중요하다. 목회자들은 목회에, 기업인은 회사 경영에, 교사와 음악가는 자기가 맡은 일에 유능해야 한다. 그리고 그들이 목회와 경영, 예술, 혹은 그것이 무엇이든 자신의 직업에 대한 성경적 이해와 철저히 조화를 이루는 방식으로 그 일을 하는 것 역시 중요하다.

하지만 둘 중 어느 쪽도 이런 기관들의 존재를 정당화하기에는 충분하지 않다. 어느 쪽도 기독교적이라고 주장하는 고등교육 기관들이 만들어내는 '부가가치'가 아니다. 이들이 지닌 최대의 잠재력이 아니다.

---

3   나는 특히 "The Passionate Intellect," *Direction: A Mennonite Brethren Forum 37*, no. 1 (2008): 19-37에 실린 젠스 지머먼(Jens Zimmermann)의 글에서 도움을 받았다.

변화를 일으키는 교육

문제의 핵심은 기독교 교육기관—고등교육을 하는 대학과 대학교—이 사람을 **변화시키는** 배움을 제공할 잠재력을 지니고 있다는 것이다. 이런 기관에서는 개인적, 공동체적 변화를 추구한다. 기독교 교육기관에서는 교육을 성령께서 우리 삶에 성령의 목적의식을 채워주시는 수단이라고 보아야 한다. 이 점을 선명하게 강조해야 한다. 그리고 이것은 흔히 생각하듯이 고등교육의 학문적 측면을 경시함으로써 성취될 수 있는 바가 아니다. 오히려 학문의 과정 자체를 하나님이 개인의 삶을 변화시키고 배움의 공동체를 변화시키는 수단으로 볼 수 있으며 그렇게 보아야 한다.

말하자면, 이런 전망에서는 학문적 탁월성, 학문의 과정과 고전적인 학문 분과의 가치와 그에 대한 헌신을 강조한다. 하지만 이런 헌신을 강조함에도 최종적으로 근본을 이루는 것은 학문이 아니라 사람의 변화이다.

다시 말해서, 기독교 대학과 대학교가 학문적 탁월성을 추구하는 까닭은 세상에서 아이비리그 학교와 어깨를 견줄 만한 평판을 얻기 위해서가 아니라, 그것이 영혼에 유익하기 때문이다. 영혼과 영성 형성에 유익하지 않다면 기꺼이 포기할 수 있다. 학문적 탁월성이 세상이 추구하는 목표일 뿐이라면 왜 기독교 고등교육기관에서도 그런 목표를 추구해야 하겠는가? 하지만 사실 학문적 탁월성에 대한 전망은 철저히 기독교적이다. 더 나아가 세속 대학교나 공립대학교에서 주문처럼 되풀이하는 연구와 교육의 탁월성에 대한 헌신 자체가 사실은 대학에 관한 본래적 전망—철저히 기독교적인 전망―에 근거를 두고 있는 것일지도 모른다.

기독교 대학교나 대학이 교회와 세상에 줄 수 있는 가장 중요한 선물은, 훌륭한 가르침과 배움의 과정을 통해 사람을 변화시키는 복음의 능력을 경험한 여자와 남자들이다. 고등교육 기관이 세상에―시장을 위해서든, 교회를 위해서든―제공하는 가장 위대한 가치는 활기찬 도덕적 리더십을 펼칠 수 있는 성숙한 인격을 갖춘 지혜로운 남자와 여자들이다. 따라서 근시안적인 실용주의 관점에서 학문 공동체를 평가해서는 안 된다. 오히려 우리는 학문적 형성의 과정에서 예술과 인문학의 중요성을 인정한다. 재정적 수익이 없다는 이유로 예술 관련 학과를 폐지하는 것은 이런 학과가 사람을 변화시키는 잠재력을 지니고 있음을 제대로 이해하지 못했기 때문이다.

따라서 우리는 이렇게 묻지 않을 수 없다. 그런 가르침과 배움은 어떤 모습인가? 교육 과정 내에서 이런 은총을 경험할 수 있는 내용과 성격은 무엇인가? 이런 목적을 이루는 데에 고등교육 기관은 구체적으로 어떻게 기여할 수 있을까?

그리스도 안에서

첫째, 우리는 학문의 목적이 그리스도 예수를 알고 사랑하고 섬기는 것이라고 분명히 말할 수 있다. 더 나아가 공부하고 배우고 연구하고 쓰는 과정을 통해―또한 예배와 공동체, 운동, 예술 등 공부와 더불어 하는 활동을 통해―우리는 부활하고 승천하신 그리스도와의 역동적 연합으로 이끄시는 성부의 부르심과 성령의 일하심에 응답한다.

우리가 구하는 은총은 그리스도 예수, 만물이 그분 안에 존재하며 만물의 본질을 그 안에 가지고 계신 그분을 통해 세상을 이해하는 것이다. 우리는 만물을 창조하고 구속하는 분이신 그리스도의 경이를 통해 만물을 바라본다. 이는 곧 성경을 읽을 때 기독론적 해석을 적용할 뿐 아니라 만물을 읽을 때 기독론적 해석을 적용할 수 있다는 말이다. 그리스도 안에서 만물을 바라보고 이해하고자 하는 이 열렬한 바람을 지닌 채 법학에서 경영학까지, 생물학에서 종교학까지 모든 학문 분야를 탐구한다. 고린도후서 10장 5절의 말씀처럼 우리는 "모든 생각을 사로잡아 그리스도에게 복종하게 한다".[4]

하지만 우리는 여기서 더 나아간다. 우리는 그리스도에 관해 말할 뿐 아니라 그분께 순종하며 살기 위해 공부한다. 우리는 승천하신 그분을 섬기고 그분의 권위 아래서 살겠다는 전망과 열정을 품고 공부한다. 뿐만 아니라 그리스도에 관한 생각에 헌신하지 않고 그분께 헌신한다. 따라서 우리의 공부, 교육과 연구, 학문 공동

---

4   고린도후서 10장 5절의 말씀은 D.W. Gill, *The Opening of the Christian Mind: Taking Every Thought Captive to Christ* (Downers Grove, IL: InterVarsity Press, 1989); K.W. Hermann, *Every Thought Captive to Christ: A Guide to Resources for Developing a Christian Perspective in the Major Academic Disciplines* (Kent, OH: Radix Christian Studies Program, 1985); D.W. King, *Taking Every Thought Captive: Forty Years of Christian Scholar's Review* (Abilene, TX: Abilene Christian University Press, 2011); R.L. Pratt, *Every Thought Captive: A Study Manual for the Defense of Christian Truth* (Phillipsburg, NJ: Presbyterian and Reformed, 1979)을 비롯해 수많은 책과 글에 영감을 불어넣었다.

체로서 우리 삶에 활기를 불어넣는 에너지는 바로 그리스도이시다. 그리스도에 대한 사상이나 원리나 관념이 아니라 부활하신 주님이시다. 날마다 그리스도의 영이 우리의 관계, 우리의 학문 활동, 우리의 존재 방식을 가득 채워서 도서관에서 교실, 학교 사무실, 축구장까지 모든 곳에서 우리의 삶, 우리가 하는 일에 활기를 불어넣기를 기도한다.

그리스도 안에서의 우리 삶이 가진 네 요소

그리스도 안에 있다는 이 정체성을 기정사실로―대학교로서 정체성의 한 가지 특징이 아니라 우리가 살아가고 일하는 결정적인 이유로―삼을 때 우리는 그리스도인 삶의 신학을 구성하는 각각의 요소에 대해 말할 수 있다. 나는 그리스도 안에서의 변화에 대한 신학을 네 가지 본질적 요소나 차원으로 나눠서 생각해보는 것이 유익하다고 주장해왔다. 믿음 안에서 성숙한 사람은 이런 자질 혹은 특징을 지닌다.

- 지혜: 구약의 지혜 문학에서 가르치며 사도 바울이 골로새서 1장에 설명하는 그리스도 안에서의 성숙함에 대한 성경적 전망.
- 소명적 거룩함: 하나님의 부르심과 훈련에 응답해 선한 일을 할 수 있는 능력.
- 사랑: 이미 사랑받은 사람으로서 사랑할 수 있는 능력.
- 기쁨: 절정, 깨어진 세상 가운데 그리스도 안에서 누리는 기

쁨, 부활하고 승천하신 그리스도를 믿는 믿음에 대한 핵심적 증거로서의 기쁨.

나는 입학생들에게 '이것이 바로 당신이 얻기를 바라는 바이고, 당신에게 주겠다고 약속하는 바이다'라고 말할 수 있다고 생각한다. 이것이 우리의 목적이다. 이것이 이 학문 공동체, 이 대학교, 이 신학교의 일원이 된다는 의미이다.

• 당신은 지혜 속에서 자랄 것이며 스스로 지혜를 얻는 능력을 갖추게 될 것이다.
• 당신은 소명적 정체성과 소명에 관해 성숙해질 것이며, 평생 소명을 분별할 수 있는 내적 도구와 자료를 얻게 될 것이다.
• 우리는 사랑받는 사람들로서 사랑 안에서 함께 자라고 사랑하는 능력을 갖추게 될 것이다.
• 당신은 더 행복한 사람이 될 것이다. 당신은 하나님의 기쁨을 알게 될 것이며, 더 나아가 기뻐하는 능력을 갖추게 될 것이다.

기독교 대학이 이런 목적을 이룰 수 있을까? 안 될 이유가 있나? 이것을 우리의 전망과 사명, 헌신, 우리 기관의 지향점으로 삼을 수 있지 않을까? 우선 그렇게 해도 잃을 게 전혀 없다. 하지만 더 중요한 물음은, '우리가 이보다 못한 것을 추구할 수 있는가?'이다.
이것이 목표라면, 교수를 채용하는 방식이 전혀 달라질 것이다. 전공 분야—성경학, 음악, 철학, 역사—의 능력은 물론 중요하다. 하지만 그런 능력은 목적을 이루기 위한 수단일 뿐이다. 목적은 전공 분야의 능력이 아니라 그리스도 안에서의 변화이다. 물론 각 학문 분야는 중요하며 각 분야의 능력은 중요하다. 각 분야는 그 목적을 이루기 위한 필수적인 수단이기 때문이다.

우리에게는 재능 있는 철학자, 사회학자, 음악가, 역사학자가 필요하다. 하지만 기독교 대학이나 신학교의 핵심은 변화를 향한 열정이며, 따라서 우리는 탁월한 능력과 함께 그런 열정과 헌신을 품은 교수진을 채용하고 기쁘게 맞이할 것이다. 그들은 학문 활동을 통해 변화와 변화의 능력을 촉진하는 법을 아는 스승이다. 그들은 교수법을 알고 있다. 그들은 채점과 평가가 모두 학생들의 인격형성을 위한 투자의 일부임을 안다.

그들은 학문 활동의 모든 시점에서 그들이 변화에 헌신하고 있다고 주장한다. 이것은 매우 중요하다. 그들이 항상 예수님에 관해 좋은 말을 하거나 강의 전에 잊지 않고 기도를 하거나 여기저기에서 성경구절을 인용하거나, 성실하고 친절하며 너그럽게 긍휼을 베푼다는 말이 아니다(물론 그런 사람들이기를 바란다!). 우리가 원하는 사람들은 변화에 대한 전망을 지니고 자기 분야의 학문을 가르치는 법을 알며, 가르치고 배우는 과정이 그리스도 안에서 변화를 촉진하고 장려하는 힘을 지니고 있음을 철저히 깨닫고 느끼는 학자와 교사들이다.

그렇다면 우리는 각 학문 분야를 통해서, 교과 및 비교과 과정의 각 요소나 차원을 통해서, 학문 공동체 안에서 무엇을 추구하는가? 첫째는 지혜이다. 여기서는 짧게 언급하고 이후에 더 자세히 다룰 것이다. 우리는 지적 성숙, 지혜로 가득한 성숙을 추구한다. 그리스도를 경외하는 마음으로 생각이 새로워지기를 추구하며 따라서 진리를 알고 그 진리 안에서 살 수 있기를 추구한다.

여기에는 도덕적 지능의 기본 요소, 즉 재정과 성, 언행의 정 직성(구약의 지혜 문학과 산상수훈, 신약 서신서에 반복적으로 등장하는 세 주제) 이 포함된다. 인격 계발은 지혜와 지혜 속에서의 성장에 굳게 뿌리 를 내리고 있다. 모든 고등교육에는 인격 계발에 대한 헌신이 반드 시 필요하다. 하지만 우리는 도덕 형성과 영성 형성을 혼동해서는 안 된다. 도덕과 인격 계발은 그리스도와의 연합에서 파생된다. 더 나아가 참된 지적 계발은 근본적으로 지혜 속에서의 형성이며, 여 기는 기독교 도덕에 대한 헌신이 포함된다.

둘째, 우리는 소명적 거룩함—하나님이 세상 속에서 행하시 는 바를 분별하고 자신의 소명 의식과 철저히 일치하는 방식으로 하나님 나라 일에 참여하는 능력—에 대해서도 말해야 한다. 대 학교의 사명이, 학생들이 '자격을 갖추도록' 하는 것이라고 말하는 것은 적절하지 않다고 나는 주장해왔다. 그렇다고 해서 우리가 선 한 일뿐 아니라 돈을 잘 버는 직업을 얻는 수단이 되는 선한 일을 열정적으로 추구하지 않는다는 말은 아니다.

하지만 우리는 교과과정을 학생들이 직업을 얻거나 그 직업 에서 성공하도록 돕는 일로 환원하지 않는다. 오히려 교과과정 전 체가 하나님이 창조자와 구속자로서 세상 속에서 행하시는 일을 강조하는 데 초점을 맞춘다. 고등교육 분야에 속한 그리스도인들 은 끊임없이 "무엇이 진리인가?"라고 물을 뿐 아니라 "세상 속에 서 하나님은 무슨 일을 하고 계시며 우리는 어떻게 이 일의 잠재 적 참여자가 될 수 있는가?"라고 묻는다. 창조자와 구속자로서, 만 드는 분과 치유하는 분으로서 하나님이 하시는 일에 대한 이 전망은 우리를 자유롭게 하여 자신을 더 깊이 알 수 있게 하고, 대학이나 신학교에서 허영과 심지어는 경쟁으로부터 해방되어 성숙한 자기 이해—소명적 분별의 필수적인 출발점—를 포함하는 지혜를 추구할 수 있게 해준다.

더 나아가 소명적 거룩함에는 소망이 넘치는 현실론에 입각해 세상을 바라보는 능력도 포함된다. 사회학이든, 경영학이든, 목회 사역이든, 의학이든, 우리는 진단하는—상황을 읽어내고 시대와 환경을 이해하고 은총과 근원적인 소망을 통해 이 상황을 바라보는—능력을 개발한다. 목회자에게 이것은 회중과 회중이 속한 공동체를 정확히 이해하겠다는 결심과 그럴 수 있는 능력을 의미한다. 회중과 회중의 상황을 우리가 바라는 대로가 아닌, 있는 그대로 바라보는 것이 핵심이다. 이 관점, 이 능력은 언제나 소망으로 가득 차 있다. 기독교 교육의 지속적이며 근본적인 기풍은 언제나 그리고 고집스럽게, 심지어는 비극과 어두움, 실패 앞에서도 소망으로 가득 차 있다.

여기서부터 그리고 바로 이 맥락 안에서 우리는 소명적 분별의 능력을 함양한다. 신학교에 입학할 학생에게 우리는 당신을 유능하고 능숙한 목회자로 만들겠다고 말하지 않는다. 경영학과나 교육학과에 입학할 학생에게 우리는 당신을 재능 있고 뛰어난 경영인이나 교사로 만들겠다고 말하지 않는다. 물론 우리는 그렇게 할 것이다. 하지만 이것은 부차적인 문제에 가깝다. 말하자면, 선한 일과 특정한 직업에 필요한 기술에 대한 사례 연구라고 할 수 있다. 기독교 고등교육 기관에 속한 사람들은, 당신이 살면서 새로운 직업을 얻거나 직업을 바꿀 때마다 소명적 분별을 할 수 있는 능력을 길러주는 데 우리의 열정을 쏟아붓는다고 분명히 말해야 한다. 소명적 거룩함이란 세상 속에서 행하시는 하나님의 일을 이해하고, 이 일에 비추어 나 자신을 이해하고 바라보는 법을 깨닫고, 우리의 시대, 우리의 상황을 읽어내는—물론 그런 다음 용기 있게 창의적으로 대응하는—법을 깨닫는 것을 의미한다.

우리가 가르치는 학생 중 다수는 지금부터 10년, 20년이 지난 후에 그들이 무슨 일을 하고 있을지 전혀 알지 못한다. 지금 그들이 경영학이나 철학을 전공한다고 해도 10년 후 경영인이 되어 있거나 대학에서 철학을 가르치고 있을지는 알 수 없다. 따라서 우리는 그들에게 평생 선한 일을 하며 소명을 분별할 수 있는, 지적이고도 정서적인 도구를 제공해야 한다.

이는 철저히 실용적인 문제이다. 실제 시장에서 일어나고 있는 일과 분리하여 생각해서는 안 된다. 사회 여러 부문의 고용자들은 창의적이고 혁신적으로 사고하며 다른 이들과 협력해서 일할 수 있는 직원과 지도자를 찾고 있다. 그들은 지식 기반의 복잡한 경제에 어울리며, 지속적으로 학습할 능력을 갖춘 지도자들을 찾고 있다. 기독교 대학교와 대학, 신학교는 이런 기대에 부응할 수 있다. 그리고 그들은 비판적 사고와 창의성, 혁신, 협력의 능력이 복음 안에 뿌리를 내리게 할 것이다.

기독교 교육기관은 평생 선한 일을 할 수 있는 기술이라는 관점에서, 토론하는 법, 확신을 갖고 설득력 있게 주장하는 법, 다원적이며 다종교적인 상황에서 겸손하지만 도덕적 권위를 지니고 제 역할을 하는 법을 아는 학생들을 길러내겠다는 전망을 통해 소명에 접근할 것이다. 형성이란 학생들이 용기와 분별력을 지니고 끊임없이 변화하는 세상과 맞설 수 있는 능력을 길러주는 것을 의미한다. 더 나아가 직장에서 긍휼한 마음으로 유능하게―다른 이들을 위해 능력을 사용함으로써 공동선에 헌신하겠다는 태도로―능력을 활용하는 법을 아는 학생을 길러내는 것을 의미한다. 선한 일을 할 수 있는 이 능력의 핵심은 신중함―시의 적절하게, 때와 장소를 가려서 적합한 행동과 적합한 행동을 할 수 있는 지혜―이다. 신중함은 지혜와 선한 일이 교차하는 지점이다.

기독교 교육기관의 전망 세 번째 요소는 자신이 사랑받듯이 남을 사랑하는 사람들을 길러내는 것이다. 나는 평범한 고등학교 졸업생이 "[아이비리그처럼 유명한 대학이 되기를 원하는] 기독교 대학에 입학하세요. 그러면 사랑하는 법을 배우게 될 것입니다"라는 대학 광고 문구에 어떤 반응을 보일지 자못 궁금하다. 젊은이들의 큰 갈망 중 하나는 사랑하고 사랑받는 것이기 때문에 이 광고 문구가 신입생 모집 담당부서의 목표를 상당 부분 이루어줄 것이라고 생각할지도 모른다.

어쩌면 이것은 너무 부드럽고 감상적이며 진지한 학문 활동과 심히 동떨어진 말처럼 들릴 수도 있다. 하지만 이렇게 광고하지 못할 이유가 무엇인가? 왜 이 점을 강조하고 역설하지 않는가? 세상을 지탱하는 위대한 에너지는 하나님의 사랑이며, 따라서 더 지혜롭고 더 많은 것을 이해하고 더 유능한 사람으로 자라는 것에는, 인간 됨의 본질이 사랑받는 것이며 하나님이 원하는 사람이 되기 위해서는 사랑하는 법을 배워야 한다는 깊은 확신이 포함되어야 하며, 이 확신이 교과과정 전체와 우리의 존재 방식 전체에 깊숙이 스며들어야 한다.

이 점에 실패한다면 우리는 그저 시끄러운 징을 만들어낼 뿐이다(고전 13:1을 보라). 이 점에 관해 최소한의 실천도 하지 않는다면 우리가 하는 다른 모든 일이 의심스러울 것이다. 따라서 이것을 전면에 내세우는 것은 어떨까? 이것에 헌신하고 열정을 쏟는다고 분명히 밝히고, 이것이 우리 공동체의 삶과 학문 활동에 대한 전망을 특징짓는 핵심 요소라고 주장하는 것은 어떨까?

사랑의 의미를 심히 혼란스러워하는 사회에서 이것은 절실하게 필요하다. 지혜 속에서, 우리 삶을 향한 하나님의 부르심을 성취할 수 있는 능력 안에서 자라고 싶다면, 우리는 배우자와 자녀, 친구를 사랑한다는 것이 무엇을 뜻하는지, 동료나 경쟁자를 사랑한다는 것이 무엇을 뜻하는지, 원수—가까이에 있는 원수뿐 아니라 우리나라와 전쟁을 벌이고 있는—를 사랑한다는 것이 무엇을 뜻하는지, 진리, 정의, 자유에 대한 깊은 열정을 지니고 사랑한다는 것이 무엇을 뜻하는지 배워야만 한다. 사랑하라는 부르심은 공적 영역에서 우리가 맡은 역할을 하고 정당에 투표하고 특정 의제를 지지하는 방식에 어떤 영향을 미치는가?

우리는 감상적이거나 성애화된 '사랑'을 거부하고, 사랑을 실천적으로 본질적으로 생각함으로 교실 안에서 이 사랑을 배운다. 하지만 이렇게 사랑하고 사랑받는 법을 배운다는 것은 사랑에 관해 이야기만 한다는 뜻이 아니다. 이 사랑은 공동체의 삶 속에서, 실제로 학생을 사랑하는 교수를 통해, 서로 사랑하며 살아가는 교수들을 통해, 교수들과 더불어 갈등과 잘못, 어려움—이런 것이 사랑하는 법을 배울 수 있는 중요한 재료가 된다—을 해결하는 법을 배워나가는 학생들을 통해 구현된다.

우리는 환대—식사를 함께하는 환대이든, 우리가 봤을 때 잘
못되었거나 문제가 있다고 여기는 사상이나 견해, 관습을 지닌 사
람들을 은혜롭게 대하고 환대하는 것이든—를 주고받는다는 것이
무엇을 뜻하는지 배운다. 우리는 사랑한다는 것이 섬기는 것임을
배운다. 그리고 이 부르심—교회와 세상을 향해 그리스도가 되어
후히 베풀고 희생하겠다는 마음—이 교과과정 전체에 반영된다.
학문 활동에서 우리를 추동하고 동기를 부여하는 것은 직업적 성
공이나 명성, 출세가 아니라 너그러운 섬김이다. 학습 과정에서 우
리의 관심을 사로잡는 것은 월가가 아니라 가난한 사람들이다. 권
력을 지닌 사람들이 아니라 소외된 사람들이다. 교과과정 전체를
통해서 구약 예언자들이 세상을 바라보던 것처럼 세상을 바라보
는 능력을 길러낸다.

이 모든 것에 관해 우리는 사랑과 지혜를 연결한다. 사랑 안에
서 자란다는 것은 분별 안에서 자라는 것이다. 우리는 신중하고 지
혜롭게 더 잘 사랑하는 능력을 길러낸다. 이후에 더 강조하겠지만,
이 지혜가 기독교 대학 교과과정의 핵심이다.

네 번째는 기쁨이다. 인간의 영혼은 행복을 갈망한다. 예수님
은 우리 기쁨이 온전해질 수 있게 하기 위해 오셨다고 분명히 말
씀하셨다. 그렇다면 입학할 학생에게 우리는 당신이 행복하기를
원하며 예수님은 당신을 행복하게 만들기 원하신다고 말할 수는
없는 걸까? 우리는 이 목적, 이 사명, 당신의 삶을 향한 하나님의
이 뜻을 이루기 원한다.

이보다 더 노골적으로 말해보면 어떨까? 당신은 행복해질 것
이며 행복한 사람이 된다는 것이 무슨 뜻인지 알게 될 것이다! 우

리가 행복해지기 위해서, 당신이 당신 존재의 고갱이까지 충만해지는 기쁨을 알 수 있게 하기 위해서 우리는 기독교 고등교육에 참여하고, 기독교 대학이나 신학교를 운영하고 있다. 우리의 목표는 당신이 공부하는 동안 기쁨을 알게 되는 것이다. 그리고 이것은 선한 것, 고귀한 것, 탁월한 것, 칭찬받을 만한 것에 대해 기뻐하는 법을 배운다는 뜻이다. 공부하는 과정에서 당신은 행복하기 위해 필요하다고 생각한 모든 것—재산, 명예, 권력—이 결국에는 다 공허하다는 것을 알게 될 것이다. 오직 하나님 안에서만, 그분의 지혜와 당신의 삶을 향한 그분의 부르심에 뿌리를 내리고 살 때에만, 가장 근원적인 기쁨을 누릴 수 있을 것이다. 이것을 깨달을 때 당신은 "복 있는 사람"이 될 것이다(시편 1편을 보라).

우리의 경영 대학원은 신학 대학원만큼이나 의도적으로 우리의 목표가 재산과 명예, 권력을 축적하는 것이 아님을 주장할 것이다. 하지만 더 나아가, 우리는 당신이 대학과 신학교에서 하는 공부가 기쁨이 될 뿐 아니라 기쁨을 누리는 당신의 능력을 강화시킬 것이라고 말할 수 있다. 교과과정 전체가 우리를 자유롭게 하는 진리에 대한 열정, 세상을 향한 하나님 나라의 목적과 우리 자신을 일치시키는, 후히 베푸는 섬김에 대한 전망으로 가득 차 있다. 그리스도와 그리스도의 아름다우심에 대한 전망이 인간 영혼의 가장 깊은 갈망을 만족시킬 수 있다.

그렇기에 우리는 정직하게 긍휼한 마음으로 이 세상의 고통과 슬픔을 직시할 수 있다. 우리는 깨어진 세상에서 살아가는 삶을 특징짓는 거대한 불의에 순진한 태도로 접근하지 않는다. 우리는 잘못에 정면으로 맞서지만, 십자가에 달려 죽고 부활하고 승천하신 그리스도라는 렌즈를 통해서 그렇게 한다. 우리는 죄를 범하지 않고 분노하는 법, 상실을 애도하지만 우리의 애도가 기쁨으로 변할 수 있게 하는 법, 낙심하지만 냉소에 빠지지는 않는 법, 두려워하지만 불안에 사로잡혀 살지 않는 법을 배울 것이다. 정서적으로 일어나는 일은 우리의 학문적 목표에 부차적인 요소가 되지 않을 것이다. 우리는 지적 성숙과 정서적 성숙―이 둘이 함께 참된 지혜의 표지이다―에 똑같이 헌신한다.

또 여기서 기쁨 없이는 배움도 없음을 지적해둘 필요가 있다. 배우는 과정 자체를 기뻐하지 않는다면 근원적인 배움, 변화를 일으키는 배움이란 불가능하다. 참된 지적 계발의 목표는 욕망의 질서를 바로 세우는 것, 고대인들이 주장하듯이, 감정의 질서를 바로 세우는 것이다. 선을 기뻐할 수 있는―우리의 가장 깊은 만족으로 삼는―능력을 기르는 것이다.

지혜, 선한 일, 사랑, 기쁨. 각각은 그리스도 안에 있음을 말해주는 하나의 차원이다. 각각에 관해 대학이나 신학교 공부는 출발점일 뿐이다. 물론 공부하는 동안 성장과 발전이 있을 것이다. 하지만 고등교육의 핵심은 성장을 위한 잠재력을 기르는 데 있다. 대학 교육의 목적은 공부하는 법, 사는 법, 지혜와 선한 일, 사랑, 기쁨의 능력을 기르는 것이다.

통합하는 헌신으로서의 지혜

성숙한 기독교 영성의 특징을 이렇게 설명할 때 기독교 대학이나 신학교의 사명과 교육 목적에서 지혜가 차지하는 위치에 특별히 관심을 기울일 필요가 있다. 교회는 무엇보다도 먼저 예전의 공동체이다. 교회는 가르침과 배움에 대한 열정, 선교에 대한 헌신, 각 교인의 소명적 능력을 길러내고자 하는 열심을 가지고 있다. 하지만 근본적으로 교회는 예전의 공동체이다. 교회나 회중과 달리 교육기관은 일차적으로 예전이나 선교의 공동체가 아니라 가르치고 배우는 공동체이다. 그리고 고등교육 기관에서는 영적, 도덕적 형성, 인격 계발을 위해 무엇보다도 지혜를 함양하는 데 그 역량을 집중한다.

고등교육의 시급한 과제는, 역사와 과학 교수들을 하나로 묶어내는 통합적인 주제나 초점을 찾아냄으로써 이들이 연구실과 실험실에 고립되어 일하는 대신 대학과 신학교에 대한 전망과 사명을 공유하고 이를 위해 함께 헌신할 수 있도록 하는 것이다. 첫째로 그리고 근본적으로, 기독교 고등교육 기관에서는 그리스도의 영광이 세상에 드러나도록 하기 위해 힘쓴다고 주장한다. 하지만 어떻게? 구체적으로 그리스도의 영광은 가르치고 배우는 학문 과정을 통해 드러나며, 따라서 지혜는 교수들과 학생 생활을 지도하는 이들, 행정 직원의 일에 대한 통합적인 준거점이 될 수 있다.

- 가르침과 배움의 열매로서의 지혜.
- 선한 일을 할 수 있는 근거이자 능력으로서의 지혜.
- 서로 사랑하라는 부르심을 깨닫고 실천하는, 사랑에 대한 필수적 보완물로서의 지혜.
- 기쁨의 원천으로서의 지혜.

우리가 아는 대학은 중세에 처음 만들어졌다. 그리고 초기 대학의 전망은 단순하고 분명했다. 덕과 습관을 만들고 공동선을 위해 섬길 수 있도록 훈련함으로 삶에 대한 이해와 인격 형성을 추구하는 것이었다.[5] 대학에 대한 이런 전망은 기독교적 전망이다. 서양의 모든 대학은 교회에서 세운 기관이었다. 교회는 고등교육에 대한 전망을 가지고 있었으며, 세상 속에서 교회의 사명을 이루는 핵심 요소로서 배움의 중심지를 세웠다.

중세 대학의 핵심은 스콜라 신학과 신비 신학 사이의 상호작용이었다. 다시 말해, 한편으로는 비판적이며 지적인 공부와 학습 그리고 성찰을 강조했으며, 다른 한편으로는 기도와 묵상으로 이루어지는 배움을 강조했다. 이 둘은 대학을 규정하는 전망, 즉 하나님에 대한 사랑 안에서 통합되며 서로가 서로를 꼭 필요로 한다고 보았다.

명시적으로 그렇지는 않더라도 암시적으로, 대학의 목적은 지혜 속에서의 형성이었고, 구체적으로 지혜는 비판적 학문(스콜라 신학)과 영적 삶의 본질에 대한 성찰(신비 신학)과 더불어 영적 활력을 의도적으로 함양하는 활동이 통합되는 지점에서 발견되었다. 각각이 서로의 내용을 규정했으며, 둘 사이의 상호 보완이 지혜 속에서의 성장을 촉진했다.

배움과 영적 삶 사이의 통합은 특히 수도원 운동을 통해 촉진되었다. 장 르클레르크(Jean Leclercq)가 쓴 고전 《배움에 대한 사랑

---

5   David F. Ford, *Christian Wisdom: Desiring God and Learning in Love* (Cambridge, UK: Cambridge University Press, 2007), 308.

과 하나님에 대한 사랑》(*The Love of Learning and the Desire for God*)은 이를 잘 묘사하고 있다.[6] 지금 수도원 문화에 대한 연구는 그 어느 때보다 더 시의적절하다. 수도원 운동이 고등교육에 대한 현대 서양의 (복음주의권의) 실용주의적 접근방식의 균형추 역할을 하기 때문이다. 더 나아가 탈기독교적이며 세속적인 사회에서 수도원 운동은 21세기에 교회 전체와 기독교 대학교, 대학, 신학교에 계속해서 의미 있게 적용될 수 있는 영적 실천을 제시한다.

공부와 배움의—사실 모든 영적 실천의—목적이 그리스도 안에서 하나님과 연합하는 것이라는 절대적인 주장이 수도원 운동의 정수였다고 르클레르크는 지적한다. 따라서 지혜를 공부와 배움의 즉각적인 목적이라고 말했지만, 즉각적 목적이 없는 궁극적 목적이란 있을 수 없다. 그러므로 공부와 배움, 학문은 기도와 예배로 가득 차 있어야 한다. 우리가 하는 공부를 우리 삶을 향한 하나님의 더 광범위한 목적 안에 자리 잡게 하는 것은 바로 기도와 예배를 통해서이다. 기도와 예배는 공부에, 학문 활동에 초점과 명료성, 목적을 부여한다. 그렇다면 공부와 학문을 추구할 때 끊임없는 기도는 우리가 숨 쉬는 공기와 다름없다.

클레르보의 베르나르는 우리가 하나님을 경외하며 살고 하나님의 사랑에 이끌려 들어갈 때 비로소 지혜로울 수 있다고 주장했다. 따라서 수도원 신학은 스콜라 신학의 본질적 완성이다.[7] 수도

---

6   John Leclercq, *The Love of Learning and the Desire for God: A Study of Monastic Culture*, trans. Catharine Misrahi (New York: Fordham, 1961).

7   같은 책, 223.

원을 연구한 르클레르크의 글을 읽으면서, 그가 배움에 대한 수도원의 접근방식을 높이 평가하면서도 수도원 운동과 스콜라주의를 대립해서 생각하지 않는다는 느낌을 받았다. 반대로 그는 성경의 문법을 강조하는 동시에, 배움을 위해서라면 철학을 비롯해 비기독교 자료를 활용해야 할 필요성을 인정하는 스콜라주의가 수도원 문화의 필수적 보완물에 가깝다고 주장한다.

또한 르클레르크는 수도원 신학이 문화—신학이 삶으로 실천되고 표현되는 사회적, 지적 맥락—에 참여하기 위해 스콜라 신학을 필요로 했다고 지적한다. 또한 르클레르크는 짧은 부록에서 성 안셀무스가 스콜라주의자—공적 무대에서 일급의 학자—인 동시에 철저한 수도원주의자, 하나님을 사랑하는 기도의 사람이었다는 이유로 그의 신학 작업을 높이 평가한다.

이 모든 것이 현대의 대학교에는 낯설게 느껴진다. 많은 점에서 낯선 것이 사실이다. 지혜를 얻게 위해 배우고 공부한다는 애초의 전망은 21세기의 평범한 대학생이 하는 경험과는 대단히 동떨어져 보인다. 하지만 기도를 통한 경건과 비판적 학문 사이의 분리는 사실 그 역사가 길다. 마크 매킨토시(Mark A. McIntosh)는 16세기에 이미 이런—스콜라 신학과 신비 신학 사이, 비판적 학문을 통한 배움과 경건(devotio)의 삶 사이—분리가 나타나기 시작했다고 지적한다.

그는 신비 작가들이 점점 더 자신의 경험이라는 관점에서 내적 삶을 이야기하기 시작했고, 성경이나 고대의 권위에 호소하는 경우는 점점 더 줄기 시작했다고 말한다.[8] 반대로 스콜라주의에서는 신비 신학과 신앙 경험, 내적 삶에 대한 탐구를 점점 더 의심하기 시작했다. 에라스무스(Erasmus)와 다른 이들은 스콜라주의가 마음과 정신을 통합하고 삶과 섬김을 위해 사람들을 준비시키는 데 실패했다고 통렬하게 비판했다. 에라스무스는 스콜라 신학이 삶으로부터, 영성으로부터, 섬김과 목회로부터 분리되었다고 생각했다.

그러나 이 둘을 하나로 묶어야 한다고 주장하는 사람들은 항상 있었다. 주목할 만한 예는 예수회(Society of Jesus)이다. 예수회 회원인 데이비드 하셀(David Hassel)은 《지혜의 도성: 미국 대학교에 대한 기독교적 전망》(City of Wisdom: Christian Vision of the American University)에서 예수회의 고등교육에서는 처음부터 학문과 경건 사이의 이런 분리를 피하려고 노력했으며 이해의 추구, 삶을 위한 형성, 섬김을 위한 훈련을 고등교육의 목표로 삼는 본래의 중세적 전망을 견지했다고 주장한다.

고등교육에 대한 초기 예수회의 전망은 예수회 회헌(Jesuit Constitutions)에서 처음으로 제시되었고, 1599년에 발표된 교학 규범(Ratio Studiorum)에 더 자세한 설명이 있다. 이러한 초기 예수회의 이상은 세 가지 결정적인 가치와 헌신, 즉 세상 속에서 행하는 철저한 사도적 섬김에 대한 헌신, 기도와 깊은 경건, 비판적 학문을 하나로 묶어내겠다고 결심한 모든 기독교 교육기관에 여전히 적용될 수 있다. 예수회는 교회사에서 가장 활발한 선교 활동을 한

---

8   Mark A. McIntosh, *Mystical Theology: The Integrity of Spirituality and Theology* (Malden, MA: Blackwell, 1998), 68.

수도회였고 아마도 여전히 그럴 것이다. 이그나티우스 로욜라의
《영신 수련》은 그들에게 기도와 분별이라는 내적 삶에 대한 고전
적인 지침서였다. 그리고 그들은 세상을 향한 하나님의 목적에서
학문이 핵심적인 자리를 차지한다고 주장했다.

　　교학 규범은 성경이 으뜸되는 권위를 지닌다는 주장으로 시
작하지만, 인간 학문의 모든 영역을 탐구하는 완전하며 종합적인
교과과정이 필요하다고 강조한다. 그런 다음 비판적 학문과 더불
어 병행적이며 깊이 얽혀 있는 두 가지 사명을 말한다. 즉, 모든 학
문은 교회와 세상을 섬기는 삶을 지향하며, 모든 학문은 덕과 인격
형성을 촉진하고 내적 삶을 길러내야 한다.[9]

　　하셀은 이것이 지혜라고 주장한다. 지혜는 교과과정이 통합
되는 지점이며 대학에 통일성을 부여하고 행정적 결정을 위한 기
준이 된다.[10] 지혜는 지식과 기술, 예술을 종합하는 포괄적인 기독
교적 전망을 함양한다. 그리고 이 전망은 지혜가 어디에서 온 것이
든 학문 공동체가 지혜를 적극적으로 활용하게 만든다. 모든 진리
가 하나님의 진리이기 때문이다. 다시 말해서 이 전망은 세상을 끌
어안으며 세상을 인정한다. 문화와 예술, 철학의 가치를 높이 평가
한다. 하지만 이 전망은 분별과 신중함을 길러준다. 따라서 기독교
철학과 성경적 신학이 교과과정의 기초 필수 과목이다.

9　　John W. O'Malley, "The Jesuit Educational Enterprise in Historical Perspective," *Jesuit Higher
　　 Education: Essays on an American Tradition of Excellence*, ed. Rolando E. Bonachea (Pittsburgh:
　　 Duquesne University Press, 1989), 16-20.

10　　David J. Hassel, *City of Wisdom: A Christian Vision of the American University* (Chicago: Loyola
　　 University Press, 1983), 353.

교회사의 이 특별한 사례를 언급한 데에는 이유가 있다. 고등
교육에 대한 이와 같은 이해나 전망이 새로운 것이 아니라는 점을
지적하고, 높은 수준의 학문과 변화 및 섬김을 위해 형성되는 것을
지향하는 태도가 서로에게 위협이 되지 않는다는 것을 강조하기
위해서이다. 예수회가 이 이상을 항상 견지하지는 못했을 수도 있
다. 하지만 학문에 대한 그들의 헌신은 비길 데가 없다. 그들은 고
등교육에 대한 종합적 전망이 고급 학문을 위협하지 않는다는 것
을 입증해왔다. 오히려 이 둘은 서로를 강화하며 상호 의존적이다.
좋은 학문이 깊은 경건을 함양한다. 역으로 경건은 학문에 활력을
불어넣는다.

따라서 이 세기에 지혜와 고등교육을 다룬 중요한 출판물들
이 등장하고 있다는 사실은 고무적이다. 특히 두 책, 대니얼 트라
이어(Daniel J. Treier)의 《덕과 하나님의 목소리: 지혜로서의 신학
을 향해》(Virtue and the Voice of God: Toward Theology as Wisdom)와 데이비드
포드의 《기독교의 지혜: 하나님을 열망하고 사랑 안에서 배우라》
(Christian Wisdom: Desiring God and Learning in Love)를 소개하고자 한다.[11] 트
라이어는 신학이 교회의 선교와 사역에 필수적이라는 확신과, 이

---

11   Daniel J. Treier, *Virtue and the Voice of God: Toward Theology as Wisdom* (Grand Rapids:
      Eerdmans, 2006); Ford, *Christian Wisdom*. 물론 이 두 사람의 목소리만 존재하는 것은
      아니다. Charles Wood, *Vision and Discernment: An Orientation in Theological Study* (Decatur,
      GA: Scholars Press, 1985, 아마도 이 책은 성직자주의에 대한 가장 강력한 비판일 것
      이다). 《신학 연구 어떻게 할 것인가》(신앙과지성사); Max L. Stackhouse, *Apologia:
      Contextualization, Globalization and Mission in Theological Education* (Grand Rapids: Eerdmans,
      1988); Ellen Charry, By *The Renewing of Your Minds: the Pastoral Function of Christian Doctrine*
      (New York: Oxford University Press, 1997) 등 다른 목소리가 존재한다.

책무가 곧 지혜의 일이라는 확신, 교회가 선포하는 진리는 '공적' 진리이므로 이 지혜는 우리의 동시대적 상황에 대한 진정한 참여에 의해 특징지어진다는 확신을 가지고 이 책을 썼다. 이 책의 중요한 공헌은 성경적 계시 안에서 지혜가 차지하는 위치에 대한 포괄적 분석이다. 그는 신학적 형성을 지혜 속에서의 형성으로 이해해야 한다고 분명히 주장하며, 따라서 특히 잠언 3장 13-18절에 초점을 맞춰 성경 안에서 지혜가 차지하는 위치를 꼼꼼히 설명함으로써 자신의 주장을 입증한다. 또한 그는 지혜가 교회에게 신학 교육을 위해 필요한 통합적 요소를 제공한다는 것을 논증한다.

하지만 트라이어가 지적하듯이, 신학 교육의 목적이 지혜라고 말하는 것으로는 충분하지 않다. 그런 다음 우리는 이 지혜의 '실질적 내용'이 무엇인지 물어야 한다.[12] 트라이어는 지혜에 대한 자세한 신학적 해석을 제시한 다음, 그 내용이 성경 안에 있으며 성경을 통해 얻는, 성령에 의한 하나님에 대한 지식이라고 말한다. 따라서 그는 성경을 성경으로 읽는다는 것이 무엇을 뜻하는지에 대한 물음에 파고든다. 그는 성경의 통일성과 후기 비판적인(postcritical) 합리성 이해를 주장하며, 이론과 실천이 서로를 규정해야 하고 성경에 대한 신학적 해석을 말할 수 있고 말해야 한다고 주장한다.

트라이어의 책에서는 신학 교육이 지혜 속에서의 형성이어야 한다고 주장하는 반면—어쩌면 자명하다고 볼 수 있는 주장인 반면—데이비드 포드는 대학교가 지혜 속에서의 형성을 위한 공간

---

12   Treier, *Virtue*, 24.

이 되어야 한다는 본래의 중세적 전망으로 돌아갈 것을 촉구한다. 그 역시 지혜와 대학 사이의 중대한 연관성을 상실한 것에 대해 안타까워한다. 현대 대학에 대한 그의 묘사, 그의 비판은 시사하는 바가 크다. 그는 이 책에서 대학이 경제를 섬기고 학생은 직업적 성공을 이루게 해주는, 상품을 소비하는 소비자로 변해가는 경향을 지적한다.

포드는 실용적인 것에 관심을 기울여야 할 필요성을 무시하지 않으며, 경제적 유익 역시 고등교육이 추구하는 합당한 목적 중 하나임을 인정한다. 하지만 그는 이해 자체를 목적으로 삼고 이해를 추구하는 태도가 사라졌다고 슬퍼한다. 학생들이 공동선을 위해 형성될 수 있도록 교육을 통해 전인적 형성을 이루겠다는 목표가 사라져버렸다는 것이다. "현대 고등교육의 가장 두드러진 약점의 기저에는 전인적 형성에 대한 무관심이 자리 잡고 있다."[13] 포드는 자신의 대학 케임브리지에서 공동선을 추구하는 지혜로운 사람을 형성하겠다는 목적이 암시적으로 남아 있을지도 모른다고 지적하지만, 왜 그것을 "명시적인 주제로 만들어 대학에 관해 토론하고 협상하고 숙고하지 않는지" 의아해한다.[14] 포드는 "왜 우리는 지식과 실천을 통합하는 그런 종합적인 이상을 견지하지 못하는가?"라고 묻는다.

포드는 다종교적, 세속적 맥락 속에서 공립대학을 위한 독특하게 기독교적인 전망을 진술하고자 한다. 가톨릭이든, 복음주의

---

13   Ford, *Christian Wisdom*, 322.

14   같은 책, 323.

든, 기독교 대학이 이 전망을 명시적으로 밝히고 지식과 실천의 통합을 적극적으로 추구하지 못할 이유가 전혀 없다.

지혜와 실천

그런 다음 물론 실천에 대해 말해야 한다. '지혜'라는 말을 사용할 때 지식과 지혜를 분명히 구별해야 한다. 지식 없는 지혜는 없지만, 지식만으로는 지혜가 아니다. 지혜는 실천하는 지식, 살아낸 지식이다. 따라서 지혜를 말하기 위해서는 실천에 대해 말해야 한다. 20세기 말과 21세기 초 실천에 관한 활발한 논의와 성찰이 이루어졌다.

이 논의에 기여한 대표적인 인물은 크레이그 딕스트라(Craig Dykstra)와 미로슬라브 볼프(Miroslav Volf), 그레그 존스(Greg Jones), 도로시 배스(Dorothy Bass)이다.[15] 신학을 실천할 때에만 우리 안에 신학이 형성되며, 따라서 신학적, 영적 형성에 대해 실천은 필수적 보완물이라고 그들은 지적한다. 덕을 기르는 것은 바로 실천을 통해서이다. 그들은 영적 실천이란 그리스도인들이 함께 형성적 일

---

15   이 논의를 주도한 중요한 책으로는 Craig Dykstra, *Growing in the Life of Faith: Education and Christian Practices* (Louisville: Geneva Press, 1997)와 개정판 (Louisville: Westminster John Knox, 2005); Dorothy Bass and Craig Dykstra, eds., *Practicing Our Faith: A Guide for Conversation, Learning and Growth* (San Francisco, Jossey Bass, 1997); Miroslav Volf and Dorothy C. Bass, eds., *Practicing Theology: Beliefs and Practices in Christian Life* (Grand Rapids, MI: Eerdmans, 2002) 등이 있다.

과와 활동을 행하는 것—믿음을 표상하고 믿음을 길러내는 반복적이며 일상이 된 활동—이라고 설명한다. 그리스도인의 정체성을 특징짓고 그 정체성을 함양하는 것은 특별히 행하는 선한 행위나 의례가 아니라 꾸준히 행하는 일상적 실천이다.

이 논의를 위한 주된 촉매제는 알래스데어 매킨타이어의 작업과 그의 책《덕의 상실》(*After Virtue*, 문예출판사 역간)의 출간이었다.[16] 매킨타이어는 특정한 성향과 존재 방식, 행동 방식을 길러주는 사회적 실천에 대해 말한다. 이들 기독교 신학자들은 덕의 형성에서 실천이 차지하는 위치에 관한 매킨타이어의 주장을 취해 이를 독특하게 기독교적이며 신학적인 렌즈를 통해 바라본다. 그들은 생각과 실천을 분리해서는 안 된다는 확신에 기초해서 그렇게 했다. 그들은 말과 행동, 생각과 실천이 서로를 형성하고 다시 형성하며, 특정하게 규정되고 의도된 실천이 말과 행동, 고백과 행위 사이의 연관성을 강화한다고 주장한다.

이해로부터 실천으로. 여기에는 두 측면이 있다. 첫째, 우리는 신앙을 실천할 때 의도적인 자세를 취해야 한다. 고백에서 행동으로 넘어갈 때, 우리의 고백과 일치하는 방식으로 행동할 수 있는 궤도를 제공하는 것은 바로 실천이다. 예를 들어, 삼위일체적인 예배의 실천은 하나님이 삼위일체이시라는 우리의 확신을 반영하며 표현한다. 또 환대의 실천은 우리가 환대를 보여야 한다는 확신을 반영한다. 무언가가 중요하다고 말한다면, 그것은 실천을 통해 분

---

16 Alasdair MacIntyre, *After Virtue* (South Bend, IN: Notre Dame University Press, 1984).《덕의 상실》(문예출판사).

명히 드러나야 하며 드러날 것이다. 만약 기도가 중요하다면 기도할 것이다.

삶에서 가장 중요한 것은 일상적인 삶과 1년이라는 시간, 인생의 계절마다 주기적으로 반복되는 실천을 통해 분명히 드러날 것이다. 그리고 우리는 원하든 원하지 않든 이런 실천을 행한다. 우리는 우발적으로 행동하지 않으며, 가장 근원적인 확신—가치—이 우리 안에 덕으로 형성될 수 있게 하기 위해서 일상적 반복과 실천에 깊이 의존한다. 하나님이 선하시다고 믿는다면 우리는 감사드릴 것이다.

하지만 둘째로, 이 모든 논의에서는 이해가 실천을 규정하듯이 실천이 이해를 규정한다는 것도 인정한다. 예를 들어, 하나님을 삼위일체로 예배하지 않는다면 그리고 예배할 때까지는 하나님이 삼위일체이심을 제대로 알 수 없다. 이 지식이 길러지는 것은 바로 실천을 통해서이다. 우리가 환대의 성격을 알고 이해하게 되는 것은 환대의 실천을 통해서이다. 더 나아가 실천이 반복될 때 그 실천은 우리의 마음과 정신을 형성한다. 우리가 믿는 바를 구체화하고 따라서 정말로 알게 되는 것은 반복과 의례적 행위를 통해서, 즉 실천을 통해서이다.

그러므로 실천은 중요하다. 또한 형성적이다. 예배 실천이 피상적이며 도피적인 노래로 행하는 자기도취적 행위라면, 그 실천은 그런 관점이나 성향을 길러낼 것이다. 특히 예배의 맥락에서 신학적으로 약하거나 얄팍한 실천은 우리를 지혜 속에서 형성할 수 없다. 더 나쁜 것은 그런 실천은 이해와 실천을 왜곡한다. 예배가 삼위일체적이지 않다면 강의실에서 하나님이 삼위일체적이라고 말하려고 하는 모든 시도를 크게 약화시킬 것이다. 실천은 이해에 영향을 미친다.

따라서 내가 믿음이 없기 때문에 기도할 수 없다고 말한다면, 이 저자들은 믿음이 내 안에서 자랄 수 있도록 기도하라고 권면할 것이다. 이해와 실천 사이의 영향력은 반복적이다. 하나님이 선하시다고 믿는다면 나는 감사드릴 것이다. 하지만 더 나아가 감사드릴 때 나는 천천히 그리고 분명히 하나님의 선하심을 더 깊이 깨닫고 이해하게 된다. 하나님이 삼위일체이심을 이해하기 위한 근본 수단은 세례와 주와 만찬을 통해서이다. 우리의 실천은 하나님의 본성에 대한 우리의 이해를 반영해야 한다. 실천할 때까지는, 구체적으로는 세례와 주의 만찬이라는 구현된 행위를 통해 실천할 때까지는 삼위일체를 제대로 이해할 수 없다. 이처럼 무엇을 행할 때까지는 제대로 이해할 수 없다.

딕스트라와 배스의 용어를 사용하자면, 이처럼 "틀에 맞춰진 행동"이 점진적, 점증적으로 변화를 만들어낸다.[17] 여기서 이 점을 강조해야 한다. 공유된 영적 실천의 영향력은 점진적이며 점증적이다. 물론 실천은 하나님과 자신, 타자, 창조 질서에 대한 지식을 함양한다. 또한 실천은 하나님의 은총, 우리가 변화되고 새로워지는 은총을 알게 되는 수단이다. 하지만 이런 실천의 열매는 오랜 시간에 걸쳐 우리 안에 진리가, 지혜가 천천히 그리고 분명히 형성됨에 따라 나타난다. 이 논의에서 핵심은, 이런 실천이 개인의 활동일 뿐 아니라 공동체의 활동이기도 하다는 사실이다. 공동체가

---

17   Bass, *Practicing Theology*, 26.

공유한 실천은 공동의 신앙 안에서 형성된다.

　이는 우리를 다시 출발했던 곳—교육에 대한 중세적, 수도원적 전망—으로 되돌아가게 한다. 이러한 실천에 대한 촉구는 새로운 제안이 아니다. 오래된 것이다. 기도와 배움에 대한 중세적, 수도원적 이해를 이루는 본질적 요소이다. 이 오래된 전망은 현대의 학문 공동체에 변하지 않는 가치를 지닌 지혜를 제공한다.

　예배와 기도의 핵심적 지위. 첫째, 변화와 학문에 대한 이러한 헌신은 기도와 예배의 중요성을 전제한다. 이것이 결정적 실천이다. 따라서 개인에게 기도를 대신할 만한 것은 없으며, 신학교든 기독교 대학이든 배움의 공동체에게 함께 행하는 예전은 공동체의 삶과 배움과 지혜에 대한 헌신을 통합하고 규정하는 실천이다. 우리의 배움은 살아 계시고 승천하신 그리스도 예수, 곧 하나님의 지혜가 구현된 실체에 대한 예배 속에 든든히 뿌리를 내리고 있다. 기도를 잘할 때까지는 공부를 잘 할 수 없음을 우리는 깨닫게 된다. 따라서 학생들에게 기도하기를 가르치는 것은 학문 공동체로서 우리가 추구하는 목적에 부합하는 중요한 일이다.

　성경 연구. 둘째, 배움과 지혜 속에서의 형성을 위한 핵심 요소로서 예배에 대한 필수적인 보완물은 성경이다. 고대 수도원에서는 성경 연구를 모든 학문의 근본으로 삼았다. 하지만 그것은 성경주의가 아니었다. 성경 연구가 신학과 교부의 지혜에 대한 연구로 보충되었기 때문이다. 그들의 학문 기초는 으뜸 되는 권위를 지닌 성경이었지만, 그들의 성경 연구는 교회의 신학적 유산과 전통의 안내를 받았다.

여기서 그들의 성경 연구가 결코 그 자체로 목적이 아니었음을 분명히 말해두는 것이 중요하다. 기도를 한 다음 성경으로 돌아왔으며, 이제 성경은 그들의 기도 실천을 규정했다. 따라서 렉시오 디비나라는 현대의 실천은 사실 수도원 운동에 의해 촉진된 고대적 실천이며, 오늘날 교회뿐 아니라 신학교의 모든 학생들에게 필수적인 영적 실천이다. 이것은 곧 기도하면서 문법과 주석에 주의를 기울이지만 궁극적으로는 고대의 문서를 통해 계시된 그분께 집중하면서 성경을 읽는 능력이다.

세상을 연구하고 세상에 참여하라. 셋째, 우리는 수도원주의가 분리를 주장하며 복음과 교회의 선교—구체적으로 도시와 도시의 가난한 이들에 대한 선교—라는 부르심에는 무관심하다는 고정관념을 무비판적으로 받아들이지 않도록 조심해야 한다. 연구, 기도, 묵상, 집중적인 실천을 위해 세상의 요구로부터 한 걸음 물러났던 기독교 공동체, 특히 베네딕트 전통에 속한 공동체가 있었다. 하지만 후대의 수도원주의에 대해서는 이런 묘사가 전혀 정확하지 않다. 그리고 베네딕트 수도회조차도 환대를 실천하는 일에 대단히 열심이었다.

나는 수도원을 떠났던 탁발 수도회를 염두에 두고 있다. 그들이 생활하고 예배한 집은 도시 한가운데 자리 잡고 있었으며, 그들의 삶—예를 들어, 프란체스코회와 도미니크회를 생각해보라—은 말과 행동으로 볼 때 도시 빈민을 향한 철저한 헌신으로 규정할 수 있다. 그 후에는 최초의 사도적 수도회(성무일도와 공동체 생활

등 전통적인 수도 생활의 의무에 집중하는 대신 세상 속에서 사도직을 행하는 데 초점을 맞추는 수도회―옮긴이)인 예수회가 등장했다. 그들은 수도원을 세우지 않고 '실천하는 묵상가'가 되겠다고 다짐하면서 기도와 연구에 헌신했다.

그렇다면 지혜에 대한 이 전망이 어떻게 기독교 고등교육을 위한 통합 요소가 될 수 있을까? 지혜에 대한 오래된 접근방식이 21세기 기독교 대학과 신학교에도 적용될 수 있을까? 안 될 이유가 있을까? 우리도 지혜―개인의 영적 훈련을 통해서 실천하지만, 동시에 신앙 공동체를 규정하는 실천인 예배, 즉 함께 행하는 예전이 핵심이고 중심임을 잊지 않고 공동체 안에서 실천하는―를 위해 가르칠 수는 없을까? 기독교 지성을 형성하고 규정할 때 성경의 우선성을 인정하는 동시에 하나님의 계시 전체를 활용하는 지혜를 주장할 수는 없을까? 용기와 창의성, 인격, 기술을 갖추고 살아갈 능력을 길러내는 지혜를 가르칠 수는 없을까?

이 전망은 암묵적으로 인문 교양의 목적이 전인적으로 사고하고 행동하는 법을 가르치는 것이라고 주장한다. 하지만 동시에 전문 학위 과정―교육학, 음악, 경영학, 목회학―역시 순전히 실용적인 관점에서만 규정될 수 없음을 뜻한다. 이런 과정의 목적은 그저 좋은 경영이나 효과적인 설교를 위한 기술을 습득하는 것이 아니다. 오히려 기독교 대학과 신학교가 근본적으로 추구하는 바는 그리스도 안에서 살며 세상 속에서 그리스도를 섬기는 능력을 길러나가기 위한 핵심 수단인 지혜를 함양하는 것이다.

따라서 나는 교수들에게 이렇게 권하고 싶다. 물론 당신은 훈련을 잘 받았으며, 한 분야―철학, 과학, 경영학, 신약 주석―의 전문가이다. 하지만 각 분과는 모든 진리가 하나님의 진리임을 선포하기 위한 렌즈에 불과하다. 각 분과는 그리스도 안에 있는 지혜의 능력을 키우기 위한 수단이다. 따라서 우리는 교수들에게 결국 당신이 할 일은 역사나 수학, 음악을 가르치는 것이 아니라, 생각을 새롭게 하고 성숙한 이성과 도덕적 지능을 기르고 학생들이 교회와 시장에 도덕적, 영적 리더십을 제공할 수 있도록 그들을 훈련하는 수단으로 이 과목을 가르치는 것이라고 말한다.

지혜를 위한 가르침

지혜를 위해, 지혜의 거룩함을 위해 가르친다는 것은 무슨 뜻인가? 첫째, 그것이 무엇을 뜻하지 않는지 간략히 언급하고자 한다. 지혜 속에서의 형성은 교리 주입과 정반대이다. 지혜 속에서의 형성은 열린 생각, 열린 영혼, 적극적으로 이론을 시험하고 경계까지 밀어붙이고 진리를 설명할 새로운 방식을 찾으려는 태도를 촉진한다. 견해의 다양성과 모호함의 여지가 존재할 것이다.

　그렇다면 변화를 위해 가르친다는 것은 무슨 뜻인가? 첫째, 지혜를 위해 가르친다는 것은 명확히 정의된 지적 전통으로부터 가르치는 것이다. 우리는 우리의 가르침이 독특한 신학적, 철학적 관점―전통―에서 나온 것임을 분명히 밝힌다. 레슬리 뉴비긴은 이를 잘 설명한다. "이성과 전통을 진리에 대한 다른 혹은 경쟁적인 기준으로 대립한다면, 이는 이성의 본질을 오해하는 셈이다. … 역사적 전통 속에서 발전되지 않은 '이성의 진리'란 존재하지 않는다."[18] 모든 배움은 하나의 전통 속에서 훈련받고 그 전통의 권위에 복종할 것을 요구한다. 뉴비긴이 주장하듯이, "이미 전통을 터득한 사람들, 전통이 그들 속에 온전히 거하며 그들이 그 전통 속에 온전히 거한다고 말할 수 있을 정도로 전통에 숙달한 사람들만이 혁신을 제대로 받아들일 수 있기" 때문이다.[19]

그리스도인에게 이것은 신앙─이해를 추구하는─으로부터 시작한다는 것을 뜻한다. 하지만 더 나아가 이것은 교회의 신앙이다. 모든 이해, 모든 가르침과 배움이 신조적, 영적 토대에 뿌리내리고 있다. 우리는 특정한 전통 속에 서 있다. 비판적 성찰을 위한 이러한 공간이 존재한다는 것은, 우리가 교만하거나 이 전통에 도전하는 것을 포함해 새로운 것을 배울 수 없다는 뜻이 아니다. 그저 지혜가 뿌리를 내리고 있다는 뜻일 뿐이다. 지혜는 이 공간 속에 자리 잡고 있다. 전통을 통해 우리에게 전해졌다. 이것은 신앙에 기반을 둔 고등교육 기관이 자신의 신학적, 영적 전통에 대해 변명할 필요가 없고 변명해서는 안 된다는 뜻이다. 이것은 일종의 교조주의나 교리 주입이 아니며 우월감을 드러내는 교만한 태도도 아니다. 단지 전통─개혁파든, 재세례파든, 베네딕트회든, 웨슬리언–성결교회든─으로부터 출발하지 않고서는 지혜를 추구하도록 가르칠 방법이 없기 때문이다. 물론 우리는 다른 전통에 관대한 태도와 적극적으로 다른 사람들에게서 배우려는 마음으로 가르친

---

18   Lesslie Newbigin, *The Gospel in a Pluralist Society* (Grand Rapids, MI: Eerdmans, 1989), 57. 《다원주의 사회에서의 복음》(IVP).

19   같은 책, 47.

다. 하지만 우리의 배움과 가르침은 적어도 출발점에서는 전통 속에 자리 잡고 있으며 전통으로부터 생겨났다.[20]

둘째, 변화를 위해 가르친다는 것은 우리가 세상에 대한 전망을 형성하도록 거대 서사를 제공하는 성경의 우위성을 인정한다는 뜻이다. 몇몇 강의에서는 이 점이 명시적으로 드러날 것이다. 성경의 서사가 실제로 공부의 초점이 될 것이다. 기독교 대학의 중대한 이점은 이것이 교과과정에 분명히 포함될 수 있다는 것이다. 모든 학생들이 성경을 필수과목으로 공부한다. 하지만 그렇다고 해서 모든 과목이 성경 관련 과목이라는 말은 아니다. 오히려 이것은 우리가 성경—고대의 문서—을 숨 쉬는 공기로, 비판적 성찰을 위한 근거로, 우리의 배움을 정제하고 세상을 이해하는 기준으로 삼는 사람으로서 지혜 속에서 자란다는 뜻이다.

셋째, 지혜는 본질상 한 세대에서 다음 세대로 전해진다. 지혜를 위해 가르친다는 것은 학생들에게 수십 년, 수백 년, 어쩌면 수천 년 동안 계속되는 대화를 소개하는 것이다. 신학자인 나에게 이것은 강의실에서 교부 신학이 핵심 준거점이 될 수밖에 없음을 뜻한다. 실제로 내가 가르치는 주요 과목—회심과 변화, 성례전의 의미, 영적 분별—은 교부부터 시작한다. 철학의 경우 물론 훨씬 더 뒤로 거슬러 올라간다.

넷째, 지혜를 위해 가르친다는 것은 분별, 특히 우리 시대와

---

20 특히 이 점에 관해서는 Richard T. Hughes and William B. Adrian, *Models for Christian Higher Education: Strategies for Success in the Twenty-First Century* (Grand Rapids, MI: Eerdmans, 1997)를 보라. 이 책에서는 로마 가톨릭, 루터교, 웨슬리언, 개혁교회, 메노나이트, 그 밖의 다른 전통에 속한 대학교들을 대조하고 비교하면서 설득력 있게 설명한다.

문화, 사회 관습에 대한 분별의 능력을 기르는 것을 뜻한다. 지혜로운 사람들은 그들이 처한 상황을 해석하고 자신이 속한 세상을 이해할 수 있다. 신문을 읽거나 가족의 행동을 관찰하거나 라디오에서 인기 있는 노래를 듣거나 교회 회의에 참석하거나 대기업 광고 선전을 관찰할 때, 분별력과 좋은 판단력으로 관찰하고 해석할 수 있다. 양질의 학습은 해석―우리 시대와 문화, 사회, 역사에 대한―능력을 함양한다. 따라서 중세사 과목이든, 현대 미국 시문학 과목이든, 러시아 청년 문화의 문화 기술학 과목이든, 배움을 통해 세상을 해석하고 이해하는 능력이 자라고, 그 과정에서 우리는 분별할 수 있는 안목을 갖추게 된다.

마지막으로 지혜를 위해 배운다는 것은 배운 것을 실천한다는 뜻이다. 너무 일찍 실천하려 해서는 안 되지만 반드시 실천해야 한다. 처음에는 어려울 테지만 결국에는 가능할 것이다. 기다리면서 듣고 본 것을 소화하고 정제하는 배움에는 이점이 존재한다. 우리는 성급하게 행동하지 않을 것이다. 기다리고 보고 생각해야만 한다. 하지만 너무 오래 기다려서는 안 된다. 지혜가 배움의 결과물이 되기 위해서는 배움이 적절한 시기에 구체화되어야 한다. 우리의 존재 방식 안에서 실천되어야 한다. 이해에서 실천으로, 다시 이해로 이어져야 한다. 오래된 표현을 사용하면, 이것이 바로 실천적 지혜이다.

여기서 좋은 가르침은 기술로 환원될 수 없음을 강조해야 한다. 나를 가르친 가장 좋은 스승들에 대해 생각해보면 그들의 성향은 매우 다양했지만 모두들 지혜로웠다. 그들은 자신의 분야에 대해, 진리에 대해, 삶에 대해 열정을 지니고 있었다. 대부분은 탁월한 유머 감각을 갖고 있었다. 대부분은 수업 '보조 자료'—요즘 사용하는 파워포인트에 해당하는—에 의존하지 않았다. 대부분은 가르치는 학생들을 깊이 존중했으며, 이는 학생들의 질문과 관심사에 인내하고 공감하며 주의를 기울이는 모습을 통해 분명히 드러났다. 그들은 말만 요란한 주장에 대해서는 전혀 인내심을 보이지 않았으며, 허영이나 거만한 태도를 전혀 용납하지 않았고, 어리석은 짓은 거의 용서하지 않았다. 하지만 무엇보다도 그들은 다양한 성격을 지닌 사람들이었고 저마다 자신에 대해 만족하는 모습을 보여주었다.

물론 그리스도인에게 지혜를 위해 가르친다는 것은 이 특별한 목적을 위해 가르친다는 것을 뜻한다. 기독교 대학의 '필수적인 지식'은 그리스도 예수를 알고 사랑하고 섬기는 것이다. 우리는 그리스도의 영광과 위엄을 위해 공부한다. 우리는 공부를 통해 그리스도를 향한 열정(온 마음을 다해 그리스도를 사랑하는)과 교회와 세상에서 그분을 섬기겠다는 열정을 함양한다. 그리고 이것은 배움에 대한 깊은 사랑을 통해, 하나님을 알고 창조자와 구속자이신 하나님이 일하시는 방식을 더 많이 알고자 하는 열정을 통해 겉으로 드러난다.

이 전망이 신학 교육에 대한 우리의 전망을 규정하기 원한다면, 우리는 앞선 세대의 기독교 신학자와 교육자, 학자들에게서 배워야 한다. 특히 이성과 영성이 긴장 관계에 있지 않고 오히려 서로에게 필수적이라고 보는 사람들에게서 배워야 한다.

세속 대학 안에서 변화를 추구하는 법

여기서는 기독교 대학이나 신학교의 소명과 사명을 고찰하고 있지만 공립대학이나 세속 대학에 다니는 학생들의 변화 가능성도 성찰해볼 필요가 있다. 이것은 나의 이야기이며, 나의 경험이다. 내 학부 학위는 인류학과와 역사학과의 공동 학위였다. (이렇게 쓰면서 나는 흐뭇해하고 있다. 어떤 전공을 택할지 몰랐거나 다 전공하고 싶었던 사람들에게 이런 학제 간 공동 학위는 큰 축복이었기 때문이다.)

당시 대학에서는 마르크스-레닌주의에 대해서 깊은 연민을 느끼는 교수들이 사회과학 분야를 주도했다. 그리고 역사학과 학과장인 자고린(Zaggorin) 교수가 졸업반 세미나를 가르쳤다. 진리가 보는 사람의 눈 안에 있다는 역사관을 설득력 있게 제시하던 그의 모습이 지금도 생생하게 기억난다. 그 과목을 들을 때만 해도 나는 '판결을 요구하는 증거'가 존재한다는 주장을 그대로 받아들이고 있었으며, 예수의 부활에 관해 "그것이 당신에게는 참일지 모르지만 당신의 이웃에게도 참인 것은 아니다"라는 그의 논박에 말문이 막혀버렸다.

그 후로 그때 나는 어떻게 말하는 게 좋았을까 하는 생각을 많이 해왔다. 하지만 여기서 하려는 말은, 내가 기독교 대학교나 대학이 아니라 기독교 신앙과 더 나아가 내가 (그 당시에) 신앙의 근거라고 보았던 것을 평가절하하는 경향이 강한 교육기관에서 학부 과정을 공부했다는 것이다.

지금 돌아보면 학부에서 내가 그런 선택을 한 것을 대단히 기쁘게 생각한다. 그리고 이런 공부를 하는 동안 나에게 중요한 자료와 지원 네트워크를 제공한 기독학생회(InterVarsity Christian Fellowship) 지부에 깊은 고마움을 느낀다. 그 이후로 나는 복음주의 권이든 로마 가톨릭이든 학생 선교 단체들을 귀하게 생각하며 감사를 드린다. 이런 단체들은 공립대학과 세속 대학 안에서 은총의 수단이 되겠다는 사명감을 갖고 활동하고 있다.

하지만 나는 나의 형성에 두드러진 공백이 있었음을 고백하지 않을 수 없다. 그 공백이란 바로 지역 교회이다. 대학 생활 첫 두 해 동안 나는 대학에서 걸어 다닐 만한 거리에 있는 교회 한 곳에 출석했다. 매주 설교 말씀은 똑같았다. 설교자는 늘 시간과 돈 낭비일 뿐이라며 대학을 비난했고, 고등교육 전반, 특히 세속 대학의 고등교육의 가치를 평가절하했다. 그는 적어도 성경 연구를 인정하는 지역의 성경 대학에 대해서만 그나마 관대한 태도를 보였다. 하지만 그는 대학교에는 전혀 구속적 가치가 없다고 생각했다. 어느 날 나는 설교 중간에 걸어 나오며 지성의 삶을 진지하게 여기는 기독교 신앙을 과연 만날 수 있을지 의아해했던 것을 생생히 기억하고 있다.

하나님의 선하신 섭리 덕분에 얼마 후 나는 스위스의 위에모 (Huemoz)라는 마을에 있는 라브리(L'Abri) 공동체에 대해 듣고 그곳으로 갔다. 대단히 기독교적이면서 동시에 지성의 삶—내가 세속 대학에 다니는 학생이라는 사실을 포함해—을 적극적으로 인정하는 이 공동체에서 나는 환영받았다. 라브리 공동체는 그리스도 안의 성숙을 향한 나의 신앙 여정에서 결정적인 계기가 되었다. 하지만 그때를 돌아보면서 만약 내가 다니던 대학 근처의 그 교회가 명백히 세속적인 교육 공동체의 일원이 되는 것을 소명과 꿈으로 여기는 학생과 교수들을 지원하고 격려하고 훈련하겠다는, 더 큰 전망을 가졌더라면 어땠을까 하는 생각을 해본다.

과연 공립대학에 다니는 학생들이 대학 시절 동안 형성과 변화를 경험할 수 있을까? 그 답이 "그렇다"라면, 나는 이 변화의 과정을 위해 꼭 필요한 두 기관이 있다고 생각한다. 첫째는 학생 사역 단체이며 둘째는 지역 교회이다. 물론 가장 이상적인 것은 두 기관이 연계해서 일하는 것이다. 교회는 캠퍼스 사역 단체들을 지원하고 격려할 필요성을 인정하고(캠퍼스 사역 단체에는 교회들이 갖지 못한 전문 능력과 시간이 있다) 캠퍼스 사역 단체는 그들이 교회가 아니며 학생들이 신앙 형성의 필수 요소로서 신앙 공동체의 일원이 되어야 함을 인정해야 한다.

캠퍼스 사역 단체는 학문적 교과과정을 보완할 3~4년 단위의 '교과과정'을 갖추겠다는 목표를 갖고 있어야 한다. 가능한 한 빨리 가능한 한 많은 학생을 기독교 신앙으로 개종시켜야 한다는 생각을 피해야 한다. 그리스도를 위해 성급하게 '결단'하도록 학생들을 재촉하려는 경향을 피해야 한다. 오히려 캠퍼스 사역 단체는 이 3~4년 전체를 학생들의 삶에서 발견과 배움, 잠재적 변화의 시기로 보아야 한다. 기독교 가정에서 자란 학생들에게 이 시기는 부모에게서 떨어져서 어른의 신앙으로 자랄 수 있는 기회이다. 비종교적 배경에서 자란 학생들에게 이 시기는 그리스도 예수의 주장과 복음의 의미에 대해 천천히 하지만 아무런 강요 없이 생각해볼 수 있는 기회이다.

대학 시절은 기독교 신앙에 헌신한 사람과 신앙에 대해 묻고 있는 사람 모두에게 삶이 형성되는 중요한 시기이다. 그저 젊은이들이 신앙의 결단을 하게 만들기보다는 평생 믿음과 소망, 사랑 안에서 자랄 수 있는 토대와 실천을 만들어가도록 돕는 교과과정이 그들 모두에게 필요하지 않을까?

지혜 속에서 자라는 것에 관해서는, 어떻게 성경이라는 고대 문헌이 우리가 사는 세상을 이해하고, 우리가 하는 모든 공부를 이해할 수 있는 준거틀이 될 수 있는지에 성경 공부의 초점을 맞출 것을 제안한다. 내 경험에서 이보다 더 중요한 것은 없었다. 캠퍼스 사역 단체는 정기적인 성경 공부가 중요하다고 믿고 참여를 권했다. 더 나아가 학생들에게 대학 교과과정에 대한 보완책으로 성경을 읽고 공부하는 능력을 길러주었다. 이 병행 교과과정에는 성경 읽기의 기초로서, 삶과 일, 인간관계에 대한 삼위일체적 전망을 길러주는 토대로서 고대 신조에 대한 소개도 포함되어야 한다.

소명적 거룩함 안에서 자라는 것에 관해서는, 캠퍼스 사역 단체가 학생들이 선한 일의 성격을 성찰하고 토론할 수 있는 공간과 시간을 만들 수 있다. 이제 가정과 부모에게서 떨어져 대학생들은 발달 이론가들이 '분화'라고 부르는 것을 계발할 수 있는 진정한 기회를 처음으로 갖는다. 부모와의 사회적 분리는 진정한 자기 인식의 가능성을 열어준다. 흔히 학생들은 직업적 '성공'에 관해 부모에게 엄청난 기대를 받으며 대학에 입학한다. 이제는 그들이 가족과 가장 가까운 공동체의 압력에서 풀려나—시간과 공간의 여유를 갖고, 새로운 친구, 지인들과 함께—로마서 12장 3절의 말씀처럼 하나님이 주신 분량대로 자신에 대해 '지혜롭게' 생각하는 법을 배울 시간이다.

사랑의 본질에 대해 너무나도 혼란스러워하는 세상 속에서 대학 시절은 학생들이 사랑 안에서 자란다는 것이 무엇을 뜻하는지 배우는─사랑을 경험하고 이웃 사랑의 의미를 배울 수 있는─시간과 공간, 인생의 계절이 되어야 한다. 캠퍼스 사역 단체의 병행 교과과정에서는 기쁨의 속성─감정의 질서 바로 세우기, 참된 욕망 기르기─도 다루어야 한다.

이 모두가 선한 일이다. 하지만 캠퍼스 사역 단체가 이것을 다 할 수 있을까? 이상적이며 분명히 달성 가능한 목표는 캠퍼스 사역 단체가 지역 교회들과 의도적 협력 관계를 세우는 것이다. 그렇게 하기 위해서는 학생들을 헌금도 많이 하지 않고 고작 몇 년만 머무르는 성가신 존재로 보지 않고 대학생에 대한 사명감을 지닌 교회들, 대학생에게 환대를 베풀겠다는 사명감으로 그리스도의 사랑을 드러내고자 하는 교회들을 찾아야 한다.

지역 교회는 대학생의 삶에 미칠 잠재적 영향력을 고려해야 한다. 2년에 한 번 정도 나는 대학원에서 '회심과 변화'라는 신학 과목을 가르친다. 이 과목의 필수 과제 중 하나는 회심 서사를 신학적으로 해석하는 것이다. 대개 학생들은 자신의 이야기를 종교 체험의 신학적 분석의 기초로 활용한다.

그들은 어른의 신앙으로 자라기 시작한 과정을 묘사하는 것에서부터 시작한다. 학생들의 글을 읽으면서, 그들이 학부 시절 다닌 교회를 언급하는 경우가 매우 많다는 사실을 깨닫고 놀라웠다. 그리스도 안에서 그들의 신앙 여정에 결정적 요소는 침례교든, 오순절이든, 성공회든, 장로교든, 어쩌면 캠퍼스 길 건너편에 있는 교회든, 학생들을 지원하고 격려하고 훈련하겠다는 사명감과 열정을 지닌 교회인 경우가 많다. 그들의 삶에 지속적인 흔적과 유산을 남기는 것은 바로 이것이다. 급진적 환대, 승천하신 그리스도의 임재 안으로 이끄는 예배, 나이가 많거나 적은 모든 계층의 그리스도인들(지나치게 동질적이지 않은 그리스도인들!)과의 사귐, 세상 속에서 행하시는 하나님의 선교에 초점을 맞춘 설교와 회중의 삶이다.

더 큰 교회는 실제로 캠퍼스 사역자를 두기도 하지만, 대부분의 교회는 자연스럽게 지역의 캠퍼스 사역 단체와 협력을 맺을 것이다. 나의 첫 사역지인 온타리오 주 피터버러에서는 캠퍼스 사역자가 네비게이토 선교회 소속이었다. 우리는 그를 일 년에 한 번씩 설교자로 초청했고, 그가 정기적으로 교인들과 대학을 향한 사명을 나눌 수 있는 기회를 제공했다. 우리는 우리가 제공할 수 없지만 지원할 수 있는 사역을 캠퍼스에서 행하는 꼭 필요한 사람으로 그를 대했다.

교회는 캠퍼스 사역 단체에게 중요한 보완책, 즉 세례와 주의 만찬이라는 성례전, 더 광범위한 그리스도인 공동체와의 사귐, 신앙 공동체 안에서의 삶의 양식을 제공한다. 이를 통해 그들도 신앙 공동체의 일원이 될 것이다. 그리고 이 경험은 학생들이 대학을 졸업하고 나서 한참이 지난 후에도 유익을 줄 것이다.

학문 공동체 안에서 예배의 위치

이제 다시 기독교 대학이나 신학교의 속성으로 돌아가보자. 나는 특히 두 가지를 주장해왔다. 첫째, 고등교육의 목표나 목적은 변화이다. 즉각적인 목표는 기독교 세계관에 입각한 지식이나 신앙과 이성의 통합에 대한 헌신이 아니다. 목표는 직업훈련이나 자격 획득으로 환원될 수도 없다. 순전히 실용적인 관점에서만 규정되어서는 안 된다. 기독교 대학과 신학교의 목적은 영적 성숙과 그리스도 안의 인격 계발이다. 둘째, 나는 또한 이 목표를 이루기 위한 일차적인 초점은 지혜라고 주장했다. 지혜 속에서의 형성은 대학이나 신학교의 교과과정을 통합하는 가치가 될 수 있다.

하지만 이제 우리는 예배에 대해 논할 필요가 있다. 지혜를 기독교 대학이나 신학교가 변화라는 가르침과 배움의 목적을 성취하는 수단으로 만드는 데에는, 예배—함께 행하는 예전—가 필수적이며 핵심적이다. 앞서 나는 대학이 예전적 공동체가 아니라고 말했다. 하지만 예배가 없다면 우리가 하는 공부, 우리의 가르침과 배움은 종교적인 허울만 있을 뿐 근본적으로는 세속적인 활동에 불과할 것이라는 점이 이제는 명백해졌을 것이다.

십자가에 달려 죽으시고 승천하신 그리스도를 학문적 사명을 규정하는 중심으로 삼고자 한다면, 공부할 때 단순한 지식이 아니라 지혜를 추구하고자 한다면, 그저 직업훈련을 추구하는 게 아니라 그리스도의 부르심에 응답해 선한 일을 한다는 것이 무엇인지 알고자 한다면, 프로그램 전체를 통해 우리가 사랑 안에서, 사랑하고 기뻐하는 능력 안에서 자라고자 한다면, 예배가 근본적으로 중요하다. 지혜에 대한 전망에서는 지혜가 근면한 연구와 지적 엄밀성의 결실임을 거듭 인정한다. 하지만 지혜는 무엇보다도 먼저 하나님이 주시는 선물이며, 따라서 예배와 기도는 교실과 도서관에서 하는 일에 대한 필수적 보완책이다.

형성적, 예전적 예배를 위한 공간인 예배실은 건축학적으로 캠퍼스의 한가운데 자리 잡는 것이 마땅하다. 이는 모든 학습, 모든 연구와 교육, 이 기관이 추구하는 학문적 삶의 모든 차원이 하나님께 더 큰 영광을 돌리는 것—이그나티우스 로욜라가 잘 표현했듯이 *ad majorem dei gloriam*(하나님의 더 큰 영광을 위해)—에 초점이 맞춰져 있음을 시각적으로 상기시켜준다. 나의 모교인 필리핀의 아테네오 데 마닐라 대학교(Ateneo de Manila University) 캠퍼스에 새로 지은 예배당을 높이 평가한다. 캠퍼스 거의 모든 곳에서 이 정교하게 설계된 예배 공간을 볼 수 있다. 또 아테네오 캠퍼스에는 로욜라 신학 대학원 안에 자리 잡은 예배실이 있다. 도서관과 바로 맞닿아 있는 이 예배실의 위치는 내가 여기서 주장하는 바를 상징적으로 보여준다. 우리는 기도함으로 우리의 연구가 규정되기를 바라는 예배자로서 도서관에 들어가며, 도서관에 다녀온 사람으로서 예배를 드린다. 이렇게 공부와 배움, 비판적 성찰을 담아내는 예배를 드리기 위해 애쓴다.

예배가 중심이 될 때, 예배와 공부, 배움은 하나님께 드리는 찬양의 제사가 되며, 우리의 사랑은 하나님의 지혜, 즉 그리스도 예수를 지향하게 된다. 예배는 우리가 서두르지 않게 하고 우리의 공부 속도를 조절한다. 이런 속도 조절은 우리를 겸손으로 이끌고 배우고자 하는 자세와 분별력을 길러준다. 예배는 우리에게 세상 속에서 공부하고 섬기고 일하라고 명령하시는, 승천하신 그리스도에 대한 깨달음이 학문적 프로그램 전체에 넘칠 수 있게 한다. 예배는 공부가 순전히 머리로만 하는 일이 되지 않도록 막아주는 통합적인 사건이다. 그리고 주중에 드리는 예배를 통해, 우리가 하는 공부—학자, 교사, 학생, 직원으로서 우리가 하는 일—가 그 자체로 목적이 아니라 그리스도께 돌려드리는 예배의 행위임을 다시 한 번 되새긴다.

얼마나 자주 예배를 드려야 할까? 적어도 일주일에 한 번은 드려야 한다. 하지만 많은 교육기관의 경우 날마다 예배를 드릴 수 있다. 아마도 일주일에 한 번은 공동체 전체가 모이고, 더 작은 공간에서 매일 아침 예배를 드리면 좋을 것이다. 예배는 단순하고 간결하게 드릴 수 있다. 성경을 읽고, 시편을 나누고, 그리스도 안에서 만물을 창조하고 구속하신 하나님을 찬양하는 노래를 부르고, 공동체와 세상을 위해 기도하고, 성경 본문에 대한 짧은 묵상을 덧붙일 수 있다. 그런 다음 그리스도께서 내리시는 복을 받고 공부하는 곳으로 돌아갈 수 있도록 기도할 수 있다. 경우에 따라서는 정기적으로 주의 만찬을 행하는 것도 가능하고 적합하다.

이런 모임은 반드시 성경 읽기와 선포를 중심으로 이루어져야 한다. 또한 베네딕트 수도원 전통과 디트리히 본회퍼가 《신도의 공동생활》에서 묘사하듯이, 그가 감독했던 설교자들의 신학교를 본받아 시편이 예배의 중요한 일부가 되어야 한다. 그들은 시편에 몰입하는 것만큼 우리의 삶과 기도를 통합하고 기도하는 법을 잘 가르쳐주는 것은 없음을 알고 시편으로 기도했다.

예배에서 부르는 노래는 우리의 가장 예리한 신학을 반영해야 한다. 위대한 찬송가의 정수는 신학을 기도로 옮겨냈다는 점이다(루터: "노래할 때 우리는 두 번 기도한다"). 우리가 하는 신학적 성찰의 깊이가 우리가 부르는 노래의 깊이에 반영되어야 한다. 신학 강의실에서는 삼위일체의 본질에 대해 깊이 성찰하면서도 예배실에서는 피상적인 노래만 부른다면 무언가 깊은 불일치가 존재하는 셈이다. 마찬가지로 과학 공부와 예배실에서 드리는 창조주에 대한 예배가 근원적으로 조화를 이루어야 한다.

예배실의 리더십은 교실의 리더십과 동일해야 한다. 학생 참여가 중요하지만, 총장과 학장, 교수가 예배실에서 리더십을 갖는 것, 예배의 우선순위를 정하고 기도를 이끌고 말씀 사역을 담당하는 것은 마땅하다. 가르치는 핵심 수단은 본보기를 통해서이다. 우리는 자신의 참여를 통해, 또한 예배실에서 보여주는 리더십을 통해 학생들에게 기도하는 법과 예배하는 법과 예배 인도하는 법을 가르친다.

학생들이 공동 예배와 기도의 본보기를 따라, 개인 기도를 통해 기도하는 법을 배운다는 것을 알고 있다. 예를 들어, 우리가 공동 예배에서 성경을 소홀히 한다면 그들도 분명 개인 기도에서 성경을 소홀히 할 것이다. 우리가 죄의 고백을 매주 예배의 필수 요소로 삼는다면, 학생들도 날마다 개인적으로 기도할 때 죄의 고백이 얼마나 중요한지 이해하게 될 것이다.

공립대학이나 세속 대학에 다니는 학생들은 매주 가까이 있는 교회에 가서 그들의 신앙 형성에 너무나도 중요한 예배를 드릴 수 있다. 어쩌면 정오 기도회나 주의 만찬에 참여할 수도 있을 것이다. 필리핀에서 초교파 교회의 목회자로 섬길 때 나는 선임자가 만들어놓은 관행을 그대로 따랐다. 인근 사무실과 고등교육 기관에 속한 사람들이 점심시간을 이용해서 참석할 수 있도록 목요일마다 정오에 간략히 주의 만찬을 행했다.

대학 시절이 신앙 형성에 이토록 중요하기 때문에 예배—공동체적이며 예전적인 예배와 개인적이며 사적인 기도—는 반드시 학생과 학자의 삶을 이루는 반복과 주기의 일부가 되어야 한다. 따라서 르클레르크의 수도원주의 연구는 이런 결론을 제시한다. 이 대작의 마지막 문장에서 그는 "예전 안에서 학문에 대한 사랑과 하나님에 대한 열망이 완벽한 화해를 이룬다"라고 말한다.[21]

결론

이것이 나의 기도이다. 교회와 고등교육 기관이 사명과 사역, 공동체적인 삶─신앙 공동체로서든, 신앙에 기초한 대학이나 신학교로서든─을 특징짓는 일상과 반복적 주기에 대한 이러한 전망과 열정을 받아들이기를 기도한다. 그 전망이란 곧 그들이 섬기도록 부르심 받은 이들의 영적 성숙을 열정적으로, 부지런히 추구하는 것이다. 구체적으로, 우리가 이 전망을 교회나 고등교육 기관의 정체성에 대해 주변적인 것이 아니라 교회로서, 기독교 대학이나 신학교로서의 정체성에 필수불가결한 것으로 여기기를 나는 기도한다.

---

21   Leclercq, *Love of Learning*, 251.

Leclercq, John 350-351, 379

Lewis, C. S. 253-254

Luther, Martin 138

MacIntyre, Alasdair 244, 358

Maddox, Randy L. 245

McIntosh, Mark A. 351

Nee, Watchman 111

Neill, Stephen 51, 282

Newbigin, Lesslie 240, 364-365

Noll, Mark A. 23, 111

Nouwen, Henri 152

Padilla, Rene 119

Palmer, Parker 153

Parks, Rosa 224

Peterson, Eugene 135

Rahner, Karl. 40, 229

Ryan, Thomas 267

Sales, Frances de 244

Schmemman, Alexander 235, 275

Schuurman, Douglas 157, 178

Sobrino, Jon 119

Teresa of Àvila 150

Tinder, Glenn 222, 247

Treier, Daniel J. 354-355

Wadell, Paul 178

Waltke, Bruce K. 99

Wesley, John 48, 187, 205-206,
244-245

Willard, Dallas 78, 329

Williams, Rowan 86-87, 200, 202

국제제자훈련원은 건강한 교회를 꿈꾸는 목회의 동반자로서 제자 삼는 사역을 중심으로
성경적 목회 모델을 제시함으로 세계 교회를 섬기는 전문 사역 기관입니다.

온전한 성화

초판 1쇄 인쇄 2016년 7월 22일
초판 4쇄 발행 2016년 10월 24일

지은이 고든 스미스
옮긴이 박세혁

펴낸이 박주성
펴낸곳 국제제자훈련원
등록번호 제2013-000170호(2013년 9월 25일)
주소 서울시 서초구 효령로68길 98(서초동)
전화 02)3489-4300 **팩스** 02)3489-4329
이메일 dmipress@sarang.org

ISBN 978-89-5731-707-5   03230